MONIKA BÖTTCHER
**Ich war Monika Weimar**

# MONIKA BÖTTCHER
## Ich war Monika Weimar

MITARBEIT: RUTH-ESTHER GEIGER

KIEPENHEUER&WITSCH

An der Niederschrift des Buches arbeitete mit:
Ruth-Esther Geiger, geboren 1950, 1978 Promotion
in Literaturwissenschaft, Autorin und Fernsehjournalistin, besonders für Justizfilme und Porträts, u. a.
vier Fernsehfeatures zum »Fall Weimar«.

1. Auflage 1997

© 1997 by Verlag Kiepenheuer & Witsch, Köln
Alle Rechte vorbehalten. Kein Teil des Werkes
darf in irgendeiner Form (durch Fotografie, Mikrofilm
oder ein anderes Verfahren) ohne schriftliche
Genehmigung des Verlages reproduziert oder unter
Verwendung elektronischer Systeme verarbeitet,
vervielfältigt oder verbreitet werden.
Umschlaggestaltung: Rudolf Linn, Köln
unter Verwendung von zwei Fotos
(Wolfgang Linzbach, Frankfurt/M., dpa)
Gesetzt aus der Garamond Stempel (Berthold)
bei Kalle Giese Grafik, Overath
Druck und Bindearbeiten:
Clausen & Bosse, Leck
ISBN 3-462-02575-9

Alles Leid wird erträglich, wenn man es einer Geschichte eingliedert oder eine Geschichte darüber erzählt.

*Hannah Arendt 1968*
*in einem Essay über Tania Blixen*

# Inhalt

Der Fall Weimar und meine Zusammenarbeit
  mit Monika Böttcher
  von Ruth-Esther Geiger                                    11

1. Die Freilassung, Dezember 1995        25

2. Kindheit und Jugend        55

3. Ehe und Kinder        75

4. Ausbruchsversuche        101

5. Der Tod der Kinder        127

6. Die Ermittlungen        137

7. Die Untersuchungshaft        159

8. Der Prozeß in Fulda        173

9. In Strafhaft        203

10. Abschied von Melanie und Karola        227

11. Die ersten Monate in Freiheit        235

Nachwort        247

## Der Fall Weimar und meine Zusammenarbeit mit Monika Böttcher
von Ruth-Esther Geiger

Nach anfänglichem, vielleicht naivem Vertrauen in das Projekt, das von Monika Böttcher aus auf mich zukam, war ich plötzlich voller Zweifel, ob sie unter den Belastungen des Prozesses, aber auch als bisher unerfahrenen Autorin, es durchhalten würde, ihre Lebensgeschichte und ihre Wahrheit aufzuschreiben und ihr schwer begreifbares Verhalten nach dem Tod der Kinder zu schildern. Die Zweifel waren berechtigt. Nach anfänglichem Schreibelan, was die Kindheit, Jugend und die ersten Ehejahre betraf, hat es dann lange gedauert, an bestimmte angst- und schuldbesetzte Szenen ihrer Ehe und die Ausbruchsversuche heranzukommen. Aber trotz des schwierigen Anlaufs ist ihr die Niederschrift überzeugend gelungen, wenn manches für mich auch bis heute schwer nachvollziehbar bleibt, besonders den Tod der Kinder betreffend.

Ich ahnte bald: In dieser Weise, wie sie unter leisen Tränen, anschließend fast kollabierend, über den Tod von Karola und Melanie Weimar – noch immer fassungslos zunächst – nur sprach und irgendwann dann über die Zerstörung ihres Lebens, hätte sie nie vor Gericht gesprochen. Denn im Zeugenstand bekommt man die Fragen anders gestellt, und im Gericht gibt es nicht die Zeit, die Monika Böttcher braucht, um sich zu öffnen. Ich lernte, indem ich akzeptierte, daß es sehr viel Zeit brauchte, ehe der Kern ihres jeweiligen Erlebens ansprechbar war und dann auch noch durch sie beschrieben werden konnte.

Monika Böttcher hatte streckenweise auch noch gegen mein und der Lektorin Mißtrauen anzugehen, das aber für die Zusammenarbeit wichtig und, wie ich finde, angemessen war. Denn wir beide, die wir das Buchprojekt unterstützten, glaubten dennoch lange Zeit immer wieder, daß noch irgend etwas verborgen sei, verschüttet, verkapselt – und vielleicht sogar auf eine Art passive, mehr oder minder aktive Art der Mittäterschaft, hinauslaufen könne. Monika Böttcher ging darauf sehr ruhig, niemals unsicher oder zornig werdend, ein: Sie könne ja selbst vieles von ihrem damaligen Verhalten nicht begreifen, sie könne es sich heute nicht vorstellen, aber es sei nun einmal so gewesen, und daran möchte sie auch nichts beschönigen oder auch nur aus Rücksicht auf andere nachvollziehbarer gestalten.

Es gab also, außer ihren hilflosen Verschleierungsinszenierungen im Jahr 1986, nichts, was auf eine Mittäterschaft hätte hindeuten können. Das ist wahrscheinlich das Unbegreifliche an dem Fall: Detektive kommen nicht auf ihre Kosten – wenn überhaupt jemand, dann können Psychologen ihr Wissen bestätigt oder erweitert sehen. Und vielleicht ist das Wichtigste, was wir aus ihm lernen können, daß es kein normales Verhalten in irgendeiner Ehe oder Elternschaft gibt und schon gar nicht angesichts von Schocksituationen.

Monika Böttcher hat nach langem Kampf ein Wiederaufnahmeverfahren bekommen. Der »Fall Weimar« hat die Medienvertreter aller Couleur, damit auch mich, ebenso wie das Publikum, seit den Morden 1986 bis zum Ende des zweiten Prozesses 1997 in hohem Maße beschäftigt und berührt. Warum?

Weil er bis heute für die öffentliche Meinung ein Geheimnis birgt, das auch durch die neue Gerichtsverhandlung, durch schweigende oder abwesende Hauptpersonen des Dramas (Monika Böttcher und Reinhard Weimar) in keiner Weise einer Aufklärung näherkam. Einer der beiden Eltern hat die Kinder umgebracht, nachdem die Liaison der verheirateten Mutter immer fester wurde und immer offener ausgelebt, von Scheidung durch Monika Weimar zu Hause immer deutlicher die Rede war.

Für mich entsprach dieser Fall immer einer griechischen Tragödie: Ein unauflösbarer menschlicher Konflikt, über dem zwei von beiden Ehepartnern (unterschiedlich) geliebte Kinder sterben müssen. Meine Meinung war immer, daß sie entweder in Verlängerung eines beabsichtigten Selbstmordes, der dann nicht zustande kam, oder auf Grund eines aggressiven Aktes umkamen, der ausgeführt werden mußte, um den Partner zu treffen – und damit ersatzweise zu töten, indem man ihm das Liebste mordet. Die Mädchen wurden, darauf deutete die »sanfte« (laut Ermittlungsakten) Tötungsart hin, von erwachsenen Menschen umgebracht, die sie geliebt haben mußten. Ein Motiv hatten, so wurde es von den Ermittlern gesehen, zunächst einmal beide Eltern. Unauflösbar mußte, wenn ich mich in beide Ehepartner aus der Ferne, ohne sie zu kennen, hineindachte, der Konflikt für beide gewesen sein: Wenn man denjenigen tötet, der einen nicht einmal provoziert hat (wie es manchmal Ehegatten von der Ehefrau, manche Eltern von ihren Kindern vor dem Totschlag subjektiv empfinden), der von einem mehr geliebt wurde und einem mehr galt als der Ehepartner. Ich ging, nachdem ich die Akten kannte, immer davon aus, daß dem Vater die Kinder viel bedeuteten, auch wenn er sie nicht so sorgsam und liebevoll, ja manchmal sogar vernachlässigend und tätlich werdend behandelte. Sie gehörten im positiven Sinne zur Familiengeschichte, an dessen Einheit er hing, wie ich aus seinen Polizeiprotokollen lesen konnte. Die eigene Ehefrau bedeutete ihm auch noch viel, allerdings Negatives. Sie entzog sich ihm schon länger seelisch und körperlich, tat nur noch ihre Haushaltspflichten und entzog ihm mehr und mehr die Kinder. Darüberhinaus hatte sie nicht nur Sexualität mit einem anderen, bedrohlich jüngeren und aktiveren Mann, sondern sie stellte ihn auch noch bloß, indem sie offen zu dieser Beziehung stand und sie zunehmend wie eine Ersatzfamilie zusammen mit den Töchtern auslebte. Für ihn war meines Erachtens unlöslich der Konflikt: sich zu trennen und dann – ohne Kinder, ohne Frau – (die spät aufgegebene Heiratsannonce vor dem Tod der Kinder führte zu keiner Ersatzbindung) am Leben scheitern zu müssen. »Wo sollte ich denn hin?« hatte er zu einem Kriminalbeamten laut Protokoll gesagt, als er gefragt wurde, warum er das denn alles ertragen habe. Denn er war inzwischen ziemlich krank, oft nicht arbeitsfähig und dem Alltag gegenüber immer hilfloser geworden. (Heute weiß man aus einem im Gericht verlesenen psychiatrischen Gutachten von 1994, daß er schon damals psychische und sogar hirnorganische Störungen hatte.)

Unlösbare Konflikte können beim Menschen, wenn er nur noch ein Scheitern, einen drohenden Untergang spürt, zu dem Wunsch führen, wenigstens gemeinsam unterzugehen (Mord und anschließender Selbstmord). Oder, im eigenen Untergang den anderen, der bleibt oder sogar »dazugewinnen wird«, tödlich zu treffen: entweder ihn selbst oder seine Kinder. Am tragischsten, wenn man das überhaupt noch sagen kann, ist dabei wahrscheinlich das Erlebnis, nach einer Ermordung oder einem Totschlag des oder der Angehörigen, zum Selbstmord nicht mehr die Kraft zu haben, oder ihn zu überleben.

Für Monika Weimar gab es einen anderen für sie unlösbaren menschlichen Konflikt: Sie wollte ihre neue Liebe leben, die Kinder, ihr ein und alles, behalten, aber auch ihren kranken Ehemann formell nicht verlassen. Sie wollte nicht die egoistische »Hexe« sein, als die nicht nur ihre Schwiegermutter sie laut eigener Aussagen sah. Aber sie wollte dennoch glücklich, fast kindlich glücklich sein. Sie hielt alles – heute denke ich, da ich ihr Manuskript und ihr psychologisches Gutachten kenne, mentalitätsbedingt – in der Schwebe. Man könnte sagen, sie spielte, höchstgefährdend, unbewußt mit dem Feuer.

Das Fuldaer Gericht ging dann, auf der Suche nach einem Motiv bei Monika Weimar, davon aus, daß sie zum Schluß von Kevin Pratt massiv gedrängt worden war, sich scheiden zu lassen, sonst würde er nach einer anderen Frau für seine Zukunft suchen. Kevin Pratt verneinte jetzt im Gießener Wiederaufnahmeverfahren, ebenso wie die Angeklagte in ihrem Buch, daß es ein Ultimatum gegeben habe. Er habe aber tatsächlich gedrängt; sie habe um Zeit gebeten, aber einen Scheidungsanwalt aufgesucht. Man habe sich gegenseitig versprochen, einen Weg für ein gemeinsames Leben zu finden – und wenn er über Umwege gehen müsse.

Eine Kulmination der Probleme, ein unlösbarer Konflikt für Monika Weimar, der tödlich enden mußte? Wo liegt er?

Nehmen wir an, die abschwächenden Aussagen zum Ultimatum Pratts stimmten nicht, es gab einen unaufgelösten Streit um die Scheidung. Gut, das ist denkbar. Aber warum sollte sie dann ihre Kinder umbringen? Sie hätten doch der Verbindung mit Pratt nicht im Wege gestanden. Er wollte sie mit nach Amerika nehmen oder mit allen dreien, nach einer Zeit in Amerika allein, in Hersfeld leben. Und kein deutsches Vormundschaftsgericht hätte Reinhard Weimar auch nur ein Kind zugesprochen, darum hätte Monika Weimar nicht bangen müssen – krank und ohne Lebensgefährtin wie er war. Im Wege gestanden hätte – logisch gedacht – eher der Ehemann dem Glück Monika Weimars.

Was bleibt dann, was zur Tat an den Kindern, begangen durch sie, hätte führen können? Eine Kurzschlußhandlung: der Mord an den Töchtern? Die 1988 im 1. Urteil angenommene Tatversion vom Vormittag nach dem letzten Zusammensein mit Kevin Pratt, vor dem Tod der Kinder, spricht gegen eine solche spontan-emotionale Handlung. Auch das Fuldaer Gericht ging damals mit der »Tagesversion« nicht von einer Affekttat, sondern von vorsätzlichem Mord aus. Warum aber sollte Monika Weimar die Kinder vorsätzlich in eine Falle (in ihr Auto zur Spazierfahrt) gelockt und auf dem einen Parkplatz beide umgebracht haben? Was hätte sie dadurch erreicht oder gewonnen? Hätte sie ihren einzigen Lebenskonflikt gelöst, der darin bestand, die »Hure« und die Triumphierende über den kranken Ehemann zu sein – und die, oberflächlich gesehen, vernachlässigende Mutter, die nichts wichtiger findet, als eine für sie erfüllende außereheliche Liebe zu leben?

Sie hätte es, wenn man von der entsprechenden kriminellen Energie einer geplanten Tat ausgeht, nur mit totaler Abspaltung ihrer Gefühle von den Kindern auf den Liebespartner tun können. Aber sie hätte es, da es nicht im Affekt geschehen sein konnte, mit sorgsamer Planung und Verschleierung tun müssen. Sonst hätte sie sich ja nach der Tat stellen und verhaften lassen können. Wenn sie es vorbereitet getan hätte und nicht entdeckt werden wollte, um ihr neues Leben, wie es das erste Gericht ihr vorwarf, leben zu können, hätte sie es so tun müssen, daß jeder sofort auf ihren Mann kommt, egal, ob er beteuert: »Ich war es nicht!«

Aber nichts ist so geschehen.

Sie ist am Vormittag bei hellem Tageslicht im August an einem der Fundorte gesehen worden. Monika Böttcher, so schreibt sie in ihrem Buch, wollte die toten Kinder, nachdem sie die Ablageplätze frühmorgens von ihrem Mann herausbekommen habe, noch einmal sehen. Sie hat eine plumpe Notlüge wegen einer zerbrochenen Windschutzscheibe gebraucht, von der – auch ihr übrigens – bis heute nicht klar ist, wie sie entzweigegangen ist, anstatt es ihrem Mann in die Schuhe zu schieben. Drei Wochen lang hat sie ihren Mann überhaupt nicht beschuldigt.

Sie hat ihrem Liebhaber genausolange nichts von einer Tat ihres Mannes gesagt, obwohl der ihn im Verdacht hatte. Sie hat nach einer gewissen Zeit – völlig erkennbar als von ihr geschrieben – hilflose anonyme Selbstbezichtigungsbriefe verfaßt. Keine ihrer Tätigkeiten oder Unterlassungen deuten auf ein gezieltes Verhalten hin, das zu einem vorsätzlichen Mord, den es auf einen anderen zu schieben gilt, hinweist. Aber das ist es, was ihr die Anklage und das Gericht 1988 vorgeworfen haben und sie damit zu lebenslanger Freiheitsstrafe verurteilten.

Dies alles spielte ich im meinem Kopf während all der Jahre durch, die ich mich mit dem Drama beschäftigte, schon ehe ich Monika Böttcher 1995 im Gefängnis Preungesheim kennenlernte. Mir wurde dabei ein Gedanke als Hypothese immer vertrauter. Die Frau, die verurteilt worden war, hatte 1986 in einem unausweichlichen inneren Konflikt gelebt. In dem Konflikt, sich nicht wirklich entscheiden zu können. Damit riskierte sie das Leben ihrer Töchter. Und daher kam später vielleicht ihr lähmendes Schuldgefühl, über das sie im Dezember 1995, kurz nach ihrer Freilassung noch immer nur sehr hölzern mit mir sprechen konnte. Ich stellte für mich die These auf: Vielleicht hatte sie ein Gespür dafür, daß sie das Leben ihrer Kinder aufs Spiel gesetzt hatte und auf diese Weise *moralisch* schuldig am Tod ihrer Töchter war. Das würde auch, so sagte ich mir, ihr abstruses gelähmtes Verhalten in der Nacht und ihr merkwürdig wirres Gebaren vor der Polizei erklären. Dieses Gebaren schwankte zwischen Gesprächsverweigerung, beflissenen Auskünften über sehr Privates und merkwürdigen Konstrukten. Es hatte die Beamten immer aggressiver auf sie werden lassen. Und keiner spürte oder holte einen Polizeipsychologen hinzu, um herauszufinden, was mit der seltsam starren Frau los war. Sie fühlte sich vielleicht tatsächlich mitschuldig, dachte ich, und deshalb konnte sie ihren Mann, wie sie sagte, »nicht ausliefern«, sie wollte »nicht auch hier wieder die Böse sein«, wie sie es hilflos ausdrückte. Sie konnte ihn wochenlang nicht beschuldigen und spielte, aktiver als er, das Spiel mit, man wisse nicht, wer die Kinder umgebracht habe. Dabei verwickelte sie sich immer mehr in Widersprüche.

Sie sagte erst die Wahrheit, als man ihr von der Polizei aus die Tat und damit die alleinige Schuld aufbürden wollte. Ab da brach sie ihr beredtes Schweigen und schilderte stockend die sogenannte »Nachtversion«, die ihr dann niemand mehr glaubte. Außer seinerzeit der Staatsanwalt, der bald danach abgelöst wurde. Von Reinhard Weimar, den man nur kurz verhaftet und wieder freigelassen hatte, gab es keine Wahrheit, er wisse nichts, sagte er zunächst. Er beschuldigte vor der Kriminalpolizei nicht seine Frau, antwortete aber vor Fernsehkameras später in Fulda, daß »er ihr alles zutraue«. Vor der Mordkommission in Hersfeld hatte er 1986 in einem Verhör gesagt, das an dieser Stelle dann allerdings abgebrochen wurde: »Wenn ich es war, muß es ein Blackout gewesen sein.« Zu dem Wiederaufnahmeverfahren betonte 1996 der damals ihn verhörende Beamte: »Wir haben das Verhör beendet, weil der uns jeden Mord in Deutschland gestanden hätte. So fertig war der!«

Das war, nachdem Monika Böttcher ihn, für alle überraschend, drei Wochen nach dem Tod der Kinder beschuldigt hatte.

Also blieb – nach meinem reiflichen Überlegen – nur noch *ein* tödlicher, unlösbarer Konflikt. Für mich bestand er vom Gefühl her, bald aber auch durch die Aktenlage und forschende Gespräche mit Monika Böttcher, nur noch in der Zwangslage des Reinhard Weimar, der sein Dasein als aussichtslos erleben mußte.

Daß er in den Jahren nach dem Tod der Kinder immer deutlichere psychische und psychiatrisch nachweisbare Störungen hat, könnte zwar auch auf das Leiden am passiv erlebten Tod der Mädchen hinweisen. Doch eins spricht dagegen: Es gab in den letzten Jahren Äußerungen von ihm, die jetzt durch Zeugen vor dem neuen Gericht vorgetragen wurden und die, wenn sie stimmen, auf eine späte Selbstbezichtigung hinweisen.

Wenn darüber hinaus deutlich wird, daß Monika Böttcher ihre Verurteilung von 1988 auch dann noch nicht akzeptierte, als sie kurz vor dem Status als sogenannte »Freigängerin« und vor einem aussichtsreichen Begnadigungsantrag stand, darüber hinaus keine psychischen Störungen offenbarte, konnte ich die Halluzinationen, psychotischen Schübe und Suizidgefährdungen des Mannes, von denen man vor dem Gießener Gericht erfuhr, nur noch in eine Richtung lesen. Er zumindest hatte das klarere Motiv.

Reinhard Weimar, dachte ich, war schon mit Krankheit geschlagen für sein Leben. Er würde nie in Haft kommen, falls sich herausstellen sollte, daß es keine Gründe dafür gäbe, Monika Böttcher weiterhin als schuldig zu betrachten. Sie aber müßte, so war meine Meinung, ein neues Verfahren bekommen, eine Chance, Widersprüche der ersten Instanz, die Indizien und das Motiv neu überprüfen zu lassen und die neuen Zeugen zu hören, die Reinhard Weimar statt ihrer belasten könnten. Dafür, und nicht für die »offensichtliche Unschuld«, habe ich mich einige Jahre lang mit drei Justizfilmen in den Kampf um eine Wiederaufnahme des Falles »Weimar« eingemischt.

Die Autorin dieses Buches habe ich neben unserer Arbeit fast elf Monate lang nahezu jede Woche vor Gericht erlebt. Bis auf die kurzen Pausen, in denen sie Gefühlsregungen preisgab, habe ich eine Maske in Gießen vor Augen gehabt – völlig im Gegensatz zu meinem sonstigen Eindruck von ihr. Ich war eine Journalistin, die sie beobachtete, neben all den anderen Gerichtsreportern. Nur wenn ich mit ihr zu Mittag aß oder auf einem Extra-Flur stand, hatten wir wieden den Draht zueinander, den unsere Bucharbeit geschaffen hatte. Es war manchmal nicht einfach, die Beobachtung als Berichterstatterin und das Mitgefühl mit jemandem, dessen Gedanken man sich in etwa vorstellen konnte, auseinderzuhalten. Es wurde so etwas wie eine teilnehmende Beobachtung daraus. Eine sehr anstrengende Rolle, die ich als Erfahrung nicht missen, aber auch nicht so schnell wieder machen möchte.

Monika Böttcher hat ihre Gefühle fast durchweg, bis auf zwei Kreislaufzusammenbrüche und mehrmaliges, verstecktes Weinenmüssen, vor den Betrachtern verborgen. Sie wollte sie, genau wie im ersten Prozeß, nicht, wie sie es empfindet, »zu Markte tragen«. Deshalb hat sie sich auch nicht der Presse gestellt, während ihr neues Verfahren lief. Hinter dieser nach außen sichtbaren Fassade war die Angeklagte aber weit wacher als bei ihrem ersten Prozeß. Sie schrieb Tagebuch über die Gerichtstermine, um nichts zu vergessen und um mit ihren Anwälten im Dialog zu bleiben, mitzudenken, soweit dies bei dem vorhandenen Wissensabstand ging. Sie stand nicht wie in Fulda 1987 unter Tabletteneinfluß. Aber sie riß sich – bis zum Umfallen, so schien es mir manchmal – zusammen. Sie wollte die Contenance bewahren, weil ein Sichgehenlassen vor professionellen Presseleuten für sie eine unverzeihliche Schwäche bedeutet. Abends, so sagte sie mir manchmal am Telefon, habe sie dann endlich »heulen können«.

Wie Monika Böttcher sich dagegen in diesem Buch darstellt, ist für mich, die ich sie nun seit eineinhalb Jahren kenne und viele Gespräche mit ihr geführt habe, ziemlich realistisch. Wenn man das überhaupt rückwirkend beurteilen kann. Ich kann ja immer nur von der Frau ausgehen, die ich heute kenne und die teils reflektiert, teils ungebrochen über Vergangenes spricht. Vieles, was sie rückblickend erzählt und wie sie es berichtet, entspricht in ihrer Haltung den psychologischen Gutachten, die im Auftrag des Fuldaer Gerichts damals geschrieben wurden. Ich war gespannt, was die erfahrenen Gutachter zehn Jahre später und nach der Teilnahme am Gießener Verfahren über sie vortragen würden.

Beide, der Psychiater und die Psychologin, bekannte Professoren ihres Fachgebiets, kamen zu dem Schluß, daß, wenn die Mordnacht sich so zugetragen habe, wie die Angeklagte es schildere, Monika Böttcher sich mitschuldig am Tod ihrer Kinder gefühlt haben muß. Der Psychiater bestritt noch einmal, gerade auch nach der Anhörung Kevin Pratts und erneutem Verlesen der Telefonprotokolle, vehement das Motiv »sexuelle

Hörigkeit«. Die Psychologin sprach von einer Art »Rest-Solidarisierung« mit Reinhard Weimar, aus tiefen Schuldgefühlen heraus, und betonte: »Das Verhalten Monika Böttchers, wie sie es in der Nachtversion geschildert hat, ist durchaus vorstellbar.« Menschliches Verhalten in Schocksituationen sei sehr vielschichtig und häufig von unerwarteter Gestalt.

Ob ich Monika Böttcher heute wirklich kenne, wage ich zu bezweifeln, obwohl ich sie ja recht nah beobachten konnte und mit ihr gearbeitet habe, sogar kurz mit ihr verreist war. Sie kommt mir wie ein sehr kontrollierter, zusammengenommener Mensch vor, der aber Gefühle stark und sehr genau empfindet, sie jedoch, wenn er nicht sehr vertraut ist, eher nur als Reaktion zeigt. Das heißt, manchmal vermißte ich eine spontane Äußerung. Ich merkte aber, daß ich die Frau, die neun Jahre lang im Gefängnis gesessen hatte, durch mein direktes Zugehen, durch meine Art, wie ich Freude, Kritik oder Mißfallen äußere, aus der Reserve locken und sogar mitreißen konnte. Als bräuchte sie ein solches Gegenüber, um auch ihre Gefühle zu zeigen. Das hat mich oft an ihre Kinder, und zum Schluß, nachdem ich ihn vor Gericht erlebt hatte, an Kevin Pratt denken lassen.

Ihre emotionalste Regung mir gegenüber war: »Hoffentlich kennen wir uns noch, wenn einmal alles geschafft ist, der Prozeß, das Buch.« Dabei nahm sie kurz meine Hand. Ich war ziemlich gerührt. Wir hatten da gerade sehr schwere Passagen ihres Buches bearbeitet.

Für sie war das Buchschreiben, das sich Erinnern-Müssen etwas sehr mühsames, was sie aber unbedingt wollte. Sie hatte mich nach ihrer Freilassung auf ein mögliches Buch angesprochen, weil sie im Gefängnis angefangen hatte zu schreiben. Ich habe mir gut überlegt, ob ich ihr wirklich dabei zur Seite stehen sollte, ob ich meine Berichterstatter-Haltung aufgeben sollte und mich auf ihre Sicht ihrer dramatischen Lebensgeschichte einlassen konnte. Ich sagte ihr, daß ich es nur unter der Bedingung tun könnte, daß sie mich nicht benutzen würde, um sich »reinzuwaschen«. Nur, wenn sie sich meinen kritischen Fragen immer stellen und sich bemühen würde, die Wahrheit zu schreiben und sich nichts ausdenken würde, um besser dazustehen, nur dann hätte es Sinn mit mir. Wenn es etwas zu verbergen gäbe, was ich ja nicht wisse, würde ich ihr sogar von einem Buch abraten, es aber auf keinen Fall unterstützen. Ihr entwaffnendes Entsetzen, daß ich so etwas glauben konnte, überzeugte mich, es zu wagen.

Fortan ging es für mich darum, die stilistische Buchbetreuung zu übernehmen und alle Fragen zu stellen, die mir bei Monika Böttchers Schreiben zu ihrem Leben in den Sinn kamen – und zu all dem, was mit ihrem »Fall« zusammenhing. Sie mußte auf diese Weise ihren eigenen Schreibfluß und die Beantwortung meiner skeptischen Fragen zusammenfügen. So wurde das Buchschreiben für Monika Böttcher zu einer Art psychischer Prozeßvorbereitung, die ihr schließlich half, das Gießener Verfahren durchzustehen, ohne dort selbst zu sprechen. »Ich frage mich, wie sie das durchhalten soll, ohne je ein Wort zu sagen?!« wunderte sich Henry Adler, der Pensionär, der sie in London nach ihrer Freilassung beherbergt hatte und im Dezember '96 einen harten Prozeßtag in Gießen mitbekam. Er spürte, als völlig Außenstehender, am stärksten die Einsamkeit der Angeklagten, die in gewisser Weise – über ihr neues Verfahren hinaus, wie über dieses Buch hinweg – da ist.

Denn wenn es das oben beschriebene Schuldgefühl gibt, wird es trotz Freispruch auch immer die Einsamkeit in den eigentlichen Schichten der Seele geben – auch wenn Hannah Arendt sagt: »Jedes Leid wird erträglich, wenn man eine Geschichte darüber erzählt.« Wir haben diesen Satz dem Buch als Motto vorangestellt. Es gibt aber auch den Satz des russischen Dichters Oleg Serdan: »Lieber Gott, glaube an uns, wir sind einsam!«

## Vorbemerkung

Dieses Buch möchte ich all den Menschen widmen, die während meiner Haftzeit zu mir gehalten haben. Die mir durch ihre Briefe Kraft und Mut zugesprochen haben und sich ihr eigenes Urteil darüber bildeten, ob ich schuldig oder unschuldig am gewaltsamen Tod meiner Kinder bin. Viele standen mir hilfreich zur Seite – sonst hätte ich die neun Jahre Haft nicht überstanden – mit Briefen, tröstenden Besuchen oder Gesprächen im Gefängnisalltag. Mit diesem Buch möchte ich mich bei diesen Menschen auch bedanken, das liegt mir schon lange am Herzen. Obwohl ich mich über die Briefe sehr gefreut habe, war es mir nicht möglich, sie alle zu beantworten. Meine Erlebnisse, Gefühle und meine innere Entwicklung beschreibe ich, um selbst mehr Klarheit zu finden. Aber ich schreibe auch für all diejenigen, die ich nicht kenne, die sich jedoch in den letzten Jahren für meinen Fall interessierten und – obwohl fremd – wirklichen Anteil am Tod meiner Kinder nahmen.

Ich weiß, daß ich vor zehn Jahren selbst mit meinen anfänglichen Falschaussagen und mit meinem Verhalten viel zur Vorverurteilung beigetragen habe. Viele Zeitungen und Zeitschriften taten das zusätzlich auf ihre Weise. Durch ihre Darstellung ist ein Bild von mir in der Öffentlichkeit entstanden, das völlig verzerrt ist. Und das blieb auch so in meinem Wiederaufnahme-Prozeß 1996. Denn ich entschloß mich, vor dem Gericht zu schweigen, das in erster Instanz die Wiederaufnahme meines Falles abgelehnt hatte. In diesem Buch werde ich über alles schreiben, das im Zusammenhang steht mit dem Tod meiner Kinder – und meinem Leben davor und danach.

# 1 Die Freilassung

4. Dezember 1995: Diesen Tag werde ich nie vergessen, den Tag meiner Wiedergeburt – nach neun Jahren Haft. Seit 1990 etwa hatte ich meine Kraft im Gefängnis darauf konzentriert, die Vergangenheit, den Tod meiner Kinder zu verarbeiten. Ich hatte versucht, gesund zu bleiben, gelernt, auf meine innere Stimme zu hören, und ich vertraute meinem neuen Anwalt aus Hamburg. Gerhard Strate, der gleich nach meiner Verurteilung 1988 mit Rechtsanwalt Schwenn die Revision vorbereitet hatte, war immer von meiner Unschuld überzeugt und wollte all sein Wissen und juristisches Können daran setzen, meine Verurteilung zu lebenslanger Haft als Fehlurteil zu entlarven. Im Frühjahr 1989 war der Revisionsantrag gescheitert. Jetzt, Anfang 1995, sollte über eine Wiederaufnahme meines ersten Prozesses entschieden werden.

Ich hatte mich seelisch in den letzten Monaten meiner Wartezeit auf eine endgültige Entscheidung vorbereitet. Ich durfte sogar in Begleitung von Wachpersonal die Verhandlungstage um eine Wiederaufnahme in Gießen im Juni, August und Dezember 1994 mitverfolgen, die Zeugenanhörungen, die Gutachterbefragungen. Niemand erkannte mich, denn ich durfte nichts fragen und wurde nicht befragt. Außerdem hatte ich mich seit meiner Verurteilung äußerlich sehr verändert. Nach meinem Eindruck und den Gesprächen mit meinem Verteidiger schien alles sehr gut für mich auszusehen.

Am 1. April 1995 rief mich mein Anwalt dann im Gefängnis an. Es war Wochenende. Ich hatte Besuch von meiner Mutter und meiner älteren Schwester, als ich von einem Wachbeamten ans Telefon geholt wurde. Eine leise, belegte Stimme aus Hamburg: »Das Gericht hat gegen uns entschieden.« Die Gießener Richter wiesen auf 41 Seiten nach, daß das Urteil von 1988, das mich ohne Tatzeugen und ohne Motiv als Mörderin meiner Kinder auswies, unangreifbar sei – obwohl neue Zeugen belegten, daß Reinhard Weimar sich selbst belastet hatte, und obwohl ein neues Fasergutachten gegen meine Täterschaft sprach. Ich fiel meiner Mutter weinend in die Arme, die inzwischen mit meiner Schwester ins Büro des Gefängnispsychologen geholt worden waren. Beide konnten mich nicht trösten. Nach all der Anspannung, der Hoffnung, die ich aufgebaut hatte, traf mich der Schock brutal. Ich hatte versucht, mich auch auf einen negativen Ausgang einzustellen, aber jetzt merkte ich, daß man sich auf eine solche Enttäuschung einfach nicht vorbereiten kann. Ich brauchte Monate, um sie zu verwinden. Doch ich wollte nicht aufgeben.

Rechtsanwalt Strate hatte gegen diesen Bescheid sofort Beschwerde eingelegt, sie war ans Oberlandesgericht in Frankfurt adressiert worden. Ich selbst war nach Wochen zu dem Schluß gekommen, daß es mir besser gehen würde, wenn ich den Richtern in Gießen einen Brief schriebe.

*An die Kammer der Richter Weller, Brinker und Pradel!*
*Am Anfang glaubte ich, daß Sie anders sind als die Richter, die ich zuvor kennengelernt hatte. Ich hoffte auf eine wirkliche Chance, doch leider mußte ich feststellen, daß ich mich getäuscht habe. Aus welchen Gründen Sie auch immer so entschieden haben, ich finde es nicht gerecht. Ich kann nur rätseln, warum Sie mir keine Chance gaben. Vielleicht ist es für die Justiz einfacher, wenn die Fehler, die schon bei den Ermittlungen gemacht wurden, nicht aufgedeckt werden. Ich frage mich, wie gehen Sie mit Ihrem Gewissen um? Ich bin unschuldig, ich habe meine Kinder nicht umgebracht. Warum kann Herr Weimar ein Geständnis nach dem anderen ablegen, und nichts passiert? Die Zeugen und Gutachter, die positiv für mich aussagten, warum wird ihnen nicht geglaubt? Sind die Zeugen für Sie Menschen zweiter Klasse? Wenn ich mich von*

*der Enttäuschung, die mich im Moment noch niederdrückt, erholt habe, werde ich weiter kämpfen. Das bin ich mir und meinen Kindern schuldig.*
*Es sind nicht nur Akten, über die Sie entscheiden!*
*Hochachtungsvoll, Monika Böttcher*

Seit acht Wochen wartete ich nun schon wieder auf einen Bescheid, diesmal aus Frankfurt, vom Oberlandesgericht. Ich konnte kaum schlafen, mich fast nie entspannen. In letzter Zeit hatte ich das Gefühl, nicht nur meine Mitgefangenen, auch das Wachpersonal, die Gefängnisdirektion und – von wem ich es genau wußte – mein Psychologe zitterten mit mir. Ich konnte mich weder auf Bücher noch auf längeres Briefeschreiben konzentrieren. Ich starrte oft vom Bett meiner Zweierzelle, die ich allein bewohnen durfte, an die Decke und grübelte. Wenn die Beschwerde abgelehnt werden sollte, dann wäre alles aus. Dann würde ich immer als Mörderin gelten – selbst wenn sie mich irgendwann begnadigten. Ab und an bekam ich als kleinen Lichtblick einen Blumenstrauß von Freunden, oft sogar Post von Fremden, die während dieser Zeit besonders stark an mich dachten und mir Mut zusprechen wollten. In den Wochen nach dem 1. April hatte ich kaum etwas essen können und rapide abgenommen. Mein Anwalt hatte bei seinen Besuchen seit Oktober immer wieder betont, daß es Zeichen für eine positive Entscheidung aus Frankfurt gäbe. Ich wollte mein Herz nicht noch einmal zu hoch hängen, aber ich versuchte trotzdem, meine Gedanken darauf zu konzentrieren, daß rationale Richter im Zweifel für mich entscheiden müßten.

Der 4. Dezember 1995 war ein Montag. Am Montag fällen sie keine Entscheidung, sagte ich mir, am Wochenende tagen Richter nicht. Ich arbeitete montags seit drei Jahren genau wie an jedem Donnerstag bei der Friseurin, die zweimal wöchentlich ins Gefängnis kam, wo ein Raum für sie mit Waschbecken, Spiegeln und Trockenhauben ausgestattet war. Ich hatte an diesem Tag erst zwei Frauen bedient, als unsere stellvertretende Gefängnisleiterin, Frau Körner, im Friseurzimmer erschien. »Kommen Sie bitte mit, Frau Böttcher«, sagte sie. Es kann nur etwas mit meiner Großmutter sein, schoß es mir durch den Kopf. Sie war seit einiger Zeit sehr krank, ich hatte Angst, daß man mir jetzt ihren Tod eröffnen würde. »Herr Müller möchte Sie sprechen.« Frau Körner führte mich mit schnellen Schritten zu ihrem Chef. Zeit zum Nachfragen gab es nicht. Als ich Herrn Müller, diesem großen, ernsthaften Mann mit der für mich väterlichen Ausstrahlung, gegenübersaß, konzentrierte ich mich nur auf sein Gesicht. Seine Bücher und Akten verschwammen im Hintergrund. Er sah mich freundlich, sehr intensiv, fast forschend an. Er sprach nicht gleich. Warum spannte er mich derart auf die Folter? Als er mir sagte, das Gericht habe angerufen, hatte ich das Gefühl, mein Herz setze aus. Ich fragte nichts, fixierte nur seine Lippen, ich wollte kein einziges seiner Worte versäumen. »Frau Böttcher, Sie sind frei. Sie können das Gefängnis noch heute verlassen.«

Ich wußte nicht, ob wirklich ich gemeint war. Worauf ich so lange gewartet hatte, es kam mir auf einmal völlig unglaublich vor. »Stimmt das denn wirklich? Bin ich ein freier Mensch?« Er lachte, aber kurz danach sah er mich besorgt an. »Lassen Sie sich Zeit. Sie müssen das jetzt erst mal verdauen.«

Ich fing an zu weinen, dann lachte ich, mein ganzer Körper zitterte, meine Nerven waren nicht mehr zu beherrschen. Gleichzeitig drehten sich unendlich viele Gedanken in meinem Kopf: Was macht meine Familie gerade, wo ist mein Anwalt, wie werden sie sich alle fühlen? Wo geht es jetzt hin? Bald ist Weihnachten, das erste Fest seit 1986, bei dem ich endlich zu Hause bei meiner Mutter sein werde. Ich wußte nur noch, daß Dezember war, alle anderen Einteilungen, die sonst so wichtig für meinen Gefängnisalltag waren, lösten sich auf.

Inzwischen hatte Frau Körner meinen Psychologen geholt. Er trat mit ganz leichten Schritten und leuchtenden Augen ins Zimmer und umarmte mich sofort. Diese direkte Reaktion, seine Wärme taten mir gut, ich weinte – Tränen der Erleichterung. Wie ein Kind fühlte ich mich in diesen Minuten, nicht wie eine 37jährige Frau. Kurz danach begriff ich, daß wirklich ich es war, die plötzlich im Mittelpunkt stand: Ich war frei.

Als ich langsam wieder den Boden unter meinen Füßen spürte, führte mich der Psychologe in meinen Trakt, den wir im Gefängnis Station nannten. Wir kamen an seinem Büro vorbei. Hier hatten wir so viele Gespräche seit meiner Verurteilung 1988 geführt. Er hat mir zugehört, wenn ich nicht mehr weiter wußte, er hat mir zugeredet, alles aus mir herauszuschreiben, wenn niemand zum Sprechen da war.

Er brachte mich zurück auf unseren Flur, die sogenannte Förderstation, wo Lebenslängliche und andere gefangene Frauen in zwei Wohngruppen lebten. Ich konnte dort, vom Büro aus, telefonieren. Auf dem Weg zur Abteilung durch die zahlreichen Gänge, die für uns aufgeschlossen werden mußten, war ich beflügelt, in einer Hochstimmung, die ich überhaupt nicht mehr kannte. Andererseits ging mir durch den Kopf, daß ich jetzt Frauen zurücklassen mußte, mit denen ich gern zusammengewesen war.

Es dauerte mir alles viel zu lange, bis ich meinen Anwalt anrufen konnte. In meinem Kopf ging es zu wie in einem Bienenkorb: Wir haben unseren ersten Sieg errungen, es gibt doch noch menschliche Richter, wir werden weiter kämpfen, ich schaffe es! Im Büro angekommen, das zwischen den beiden Wohngruppen lag, rief ich Gerhard Strate in Hamburg an. Er hatte bei seinen letzten Besuchen davon gesprochen, daß er mich erst mal ins Ausland bringen wolle, damit ich dem Presserummel entginge, den die Medien nach meiner Freilassung veranstalten würden. Obwohl ich am liebsten nach Hause nach Philippsthal gefahren wäre, sah ich das ein, weil ich

Angst vor einer Journalistenattacke hatte, die mich sofort an meinen Prozeß erinnert und völlig gelähmt hätte. Gerhard Strate hatte auch schon ein Fax vom Gericht erhalten. Er war am Telefon ganz ruhig, richtig gelassen. Es mußte die Aufregung sein, ich kannte ihn ganz anders. Nachmittags um 15.30 Uhr etwa könne er im Gefängnis sein. »Es geht erst mal nach London, dort ist alles vorbereitet. Am Abend sind wir da!«

Jetzt wollte ich sofort meine Mutter anrufen, ehe sie meine Freilassung aus dem Radio oder durch Nachbarn erführe. Als ich mich, wie immer: »Hier bin ich, Mutti«, meldete, war sie völlig erstaunt. »Ist etwas passiert?« fragte sie ängstlich. Ich redete unüberlegt drauflos: »Nichts Schlimmes, was gutes Schlimmes.« Weil ich weiß, daß sie genauso körperlich auf alles reagiert wie ich, bat ich sie, sich einen Stuhl zu nehmen, ehe ich weiterreden wolle. Als sie saß, sagte ich ihr, daß ich frei sei. Im ersten Moment war es ganz still an meinem Ohr. Sie konnte es nicht begreifen. Erst als ich ihr erklärte, daß das Frankfurter Gericht angerufen habe, daß Herrn Strates Beschwerde Erfolg gehabt habe, hörte ich meine Mutter weinen. In ihre Tränen mischten sich Worte der Erleichterung. Jetzt redete sie auf mich ein, voller Freude. Sie redete ganz zärtlich mit mir, war stolz auf mein Durchhaltevermögen, lobte den Anwalt, und dann wieder ihr Weinen – all das entlud sich. Die Spannung der letzten Wochen mußte für sie genauso unerträglich gewesen sein wie für mich. So gern ich meine Mutter als den liebsten Menschen, den ich jetzt habe, sofort hätte sehen wollen, so gut verstand ich ihre Entscheidung, in ihrem aufgeregten Zustand nicht über Landstraße und Autobahn zu fahren. Sie hätte mich, nach zwei Stunden Fahrt, nur kurz sehen können, und das hätte auch sehr weh getan. Ich konnte ja noch nicht nach Hause. Außerdem wollte meine Mutter am Bett meiner Großmutter bleiben. Im September hatte ich eine Ausführung mit dem Psychologen bewilligt bekommen, um meine Großmutter zu besuchen, mit der ich aufgewachsen bin und die sehr wichtig für mich ist. Meine Mutter dachte schon damals, daß es zu Ende ginge. Ein paar Stunden hatte ich an ihrem Bett sitzen können. Ich streichelte ihr Gesicht. Jetzt sah man hauptsächlich ihre starken Wangenknochen. Sie war eine warmherzige, schöne Frau. Ich muß meine Großmutter loslassen, sagte ich mir. Alle betonen, sie sei doch schon 84 Jahre alt. Aber für mich ist die Zeit stehengeblieben, wenn ich an sie denke. Sie war 74, als meine Töchter starben. Seit Oktober 1986, als ich verhaftet wurde, habe ich meine Großmutter nur zweimal, bei Gefängnis-Ausführungen, zu Hause erlebt. Es fällt mir schwer, daran zu denken, daß jetzt, wo mein neues Leben beginnt, ihres enden soll.

Als ich den Hörer auflegte, aus dem ich die Stimme meiner Mutter gehört hatte, brauchte ich erst einmal eine Pause. Ich erlaubte mir zu weinen, ohne mich gleich wieder zusammenzureißen, denn auf meiner Station fühlte ich mich geschützt. Nach einigen Minuten ging es mir wieder besser, und ich führte mein letztes Gespräch aus dem Gefängnis heraus. Ich rief meine jüngere Schwester Brigitte an, die in der Nähe von Frankfurt und teilweise bei meiner Mutter lebt. Sie war von meiner Nachricht völlig aufgewühlt. Mit ihrem Freund, der Urlaub hatte, wollte sie ab 14.00 Uhr im Gefängnis sein. Ich sagte ihr, daß ich nachher zur offenen Mutter-und-Kind-Station gebracht würde, wenn ich meine Sachen gepackt hätte. Ich sollte dort das Gefängnis durch einen Seiteneingang verlassen. Denn mittlerweile war meine Freilassung in den Radionachrichten verbreitet worden. Der Gefängnisdirektor selbst war auf die Idee mit dem Nebengebäude gekommen, in dem Freigängerinnen mit ihren Kindern wohnten. Ich kannte diese Institution nur durch Erzählungen. –

Vor dem Haupteingang des Gefängnisses rechnete die Gefängnisleitung mit einem baldigen Ansturm von Fotografen und Kamerateams. Alle waren der Meinung, nicht nur mein Anwalt und der Psychologe, daß ich davor geschützt werden sollte. Aber erst einmal war es noch nicht soweit, es war erst mittags kurz vor zwölf Uhr.

In der Nähe meiner Zelle saßen schon einige gefangene Frauen in ihrer Mittagspause am Tisch zusammen. Ich lief auf sie zu, völlig aufgekratzt berichtete ich ihnen, was ich gerade erfahren hatte. Wie ich es auch schon früher, bei anderen Ereignissen, erlebt hatte: Die Nachricht war bereits zu ihnen gedrungen, sie nahmen mich sofort in ihre Mitte, die meisten umarmten mich, in diesem Moment zeigten mir alle nur ihre Freude. Was sie an Erschütterungen durch meine Freilassung erlebten, davon habe ich erst später erfahren, als ich mit dem Gefängnispsychologen einmal telefonierte.

Ich lief in meine Zelle, um meine Sachen zu packen. Aber da ich gar nicht wußte, wo anfangen, stellte ich mich zwischendurch immer wieder zu den Frauen und rauchte eine Zigarette mit ihnen. An Essen konnte ich überhaupt nicht denken.

Wenn jemand entlassen wird, muß die Zelle vollkommen ausgeräumt werden. Ich war überhaupt nicht auf den Tag vorbereitet, der im Normalfall vorhersehbar ist. Ich wollte auch vorher nichts planen, weil ich nichts Negatives beschwören wollte. In meiner Unentschlossenheit und Ungeduld fragte ich die Frauen, ob sie alles, was ich in meinem Raum ließe, wegräumen und untereinander aufteilen könnten. Sie freuten sich, daß ich ihnen Briefmarken und Briefpapier, Kosmetik, Grünpflanzen und meine Kaffee- und Süßigkeitenbestände hinterließ. Auch einige Kleidungsstücke wollte ich in meinem neuen Leben nicht mehr tragen. Ich packte nur meine Lieblingssachen, meinen Radiorecorder, die Aktenkartons und Glücksbringer, die ich in den Haftjahren geschenkt bekommen hatte, ein. Am besten gefällt mir noch heute das Paar naturfarbene Minischuhe. Sie kamen von einer Briefschreiberin: damit ich mit kleinen Schritten wieder in die Freiheit laufen lernen sollte.

Nachdem ich mich von den meisten Frauen der Station verabschiedet hatte, begleiteten einige mich mit den gepackten Säcken und Kartons zur Kleiderkammer. Hier bekam ich die Kleidung, die für »Ausführungen« aufbewahrt wird und die ich zum Beispiel bei den Gießener Gerichtsterminen trug. In dieser Abteilung hatte ich vor und nach meiner Verurteilung gearbeitet. Ich kannte sie gut, hier hatte ich damals viele neue Häftlinge begrüßt. Jetzt war es die letzte Hürde, bevor ich meine Entlassungspapiere bekam. Und der Ort, an dem ich endgültig Lebewohl zu den Frauen sagte, die mich jahrelang begleitet hatten.

Nach der Unterzeichnung der Papiere sahen Frauen vom Wachpersonal meine gepackten Sachen durch, damit ich auch nichts für die gefangenen Frauen hinausschmuggelte. Und dann ging es zur Kasse. Ich bekam das Geld ausgezahlt, das vom Verdienst im Gefängnis als sogenanntes Überbrückungsgeld angespart werden muß, als eine Starthilfe nach der Haft. Es war ein Drittel meines Gehaltes aus der Zeit seit 1988: 5.000 Mark. In sieben Jahren hatte ich 15.000 Mark verdient. Um 13.30 Uhr habe ich an diesem Tag die Anstalt durch den Seitenausgang verlassen, ich wurde von unserer ehemaligen Abteilungsleiterin und dem Psychologen ins Mutter-Kind-Heim begleitet. Dort durfte ich im Büro auf meine Schwester warten. Als sie eine halbe Stunde später ankam, fielen wir uns in die Arme und hielten uns ganz fest. »Weihnachten werden wir endgültig zusammensein!« Ich erzählte ihr, daß ich jetzt erst einmal für 14 Tage nach London fliegen würde. Sie konnte es alles noch gar nicht begreifen. Minutenlang hielten wir uns einfach die Hand oder umarmten uns und schwiegen.

Eine Stunde später kam Herr Strate. Wir begrüßten uns wie Freunde, die einen schweren Unfall zusammen überstanden haben. Wir sprachen nur kurz miteinander über den Gerichtsentscheid. Ich nahm nicht mehr viel auf, war viel zu aufgeregt in diesen Stunden. »Wir fliegen um halb acht nach London, laß dich überraschen!«

In den letzten zwei bis drei Stunden war mein Psychologe in diesem Gefängnisgebäude bei mir geblieben, er begleitete mich jetzt nach draußen. Dort erwartete uns ein grauer, naßkalter Winternachmittag, es war 16.00 Uhr, kurz vor Sonnenuntergang. Als ich ihn auf der Straße zum Abschied umarmte und er mir viel Kraft für die nächsten Tage wünschte, merkte ich, daß wir gefilmt wurden. Es störte mich ebensowenig wie ihn, denn das ARD-Kamerateam war vorher beim Gefängnis gemeldet worden, die Journalistin kannte ich schon seit einiger Zeit. Sie hatte einen großen Blumenstrauß mitgebracht. Spontan gab ich ihn an meinen Psychologen weiter, ich fand, daß er ihm genauso zustand wie mir. Ich winkte ihm nachdenklich hinterher, als unsere Wege so plötzlich auseinandergingen.

Dann sah ich meine Schwester Brigitte, die sich im Auto ihres Freundes mit ihm vor der Kamera versteckt hatte. Ich wunderte mich über ihre Scheu, weil sie sonst nicht so schüchtern war. Doch dann, als ich auf das Auto zuging, erinnerte ich mich an die Drohungen und Beschimpfungen, die sie während meines ersten Prozesses ertragen mußte, als sie noch in Bad Hersfeld lebte. Jetzt hatte sie Angst, daß man sie wieder ausfindig machen und belästigen könnte, wenn man sie im Fernsehen mit mir sah. Meine Schwester, die sieben Jahre jünger ist als ich, zog mich noch einmal ins Auto, in dem sie inzwischen all meine Säcke und Kisten verstaut hatte, und überreichte mir einen graurosa Plüsch-Elefanten. Ein Kuscheltier für mich: Früher, vor der Haftzeit, als auch meine Kinder ihre Teddybären, Hasen und Marienkäfer hatten, da besaß auch ich zwei, drei Plüschtiere. Ich erinnere mich besonders noch an den Delphin. Es tat gut, etwas Weiches im Arm zu haben. Ich werde zwar Menschen um mich haben auf meinem Flug und in England, die mir nichts Böses wollen, die mich sogar unterstützen. Aber letztendlich bin ich allein, dachte ich. Vielleicht zunächst sogar mehr, als ich es im Gefängnis war.

Mit einem Taxifahrer, der mir bei der Begrüßung gratulierte – er hatte Herrn Strate immer vom Flughafen Frankfurt zum Gefängnis gefahren, wenn ein Besuch bei mir anstand – ging es jetzt zum Hotel »Arabella«. Als wir das Foyer betraten, uns bei gedämpfter Barmusik auf die Sessel setzten, war es ein Gefühl, wie ganz plötzlich in einem völlig fremden Land angekommen zu sein. Ich hatte zwar Frankfurt schon bei meinen »Ausführungen« mit Gefängnisbegleitung erlebt. Dann war ich mit meiner Mutter oder Schwester in ein Café oder einkaufen gegangen. Schon bei diesen Begegnungen draußen schaute ich immer in die Gesichter der Leute, bange, ob mich jemand aufgrund von Pressebildern erkennen würde. Es war zum Glück nie so. Jetzt, da meine Freilassung über das Radio bekannt geworden war, hatte ich das Gefühl, das Hotelpersonal oder die Gäste würden unsere kleine Gruppe mit Rechtsanwalt Strate sofort erkennen. Aber wieder konnte ich erleichtert sein. Die Leute sind viel zu sehr mit sich selbst beschäftigt, dachte ich, Gottseidank. Wir tranken Champagner, ich trank so etwas zum ersten Mal, es schmeckte mir, brachte meinen Kreislauf in Schwung. Wir lachten viel, ich war fast albern, fühlte mich mindestens so jung wie meine Schwester. Als sie fragte, wohin ich denn in London gehen werde, sagte ich: »Ich weiß noch nicht, erst mal in ein Hotel.«

Ich kannte ja London nicht, war darauf angewiesen, was mein Anwalt vorbereitet hatte. Er hatte bei einem Freund von Bekannten, den er selbst noch nie gesehen hatte, ein Zimmer für mich bekommen. Ich wollte mich überraschen lassen, es war sowieso ab jetzt alles ungewohnt und absolut neu für mich – auch das Telefonieren mit den kleinen Handtelefonen um mich herum. Zur Ruhe kamen wir nicht, tiefere Gespräche waren in dieser Situation nicht möglich, wir waren alle viel zu aufgeregt. Ich erinnerte mich an die Zeit nach der Geburt meiner Kinder, als ich in ähnlicher Verfassung war – sonst gibt es keinen Vergleich zu einem solchen Lebenseinschnitt. Ich ließ mir nun auch solch ein Mobiltelefon geben, setzte mich in eine stille Ecke und rief noch einmal meine Mutter an, um ihr zu sagen, daß ich nun »draußen« sei. Sie bat mich, sie auf dem laufenden zu halten, wenn ich in England angekommen sei. Nach gut einer Stunde fuhren wir vom Hotel allesamt zu einem Privatflugplatz neben dem Frankfurter Flughafen. Rechtsanwalt Strate hatte eine kleine Maschine gemietet, einen Lear-Jet, wie ich später erfuhr. Es war sicher sehr teuer, aber zu meinem Schutz gedacht, machte Gerhard Strate darüber hinaus jedoch sichtlich Freude. Er war davon ausgegangen, daß die Journalisten eher auf dem Hauptflughafen warteten, da schon vor Tagen durchgesickert war, daß ich bei einer guten Nachricht zunächst einmal ins Ausland gehen wolle. Mir war alles recht, was mich unauffällig machte und mich meinen Freiheitsrausch ungestört genießen ließ. Von meiner Schwester Brigitte fiel mir der Abschied nach dem ersten Wiedersehen nicht so schwer, weil ich wußte, Weihnachten kommen wir endgültig in der Familie zusammen. Bei starkem Wind und einsetzendem Nieselregen bestieg ich nun um 19.30 Uhr das kleine Flugzeug mit meinen Begleitern. Es kam mir völlig unwirklich vor. Ich, die ich erst einmal in meinem Leben mit einem Intercity-Zug gefahren und noch nie geflogen war, betrat jetzt eine Privatmaschine mit sechs Ledersitzen. Zur Ausstattung gehörten anscheinend auch die Champagner-Piccoloflaschen und die Lachs- und Käsekanapees. Bald hob die kleine Maschine ab, mir war kurz flau im Magen, dann aber entspannte ich mich, je höher wir stiegen. Ich sah den Lichtern, die Frankfurt erleuchteten, nach. Als wir über den Wolken dahinglitten, deckte sich das äußere Bild mit meinem inneren. Ich hatte die grauen Wolken hinter mir, unter mir gelassen: für einen Moment, das war mir klar. Ich war noch nicht freigesprochen. Ich war erst einmal nur freigelassen, weil das Urteil gegen mich aufgehoben worden war. Der erste Prozeß, der mich immer wieder peinigte, würde erst tief in den Untergrund sinken, wenn ein neuer endlich meine Unschuld beweisen würde. Nach ungefähr einer Stunde Flug setzte der Pilot zur Landung über einem kleinen Privatflugplatz im Norden von London an. Ich blickte neugierig aus dem Fenster: dieser riesige Lichterteppich, der unter mir blinkte und glitzerte, er war viel größer als der, den ich über Frankfurt gesehen hatte.

Das »Park Lane Hotel« am Central Park mit einer Ausstattung aus den dreißiger Jahren war das erste Hotel, in dem ich in meinem Leben wohnte. Ich fand es nicht einschüchternd, es war mit seinen alten Möbeln und warmen Farben richtig gemütlich. Die Hotelangestellten waren höflich und halfen mir freundlich, wenn ich etwas nicht sofort verstand. Sie wunderten sich auch nicht über meinen Plüsch-Elefanten. Zuerst war ich unsicher, ob ich das Englisch, das ich im Fernkurs vom Gefängnis aus gelernt hatte, auch richtig anwenden könnte. Ich machte natürlich Fehler, aber niemand ließ es mich merken.

Als ich meine Zimmertür aufschloß, erwartete mich eine Juniorsuite aus zwei großen Zimmern, durch eine Tür getrennt.

Auch diese Zimmer waren nicht modern, sondern, mit einem echten Art-deco-Badezimmer am Ende des kleinen Flurs, wie eine kleine Wohnung aus einer anderen Zeit ausgestattet.

Ich fühlte mich sofort wohl, legte mich auf das Bett, es war ungewohnt weich. Was für ein Tag lag hinter mir! Ich rief noch einmal meine Mutter an und versuchte dann einzuschlafen.

Tagebuch, 5.12.95:
*Ich werde einige Tage brauchen, um alles zu verarbeiten. Zu wissen, daß ich tun und lassen kann, was ich möchte – davon hatte ich schon so lange geträumt! Endlich ist dieser Wunsch in*

*Erfüllung gegangen. Die Türen sind offen. Ich kann entscheiden, wen ich sehen möchte und wen nicht. Keiner kann in mein Zimmer eindringen, weil er mich kontrollieren will, und ich darf mich nicht wehren. Ich kann es kaum fassen. Ein neuer Lebensabschnitt beginnt. Ich habe keine Angst vor ihm. Erstaunlicherweise ist mir die Freiheit nicht ganz fremd geworden, sie erschreckt mich nicht. Die Sehnsucht ist so groß gewesen. Doch die neun Jahre Haft werde ich nie vergessen, sie werden mich begleiten. Es sind neun Jahre meines Lebens gewesen. Zwischen Ende Zwanzig und Ende Dreißig, was erleben andere Frauen in dieser Zeit? Was hätte ich erlebt, wenn ich mich rechtzeitig hätte scheiden lassen?*

Die nächsten drei Tage, das fühlte ich, würden anstrengend werden. Ich würde der »Bild am Sonntag« und dem »SPIEGEL« Interviews geben, und ich hatte dem ARD-Team versprochen, für Filmaufnahmen und Gespräche zur Verfügung zu stehen. Vom Interesse des »SPIEGEL« an einem Interview war mein Verteidiger deshalb besonders angetan, weil das Magazin bisher mit seinem Gerichtsreporter, dem bekannten Herrn Mauz, das Urteil gegen mich immer wieder verteidigt hatte. Gerhard Mauz hatte sogar das phantasierte Motiv, meine Kinder hätten meiner Liebe zu meinem amerikanischen Freund im Wege gestanden, immer weiter ausgebaut. Seine spätere Kollegin Friedrichsen schrieb, es würde mir besser gehen, wenn ich die Tat endlich zugäbe. Jetzt hatten andere Redakteure im Blatt ein Interesse, mich kennenzulernen und zu interviewen, und der neue Chefredakteur unterstützte es. All die Gespräche standen mir zwar bevor, aber ich wollte mich den Fragen stellen und – so gut ich es nach neun Jahren Haft konnte – Antworten geben, die meine damalige Haltung zu meinem Mann und dem Tod der Kinder verständlicher machen könnten. Ich wußte, erst wenn ich diese Hürde würde genommen haben, konnte ich anfangen, all das, was an

Ereignissen und Gefühlen seit dem 4. Dezember auf mich eingestürmt war, langsam zu verarbeiten.

Diese erste Nacht in Freiheit, die ich anstatt auf dem harten Gefängnisbett in einem englischen Hotelbett schlief, konnte noch nicht entspannend sein. Einige Male wachte ich auf, mußte die Nachttischlampe einschalten, um zu sehen, wo ich war. Erleichtert spürte ich dann jedes Mal, daß meine Entlassung kein Traum war.

Um 6.30 Uhr war ich hellwach. Ich ließ mir Zeit im Badezimmer, genoß die warme Dusche, konnte mich endlich wieder in Ruhe im Spiegel betrachten, und zwar den ganzen Körper, nackt und angezogen. Auch das gehörte zu meiner Wiedergeburt: Ich fand meine Blässe zwar noch erschreckend, stand aber ansonsten zu meinem Aussehen. Ich habe ein weicheres Gesicht bekommen, bin sehr schlank, aber nicht zu dünn geworden. Man sieht die Spuren meiner Geschichte in meinen Zügen. Doch ich finde es nicht schlimm. Ich bin froh, daß mein Gesicht nicht hart und verhärmt geworden ist.

Mein erster Morgen in London – ich ging ein bißchen unsicher allein durch die große Hotelhalle in den Frühstückssaal. Gerhard Strate wartete schon auf mich. Es war gut, daß wir einige Dinge jetzt allein besprechen konnten. Die Journalisten waren nicht dabei. Ich erfuhr ein bißchen mehr über meinen englischen Gastgeber, der mich in den nächsten Tagen aufnehmen würde. Er sei als Berliner Jude 1939 mit sechzehn Jahren nach England geflüchtet, heute vierundsiebzig Jahre alt. Henry Adler hieße er, wohne in einem Haus im Südwesten Londons, in Ealing, wo er oft Freunde aus Deutschland aufnehme – wenn sie länger blieben, zur Untermiete. Seine Frau wohne im selben Bezirk, aber in einem anderen Einzelhaus. Gerhard Strate erzählte mir noch, daß Herr Adler sogar einer alten Freundin das Zimmer, das er seit Wochen für mich bereithielt, vorenthalten mußte, weil er mich unterstützen wollte. Ich war verwirrt von so viel Gastfreundschaft, bestand aber darauf, mein Zimmer bezahlen zu wollen. Was wird das wohl für ein Mensch sein, fragte ich mich.

Nach dem Frühstück gingen wir in die Lounge, wo der Redakteur des Springer-Blattes auf mich wartete. Ich war erstaunt, wie höflich er von Anfang bis Ende unseres Kontaktes war. Er bedrängte mich nicht und konnte einfühlsam fragen. Mit ihm und dem Fotografen, den ich schon im Flugzeug kennengelernt hatte, ging es in Begleitung meines Anwaltes durch die Innenstadt Londons, zu den wohl für jeden Touristenbesuch wichtigen Wahrzeichen. Ich kannte sie schon aus Fotobüchern und von Urlaubspostkarten. Mit einem der alten schwarzen Taxis, das an jedem Punkt, an dem Fotos gemacht werden mußten, wartete, steuerten wir zunächst das Kaufhaus »Harrod's« an: Es wirkte auf mich wie eine Ausstellung. Wahrscheinlich wäre ich allein nicht am ersten Tag in London gleich in das luxuriöseste Kaufhaus gegangen, aber die Auswahl der Motive trafen die Journalisten. Nachdem wir den Buckingham-Palast und das House of Parliament von außen betrachteten, alles im Schweinsgalopp, betraten wir die Westminster Abbey. Vorher war ich in aufgelockerter, fast noch euphorischer Stimmung gewesen, wir hatten unsere Scherze gemacht, als der Doppeldeckerbus beinahe mit mir weggefahren wäre, wo ich doch nur auf dem Trittbrett posieren sollte.

Jetzt ergriff mich beim Anblick dieser uralten Klosterkirche und besonders, als ich den Chor mit Weihnachtsmelodien hörte, eine solche Traurigkeit, daß ich mich ganz allein fühlte und meine Begleiter vergaß. Meine Gedanken waren – als seien keine neun Jahre vergangen – bei Karola und Melanie.

Meine Töchter waren ganz nah, aber ich konnte sie nicht in meine Arme nehmen. Frei zu sein, keine verschlossenen Türen mehr zu haben, aber nie wieder ganz frei sein zu können ohne meine Kinder: Ich merkte plötzlich, alles wurde zu viel für mich. Ich wollte nur noch in mein Zimmer. Wir fuhren zurück zum Hotel. Ich legte mich auf mein Bett mit einem Getränk aus der Minibar und versuchte, mich zu entspannen. Es ging, weil ich meine Gefühle nicht unterdrücken mußte. Ich durfte weinen, ich durfte allein sein, weil ich es wollte. Trotz all der Aufregung und der anstrengenden Gespräche konnte ich einiges von dem, was ich im Gefängnis besonders durch den Psychologen gelernt hatte, in den neuen Lebensabschnitt retten. Es half mir sehr.

Eine Stunde später schaffte ich es, das Interview mit dem Zeitungsredakteur zu führen. Es war wie ein Gespräch, hatte nichts von einer Befragung, ich vergaß seinen Kassettenrecorder völlig. Zum Schluß war ich selbst erstaunt, daß es so schnell vorbeigegangen war.

Ganz anders war es bei dem Fernsehinterview, das am nächsten Vormittag im Hotelzimmer stattfand. Ich fühlte mich von der laufenden Kamera weit mehr beobachtet als vom Apparat des Fotoreporters. Ich spürte, ich konnte nicht natürlich sein, jedenfalls nicht bei diesem Technikaufbau, es lag nicht an dem Team. Es lag an dem auf mich gerichteten Auge der Kamera. Es erinnerte mich an den Spion in der Zellentür. Die Fragen der Fernsehjournalistin gingen mir außerdem so nahe, daß ich, als es um meine Kinder ging, die Tränen nicht mehr zurückhalten konnte. Ich schämte mich nicht; das wäre früher anders gewesen. Wir mußten das Interview für eine halbe Stunde unterbrechen, die ich im Schlafzimmer der Hotelsuite allein sein wollte. Danach konnte ich mich noch einmal den Fragen aussetzen, die zwar weh taten, die ich aber dann ertragen konnte. Warum habe ich nicht geschrien, als ich meine toten Kinder sah? Warum habe ich meinen Mann nicht der Polizei ausgeliefert? Warum habe ich vor der Kripo gelogen? Was empfinde ich meinen Kindern gegenüber, die die Opfer unserer Ehe wurden? Ich wollte schon in London offener als je über diese Fragen, die mich lange genug gepeinigt hatten, reden. Aber ich glaube, das kann ich erst mit der Zeit. Und ich kann es besser, wenn ich darüber schreibe, als wenn ich zu fremden Menschen, die ich noch nicht einmal sehe, frei reden soll. Es kommt mir so künstlich vor.

Mit dem Kamerateam fuhr ich – in einem weinroten alten Taxi diesmal – am dritten Tag nach Ealing zu meiner Privatunterkunft. Als Henry Adler, ein nicht sehr großer, schlanker Mann mit weißem Haar und wasserblauen Augen, mir die Tür öffnete und beide Reisetaschen abnahm, schaute er mir offen und selbstbewußt ins Gesicht. Schwungvoll ging er die Treppe hinauf. Er zeigte mir mein Zimmer im ersten Stock und erklärte, daß es früher einer seiner Töchter gehört hatte. »And now: Herzlich willkommen! Help yourself. And have a good time in London!«

Ich hängte meine Kleidung in einen antiken Schrank mit einem ovalen Spiegel auf der Tür und verstaute den Rest in einer abgebeizten Kommode, deren Fächer ungewöhnlich tief und schwer waren. Ich kannte von früher her solch alte Einrichtungen nicht, aber es gefiel mir, für mich war das jetzt englisch. Ich schaute aus dem Fenster, es hatte leicht zu schneien begonnen. Alte Lindenbäume standen vor dem Haus, es war eine ruhige Straße. Ich setzte mich auf das Bett. Es war nicht so weich wie im Hotel. Hier würde ich gut schlafen können.

Doch erst einmal war noch kein Ende mit den Fernseharbeiten abzusehen. Auch der Einzug war begleitet worden. Nun sollte mein erster Einkauf aufgenommen werden; Henry Adler zeigte mir das Einkaufszentrum in Ealing. Ich versuchte, so natürlich wie möglich bei dieser ständigen Beobachtung zu sein. Mr. Adler fiel es leichter, er vergaß die Kamera und erklärte mir, wo ich Zeitungen bekäme, wo die Post sei und man am besten Lebensmittel besorge. Als wir im Café saßen, hätte ich gern abgeschaltet und anschließend den Tag für mich mit einem ruhigen Nachmittag auf meinem neuen Zimmer beschlossen.

Doch dazu war keine Zeit. Das Interview für das Feature über meine Entlassung mußte noch fortgesetzt werden. Es war hart, mich wieder ohne Übergang und Alleinsein auf meine Vergangenheit und die Zukunft, das neue Gerichtsverfahren zu konzentrieren. Ich lebte doch gerade im Augenblick und begann, es zu genießen. Aber ich hatte zugesagt, Versprechen hatte ich immer gehalten. Beim zweiten Teil des langen Interviews, das dann in Henry Adlers Wohnzimmer aufgezeichnet wurde, hatte ich starke Konzentrationsschwierigkeiten. Was ich sagen wollte, konnte ich nicht so, wie es in meinem Kopf vorhanden war, formulieren. Ich hatte Kopfschmerzen und mußte mehrmals abbrechen. Es wurde langsam zu anstrengend für mich. Ich war froh zu wissen, daß am nächsten Tag nur noch das »SPIEGEL«-Interview anstand.

Um 20.00 Uhr aßen wir in großer Runde zum Abendbrot. Mr. Adler und die Journalistin hatten viele verschiedene chinesische Gerichte geholt. Beim Essen in der frischgestrichenen Wohnküche – mit Bildern und Fotos an den Wänden – saßen nicht nur die drei Fernsehleute, mein Gastgeber und ich zusammen, sondern auch eine Frau mit ihrem neunjährigen Sohn, die seit sechs Jahren unter dem Dach zur Untermiete wohnten. Auch sie war Deutsche. Der Sohn hieß Louis, er war ein hübscher, halb afrikanischer Junge, der eher indisch wirkte, mit braunem Teint und schwarzgewelltem Haar. Er war für sein Alter sehr erwachsen, wenn ich ihn mit Kindern, die ich kennengelernt habe, vergleiche. Später erfuhr ich, daß er schon viel erlebt hatte. Er sprach Englisch und Deutsch fließend, war in München zur Welt gekommen, mit seiner Mutter viel und lange gereist und mit drei Jahren nach England gekommen. Er ging in Ealing zur Grundschule. Henry Adler bot mir am Abend an, ihn beim Vornamen zu nennen. »Das machen alle so«, sagte er.

Nach dem Essen, als die Journalisten in ihr Hotel gegangen waren, setzte ich mich ins Wohnzimmer des Hauses. Hier war das Licht der großen Tischlampe warm, Henry hatte für mich klassische Musik aufgelegt. Ich blieb zunächst allein. Dann ging die Tür auf, und Louis gesellte sich zu mir. Er hörte eine Weile der Musik zu und fragte dann, ob ich auch Klavier spielen könne. Als ich verneinen mußte, fragte er: »Kann ich dir etwas vorspielen?« Im Zimmer stand ein alter Flügel, noch aus der Zeit, als Henrys mittlere Tochter darauf lernte. Wir stellten die Musik ab, und nun legte Louis los. Er hatte eine eigene Melodie komponiert, es war keine Improvisation. Der Junge hätte noch stundenlang spielen können, wenn es nach uns beiden gegangen wäre. Aber er mußte am nächsten Morgen wieder in die Schule, und so war es Zeit für ihn, ins Bett zu gehen.

Am nächsten Vormittag – ich hatte bis 7.30 Uhr durchgeschlafen, die erste ruhige Nacht seit meiner Entlassung – fuhr ich mit der U-Bahn in die Londoner City ins Hotel »Intercontinental«. Dort wartete mein Anwalt mit zwei Reportern vom »SPIEGEL«. Das Interview ging gut, ich war konzentriert, und ich merkte in den zwei Stunden, daß ich schon gelernt hatte, wieder unbefangener mit fremden Journalisten umzugehen. Trotzdem werde ich mich nie wieder so naiv und unvorbereitet in Gespräche verwickeln lassen, wie ich es vor zehn Jahren tat, als sich alle Reporter auf mich stürzten.

Als ich am späten Mittag wieder in Ealing ankam, merkte ich, wie müde ich war. All meine Energie, die sich durch meine Freilassung in Windeseile in mir aufgebaut hatte, war langsam, aber stetig wieder aus mir herausgeflossen. Ich wußte, jetzt mußte ich innehalten, auf mich achtgeben, sonst würde ich einen Unfall erleben oder ähnliches. Deshalb blieb ich den Nachmittag auf meinem Zimmer und ruhte mich aus.

Ich schlief in meinem gemütlichen Gästebett, wachte von gedämpften Geräuschen in der Vorortstraße auf, sah durch die goldgelben Vorhänge, daß inzwischen die Dämmerung hereingebrochen war. Ich schrieb im Bett Tagebuch, dachte nach, ließ noch einmal die ersten Tage in London Revue passieren. Jetzt würden die Tage nur noch mir gehören. Es war das Schöne an dieser Unterkunft, dem alten Haus in der Florence Road, daß einen alle in Ruhe ließen, wenn man es wollte: daß man, ohne es erklären zu müssen, in seinem Raum wie in einem Hotelzimmer bleiben konnte. Man konnte ebenso allein frühstücken, aber es gab auch Gespräche und gemeinsame Essen, wenn man es wollte. An diesem Abend belegte ich mir nur einige Brote, denn ich war das viele gute Restaurant-Essen der letzten Tage überhaupt nicht mehr gewohnt. Nach einem kurzen Küchengespräch mit Henry rief ich noch meine Mutter an, um ihr zu sagen, wie wohl ich mich fühlte. Danach ging ich schon wieder zu Bett, las noch etwas Zeitung und schlief entspannt ein.

Tagebuch, Freitag, 8. Dezember 1995:
*Ab heute habe ich keine Gespräche und Termine mehr. Ich konnte richtig ausschlafen. Die Anspannung läßt allmählich nach. Jetzt beginnt die Zeit, in der ich wirklich allein auf mich gestellt bin. Ich merke, daß die Interviews mir doch sehr nahe gingen. Ich mußte mich wieder intensiv mit dem Tod von Melanie und Karola beschäftigen. Aber ich kann jetzt darüber sprechen, auch wenn es weh tut. Doch ich darf nicht nur reden, ich muß auch viel spazierengehen, um alles sacken zu lassen.*

Henry, mit dem ich häufig frühstückte – er las meist Zeitung oder telefonierte, wenn ich die Treppe herunterkam –, sprach auch manchmal englisch mit mir oder wies mich auf ein interessantes Radioprogramm hin, damit ich die Sprache übte. Ansonsten liebt er es, deutsch zu sprechen, mit leichtem Berliner Tonfall. Er hat wieder einen zweiten Wohnsitz in Berlin, erzählte er mir. Und wir sprachen auch über meine Haft. Er stellte keine bohrenden Fragen, aber seine Offenheit und sein Interesse ließen mich wie von allein sprechen. »Du mußt dich ja vor niemandem verstecken, weißt du. Du kannst auch in Deutschland mit erhobenem Kopf durch die Straßen gehen. Du mußt es lernen – das ist wichtig für deinen zweiten Prozeß!« meinte er. Mein erster Eindruck, den ich von diesem Mann bei der Begrüßung erhalten hatte, bestätigte sich in den nächsten zehn Tagen, die ich bei ihm zur Untermiete wohnte. Henry ist um andere besorgt, versucht, sie zu verstehen. Menschen und deren Schicksale bedeuten ihm viel – wahrscheinlich, weil er selbst einiges an Leid verarbeiten mußte und vielleicht noch muß. Er war, neben meinem Anwalt und meinem Psychologen, der erste Mann, zu dem ich wieder Vertrauen bekam.

Deshalb war ich allerdings besonders wütend, als an einem der nächsten Tage in einer deutschen Boulevardzeitung – mit einem Foto aus dem ARD-Feature von Henry Adler und mir – stand: »Henry, 60 – Monika Böttchers neuer Begleiter. Oder ist es mehr?« Das Büro meines Rechtsanwaltes hatte mir den Artikel zugefaxt. Ich war wütend und schimpfte, daß sie einfach Leute benutzen, ohne Interview, mit ausgedachten Schmonzetten – nur um die Auflage zu steigern. Henry dagegen amüsierte sich darüber, daß er als Junggeselle bezeichnet worden war und wie jung man ihn geschätzt hatte.

Nach dem dritten Tag in meiner neuen Unterkunft klopfte es nachmittags an meine Tür. Louis kam herein und fragte, ob er störe. Er brachte mir ein selbstgebasteltes Flugzeug mit. Wir ließen es in meinem Zimmer fliegen. Ich spürte, daß der Junge Kontakt zu mir suchte. Er stellte ihn auf ganz selbstverständliche Weise her: ohne große Fragen, wer ich sei und woher ich käme. Natürlich fühlte ich bei seiner Gegenwart auch immer, daß ich selbst jetzt kinderlos war. Aber ich freute mich über die Nähe. Louis führte mich nach dem Flugzeugspiel ins Dachgeschoß, wo er mit seiner Mutter in einem kleinen Zweizimmer-Appartement lebte, das früher Henrys Schwiegermutter bewohnt hatte. Er zeigte mir seine vielen Spielsachen, die Poster an den Wänden und Fotos von Indien, wo er schon zweimal mit seiner Mutter für einige Zeit gelebt hatte.

In den nächsten Tagen, nachdem ich über meine Mutter mitbekommen hatte, daß der ARD-Film ausgestrahlt und die Reportage in der »Bild am Sonntag« erschienen war, daß auch beides in meinem Dorf positive Reaktionen ausgelöst hatte, bemerkte Louis' Mutter Alex, daß ich noch entspannter war als in den letzten Tagen. Ich erzählte ihr daraufhin vom Gefängnis, später auch über meine Ehe und meine Kinder. Als sie hörte, daß demnächst, im zehnten Jahr meiner Haft – wenn ich nicht freigelassen worden wäre –, ein psychologisches Gutachten hätte beweisen müssen, daß ich acht Stunden am Tag fähig sei, in Freiheit zu leben, um nachmittags zurück ins Gefängnis zu kommen, war sie schockiert, daß ich jetzt von einem Tag auf den anderen mit allem klarkommen müßte und keinerlei Hilfe bekäme. »Erstens helft ihr mir ja«, sagte ich, und außerdem sei es meine Entscheidung gewesen, zunächst nach England zu gehen. »Naja, das stimmt. Aber du scheinst auch viel Kraft aus den neun Jahren Haft gezogen zu haben. Ich kann mir so etwas überhaupt nicht vorstellen – es sei denn, du hattest die Kraft schon vorher in dir.« Sie las mir dann aus einem astrologischen Buch etwas über meine Eigenschaften vor. Es war nicht uninteressant für mich: durch die Konstellation der einzelnen Planeten bei meiner Geburt ist, wenn man daran glaubt, ein besonderes Kraftfeld entstanden.

Es war schon im Gefängnis mein größter Wunsch gewesen, einmal wieder zu spüren, wie sich mein Körper im Wasser bewegt. »Weißt du, früher war es mit das Schönste, mit meinen Kindern in einem See schwimmen zu gehen. Ich fühlte mich dann so jung mit ihnen«, sagte ich zu Alex. Sie schlug vor, am nächsten Tag ins Hallenbad zu gehen, wenn ihr Sohn in der Schule wäre. Sie ginge sehr häufig schwimmen, oft auch mit ihm, um trainiert zu bleiben. Auf dem Weg zum Bad fragte ich mich am anderen Morgen, ob ich überhaupt noch schwimmen könne. Henry hatte uns sein Auto geborgt, Alex mir einen Badeanzug. Im völlig verglasten, hellen Bad, in das wir im Nachbarbezirk gingen, trainierten viele Profis in abgeteilten Bahnen. Ich ging langsam über das Nichtschwimmerbecken ins warme Wasser und schwamm, als ich merkte, es ging wie früher, gleich zwanzig Minuten ununterbrochen. Anschließend zitterten mir die Knie. Aber ich hatte ein solch gelöstes Gefühl wie lange nicht mehr durch das warme Wasser gehabt, ich empfand mich geborgen und hatte gleichzeitig meine Muskeln gefordert. »Das müssen wir öfter machen! Komm einfach morgen wieder mit. Es wird dir guttun!« lachte Alex, als sie sah, wie erschöpft und zufrieden ich im Liegestuhl saß. Am Nachmittag zuvor, es war ein Sonntag gewesen, hatte ich einen Spaziergang allein durch Ealing bis nach Southhall unternommen. Ich hatte im Ealing Common, einer Art kleinem Stadtpark, begonnen, sah mir die alten Villen in den Straßen, die ihn umgaben, an und war dann einfach immer weiter gelaufen. Ich lief fünf Stunden lang, bis ich in dem indischen Vorort Londons ankam. Ich konnte dabei meine Gedanken fließen lassen und sprach innerlich mit meinen Kindern, was ich auf den eng abgezirkelten Hofgängen nie gekonnt hatte. Niemand sagte mir mehr, wann ich zurückzukehren hatte. Ich fühlte mich ähnlich frei wie an einem der vorherigen Abende, als ich allein um 22.00 Uhr noch einmal die Gegend um die Florence Road abgelaufen war. Ich dachte über Henry nach, dem es zu schaffen machte, daß Louis und Alex im Januar nach Australien auswandern wollten. Er hatte sich verjüngt gefühlt durch sie. Denn er hatte noch einmal erlebt, wie ein Kind aufwächst.

Ich fragte mich auch auf diesem Spaziergang, wie es wohl in Deutschland sein würde, ob ich durch die Straßen laufen könnte, ohne daß mich jemand erkennt. Oder ob ich, wie

Henry hoffte, irgendwann damit umgehen könne, wenn man mich anstarren oder auch ansprechen sollte.

Auf meinen Tagesspaziergängen durch das Viertel zog es mich oft zu den vielen Geschäften am Ealing Broadway, der Hauptstraße des Wohnortes. Nicht, daß ich jeden Tag einkaufte – ich wollte mir einfach die Schaufenster ansehen, auch drinnen all das, was ich so viele Jahre nicht zu Gesicht bekommen hatte. Ich ging auf den Weihnachtsmarkt im Einkaufszentrum, besorgte kleine Geschenke für Freunde und meine Familie. Es fiel mir schwer, mich zu entscheiden, weil ich auf einmal nicht mehr, wie im Gefängnis, auf ein begrenztes Angebot angewiesen war. Die Verkäufer, ebenso wie die Londoner, die ich manchmal nach dem Weg fragte, erschienen mir freundlicher und hilfsbereiter als die Leute zu Hause. Wenn ich etwas umschrieb, weil ich das passende Wort nicht wußte, half man mir immer weiter. »Never mind, dear. Enjoy yourself!« war die Antwort, wenn ich mich überschwenglich bedankte. Ich hatte das Gefühl, die Engländer unterwerfen sich nicht völlig der Hektik, die in dieser Metropole herrscht.

Als ich von einem Weihnachtseinkauf in die Florence Road zurückkehrte, erwarteten mich zwei Reporter vor Henrys Eingangstür und sprachen mich auf Deutsch an. Sie waren von einem Blatt der deutschen Regenbogenpresse, hatten die Adresse nach der Fernsehausstrahlung des Features, das mich auch in Ealing zeigte, herausbekommen. Spontan dachte ich: »Nein, nicht schon wieder!« Ich sagte ihnen, ich gäbe keine Interviews mehr, ich wolle jetzt meine Ruhe haben. Sie mögen das bitte verstehen. Zwei Tage blieben sie tagsüber im Auto vor dem Haus und warteten auf eine Fotogelegenheit. Zwei Tage blieb ich drinnen. Das Wetter war schlecht, ich schrieb Weihnachtsgrüße. Henry sprach einmal kurz an der Tür mit ihnen, daß es nichts Neues zu berichten gäbe. Sie beklagten sich über die Kälte, und daß sie hier warten müßten, ohne ein

Interview zu bekommen. Henry lachte nur: »Not my fault, sorry«, und ging einkaufen. Ich schickte 60 Postkarten an Freunde und Menschen, die mir ins Gefängnis geschrieben hatten, auch an Frauen in der Preungesheimer Haftanstalt. Ich fühlte mich zwar in meinem Zimmer wieder ein bißchen wie eine Gefangene, aber ich wollte den Journalisten einfach kein Foto von mir liefern, unter das sie dann wieder – wie die Boulevardzeitung über Henry und mich – neue Phantastereien hätten in die Welt setzen können. In gewisser Weise war es auch eine kleine Genugtuung, daß ich oben im Trockenen saß und die Reporter im Auto froren. Am dritten Tag zogen sie ab.

Seit meiner Entlassung hatte ich fast täglich mit meiner Mutter telefoniert. Jetzt wurde die Sehnsucht nach meiner Familie immer stärker. Ich wollte nach Hause. Am 16. Dezember holte mich Anwalt Strate in London ab, nachdem ich morgens von Henry, Alex und Louis Abschied genommen hatte. Ich flog mit ihm nach Hamburg, diesmal in einer normalen Passagiermaschine der »Lufthansa«. Als ich mich auf meinen Platz setzte, fiel mir auf, daß mich niemand beobachtete, sondern alle hinter einer Zeitung verschwanden. Bei diesem zweiten Flug in meinem Leben merkte ich noch mehr, wie gut mir das Fliegen gefiel, ich hatte überhaupt keine Probleme mehr mit dem Magen. Drei Tage verbrachte ich in Hamburg, um mich erst einmal in einer fremden Stadt wieder an den Alltag in Deutschland zu gewöhnen. Mir war klar, daß ich in Zukunft in einer Großstadt leben würde. In unser Dorf wollte ich nur, um meine Familie wiederzusehen. An Hamburg gefiel mir das Stadtbild sehr gut, ich mochte die alten Häuser mit den weißen oder zweifarbigen Fassaden, das Wasser, das viele Grün. Die meiste Zeit verbrachte ich mit meinem Anwalt, der mich auch einem Kollegen vorstellen wollte. Uwe Maeffert, mit dem er schon manche Fälle zusammen angenommen hatte, würde er, wenn ich einverstanden sei, gern an seiner Seite im neuen Prozeß sehen. Als wir zusammen in Gerhard Strates Büro saßen, ich mir anhörte, wie Herr Maeffert fragte und argumentierte, gefiel mir der Mann, der etwas älter als mein Anwalt ist. Er wirkte ruhig, entschlossen und hatte Humor. Er machte auf mich den Eindruck, daß er seine Mandanten auch aufbauen kann, wenn es niederdrückende Gerichtstage gibt.

Am 21. Dezember konnte ich endlich nach Frankfurt fliegen, wo meine Schwester Brigitte mich am Flughafen abholte, um mit mir mit dem Auto nach Philippsthal zu fahren. Die Autofahrt dauerte mir viel zu lange, inzwischen war ich ungeduldig geworden. In den Ortschaften vor unserem Wohnort Röhrigshof waren Straßen umgebaut worden. Neue Häuser standen dort, wo es früher nur Wiesen gab. Darauf hatte ich bei meinem Septemberbesuch in Begleitung, als ich zuletzt meine Großmutter hatte sehen dürfen, überhaupt nicht geachtet. Jetzt sah ich, daß auch die Bäume vor unserem Haus, die wir 1985 selbst gepflanzt hatten, inzwischen hoch gewachsen waren. Als wir dort ankamen, war es Spätnachmittag, keiner aus den zwei Nachbarhäusern guckte neugierig, keine offizielle Begleitung war dabei, wir waren nur unter uns. Es war schon dunkel, meine Mutter kam uns, als wir das Auto parkten, aus der erleuchteten Tür entgegen. Sie streckte die Arme nach mir aus und drückte mich an ihre Brust. Wir hielten uns eine Weile sehr fest, ich fühlte mich geborgen wie lange nicht mehr. Wir gingen dann zuerst in die Wohnung meiner älteren Schwester im Erdgeschoß. Sie wohnt dort mit Mann und Sohn. Ich hatte mit meiner Familie gegenüber gewohnt. Meine Schwester Ursula saß gerade bei einer Tasse Kaffee am Tisch, sprang sofort auf und umarmte mich. Wir blieben bei ihr nur eine halbe Stunde zum Kaffee, ich wußte, wir konnten uns in den nächsten Tagen noch alles erzählen. Jetzt war ich zu unruhig und wollte meine Großmutter sehen. Ich kam in ihr Zimmer in der Wohnung meiner Mutter, sie lag in einem Krankenhausbett. Ich war erschrocken, wie dünn sie geworden war. Ich mußte erst einmal tief durchatmen, dann nahm ich sie vorsichtig in die Arme und setzte mich zu ihr ans Bett.

»Nun bist du endlich frei«, strahlte sie. Wird sie noch erleben, wie der Prozeß anfängt? dachte ich kurz. Vor zwei Jahren hatte sie mir ins Gefängnis geschrieben: »Halte durch und kämpfe weiter!« So ist sie, vielleicht habe ich es doch von ihr. Mir ging es jetzt noch besser als in England. Ich merkte, wie sich eine letzte Anspannung löste.

An diesem Abend begrüßte ich noch meinen Schwager und seinen Sohn, mein großes »Patenkind« Heiko. Er ist jetzt 20 Jahre alt. – Bei der Begrüßung meiner Familie merkte ich ohne große Worte, wie eng verbunden wir immer waren und wieviel mehr wir es jetzt durch unser gemeinsames Schicksal sind. Jeder hat auf seine Weise sehr viel durchgemacht. Mein Neffe Heiko hat mit Karola und Melanie, die heute 15 und 17 Jahre alt wären, fast Schwestern verloren, denn sie wuchsen zusammen auf. Alle Erwachsenen haben neben dem Schmerz über den Verlust der Mädchen die Befragungen und Verleumdungen durchgestanden – und dann die Angst vor meiner Verurteilung, später die Trennung und Ächtung und jahrelange Anspannung um den Fortgang meines »Falles«.

In den Tagen vor Weihnachten mußte ich immer wieder von meiner Entlassung und dem Flug nach England berichten. Auch von London; von der Stadt, von den Menschen dort sollte ich in allen Einzelheiten erzählen. Besonders mein Neffe war daran interessiert. Meine Mutter fragte nach Henry Adler und war froh, daß ich einen solchen Menschen um mich gehabt hatte. »Er möchte, daß wir – du und ich – zusammen einmal seine Gäste sind«, sollte ich ihr ausrichten.

Wir sprachen natürlich auch über Frau Nordheim, unsere Nachbarin, die die Hauptbelastungszeugin gegen mich in

Fulda gewesen ist. Sie hatte ausgesagt, daß sie meine Kinder noch gesehen habe, als sie schon von ihrem Vater umgebracht worden waren. Ich hatte keine Angst, sie wiederzusehen. Peinlich konnte ein zufälliges Zusammentreffen nur für sie sein. Aber zu einer Begegnung kam es zunächst nicht. Ich sah sie das erste Mal wieder zu Weihnachten, als ich am Fenster stand und eine Zigarette rauchte. Sie nahm mich aber nicht wahr. Und als ich Ende des Jahres aus unserem Haus in den Garten ging, verschwand sie schnell in ihrem Keller, ohne zu grüßen.

Das intensivste Erlebnis seit dem Tag meiner Entlassung war tatsächlich das Weihnachtsfest, auf das ich mich gleich am 4. Dezember so gefreut hatte. Wir feierten alle in der Wohnung meiner Mutter im ersten Stock. Meine Schwestern mit ihren Männern, mein Neffe, sogar meine Großmutter saßen mit mir bei meiner Mutter am Tisch. Nach dem Abendbrot gingen wir alle ins Wohnzimmer, wo der Weihnachtsbaum von meiner Mutter geschmückt worden war und – wie in früheren Jahren, als ich noch klein war – die Geschenke davor lagen. Jetzt waren nur Erwachsene versammelt. Bevor es ans Auspacken ging, hielt mein Schwager, ehe wir mit Sekt anstießen, eine kurze Rede auf unser Wiedersehen. Sie berührte mich sehr, ich mußte weinen und ging ins Nebenzimmer, um allein zu sein. Sie mußten ohne mich den Sekt zu Ende trinken. Ich wollte ihnen den feierlichen Augenblick nicht verderben, aber ich mußte zu sehr an meine Töchter und meinen vor ihnen gestorbenen Vater denken. Ich wollte die anderen damit nicht belasten, deshalb kam ich erst wieder zurück, als ich mich beruhigt hatte. Meine Mutter nahm mich in den Arm, ihr war es genauso gegangen. Aber jetzt überwog wieder die Freude. Die Geschenke wurden ausgepackt. Ich war froh darüber, zum ersten Mal wieder etwas schenken zu können; daß es aus London kam, machte mir besonderen Spaß. Ich selbst packte neben Kosmetik, Badesachen und Kleidung einen großen

Teddybären aus. Meine ältere Schwester hatte mir eine Tasse mit meinem Namen geschenkt und alle zusammen Geld, damit ich mir selbst einen Wunsch erfüllen könnte. Es war merkwürdig: Ich fühlte mich – wie am Tag meiner Entlassung einen Moment lang – wieder wie ein Kind.

## 2  Kindheit und Jugend

Was war ich selbst für ein Kind? Darüber mußte ich zum ersten Mal bei den Befragungen durch die Gerichtspsychologen nachdenken. Ich glaube, ich war ein stilles, sehr zurückhaltendes Mädchen, das immer alles richtig machen wollte. Ich war blond, zierlich, ernsthaft, sehr empfänglich für Zuspruch und Zärtlichkeit. Ich fand mich nie hübsch. Und es war mir unangenehm, im Mittelpunkt zu stehen. Manchmal, besonders mit meiner Familie, konnte ich auch fröhlich und ausgelassen sein, aber selten mit Gleichaltrigen. Ich mochte keinen Streit, und die Rangeleien und Streitigkeiten unter Mitschülern machten mir fast Angst. So ernsthaft wie meine ältere Schwester Ursula war ich aber nie, und so charmant und willensstark wie die jüngere, Brigitte, auch nicht. Ich lag eben dazwischen, war die mittlere von drei Schwestern, die keine Brüder hatten.

In Hilmes, einem Ort nicht weit von Philippsthal entfernt, wurde ich geboren. Seit ich ein halbes Jahr alt war, lebten wir auf dem Weiler von Röhrigshof-Nippe, im mittleren von drei Arbeiterhäusern – in der Nippe, wie wir noch heute sagen. Die Wohnungen wurden vom Werk »Kali und Salz«, in dem mein Vater, wie alle Männer des Ortes, beschäftigt war, an die Arbeiter vermietet, später an sie verkauft. Es sind kleine Wohnungen, in jedem Haus wohnen viele Familienmitglieder. Auch meine Großmutter konnte so zu uns kommen und eine Mansardenwohnung beziehen.

Meine Großmutter war eine sehr selbstbewußte, manchmal auch recht bestimmende Frau, die viel durchgemacht hatte. Sie stammte aus einem Dorf in der Nähe von Karlsbad, ihr Mann blieb als vermißt im Krieg. Meine Großmutter mußte 1945 als Deutsche mit ihren drei kleinen Kindern ihr eigenes Haus verlassen und für neun Monate in ein Lager, bevor sie von den Tschechen über die Grenze nach Deutschland getrieben wurde. Dort wurde sie in einer Flüchtlingsbaracke untergebracht. Die lag ganz in der Nähe von Röhrigshof-Nippe. Nach einem halben Jahr bekam die Familie ohne Vater eine Wohnung ein paar Kilometer weiter in dem kleinen Ort Hilmes, wo meine Mutter, die älteste Tochter ihrer Familie, später meinen Vater kennenlernte. »Man muß immer wieder neu anfangen können«, sagte meine Großmutter immer. Und »man darf sich für nichts zu schade sein«. Sie hat nach dem Krieg als Aushilfe in der Landwirtschaft gearbeitet. Solange ich sie kenne, war sie morgens immer schon früh auf den Beinen. Sie hatte sehr viel Energie. In den Wintermonaten, wenn sie nicht so viel im Garten zu tun hatte, spielte sie mit uns: am liebsten Brettspiele und andere Gesellschaftsspiele.

Mein Vater war Vorarbeiter im Kaliwerk, wie es bei uns genannt wird. Alle Männer aus der Nachbarschaft arbeiteten wie er unter Tage, gleich um die Ecke hinter der Brieftauben-Station, im Schacht Hera.

Mein Vater, Reinhold Böttcher, kam eigentlich aus Rumänien. Seine Eltern verschlug es nach dem Krieg nach Norddeutschland. Die beiden Großeltern lebten auf dem Land, in der Nähe von Bremervörde. Wir haben als Kinder, manchmal auch ohne die Eltern, dort häufiger die Ferien verbracht. Die Großeltern wohnten in einem eigenen Haus auf einem Grundstück mit einer großen Wiese, vielen alten Bäumen und einem Bauerngarten. Wir drei Schwestern fühlten uns dort sehr unbeschwert und konnten uns austoben. Hühner, Hunde, Kühe und sogar Pferde hatten sie dort. Mein Großvater war Bauer, ihn mochte ich besonders gern, denn er hatte viel Zeit für uns und erklärte uns das Leben der Tiere auf dem Hof, zeigte uns, wie man mit ihnen umgehen mußte.

Solange wir Kinder waren, auch in den Jahren, als wir zur Schule gingen, war meine Mutter zu Hause. Als wir klein waren, sang sie uns immer ein Lied zum Einschlafen vor. Ihre Stimme war sanft, und sie sang gern. Sie war immer ansprechbar – das wird mir heute klar –, obwohl sie viel zu tun hatte. Neben der Arbeit im Haushalt waren Obst und Gemüse aus dem Garten zu ernten und einzukochen. Ordnung, Pflichtbewußtsein und Verantwortlichkeit waren Werte, die sie uns, aber auch unser Vater, vermittelte. Er war dabei etwas strenger. Sie war und ist bis heute eine sehr gefühlsstarke Frau, und sie überzeugte auch ohne laute Worte. Nicht nur mit Schulproblemen konnten wir zu ihr kommen. Ich erinnere mich daran, wie sie mich, obwohl ich schon zehn Jahre alt war, auf den Schoß nahm, weil ich sehr traurig war. Mein Lieblingsonkel, mit dem ich immer gut hatte sprechen können, war mit 34 Jahren an Asthma gestorben. »Auch junge Menschen müssen manchmal sterben«, sagte sie. Ich wußte von meiner Großmutter, daß ihr Mann jung im Krieg geblieben war, aber das war etwas, das mit Gewalt zu tun hatte, die ich sowieso fürchtete.

Dieser Tod aber war etwas, das ich nicht begriff. Warum konnte niemand Onkel Hans wieder gesund machen? »Manche Menschen müssen nach einem Unfall sterben, weil man sie nicht mehr retten kann«, sagte meine Mutter. »Und manche sind auch unheilbar krank. Das kann auch jungen geschehen. Aber zum Glück nicht vielen.« Sie erklärte mir auch geduldig, daß die meisten Menschen alt werden, aber daß es nicht selbstverständlich ist. Unsere Familie ist katholisch, ich bin bis zum Ende meiner Schulzeit regelmäßig in die Kirche gegangen. Heute machen wir das alle nicht mehr; aber ich glaube, daß meine Mutter, ohne viel darüber zu reden, gläubig ist. Meine Art von Glauben ist umfassender und freier als der der katholischen Kirche geworden. Besonders die Art, wie dort die Frau gesehen wird, bereitet mir Unbehagen.

Mit richtiger Gewalt hatte ich zu Hause zum Glück keine Erlebnisse. Natürlich setzte es manchmal einen Klaps von den

Erwachsenen, und natürlich stritten wir Kinder uns, aber wir lernten auch, uns wieder zu versöhnen und nicht lange etwas nachzutragen. Meine Eltern hatten sicher auch Auseinandersetzungen, aber sie vermieden sie vor uns. Wenn ich an meine Eltern denke – mein Vater ist mit 54 Jahren gestorben –, dann kann ich nicht sagen, wer von ihnen stärker und wer nachgiebiger war oder ob einer beides in sich vereinte. Ich habe sie immer als gleichberechtigt empfunden. Jeder hatte ganz klar seinen Bereich. Als kleines Kind hing ich besonders an meinem Vater. Später, als ich selbst Kinder hatte, wurde das Verhältnis zu meiner Mutter immer wichtiger. Obwohl mein Vater Schichtarbeiter war und oft tagsüber schlief, hatten wir Kinder selten das Gefühl, die Erwachsenen zu stören. Wir wurden zwar streng erzogen, das heißt, wir mußten ordentlich sein und auf Sauberkeit und Pünktlichkeit achten, aber wir wurden auch in den Arm genommen und gestreichelt. Man hörte uns zu. Niemand lachte über uns, wenn wir Sorgen hatten, als seien sie zu klein. Auch, wenn wir etwas falsch machten, nicht – ich hatte nie Angst in meinem Elternhaus. Damals konnte ich meine Gefühle noch offen äußern. Aber in der Weise über Gefühle zu sprechen, wie ich es später – durch die Gefängnis-Therapie – kennenlernte, das kannten wir nicht. Das waren wir einfach nicht gewohnt in den Familien unserer Umgebung.

Mit fünf Jahren erlebte ich zum ersten Mal ein Krankenhaus. Das war in Bad Hersfeld. Ich hatte eine Blinddarmentzündung und lag nach einer Operation auf der chirurgischen Frauenstation des dortigen St.-Elisabeth-Krankenhauses. Es wurde von Nonnen geleitet, und Nonnen waren es auch, die mich zehn Tage lang pflegten. Als ich aus der Narkose aufwachte, saß eine ältere Schwester in ihrer schwarz-weißen Tracht an meinem Bett und fragte, wie es mir ginge, erklärte mir, wo ich sei. Sie kam jeden Tag an mein Bett, um mir Märchen und Kindergeschichten vorzulesen. Ich empfand diesen frühen Krankenhausaufenthalt nicht als erschreckend, ich fügte mich wohl schnell in mein Schicksal, es wurde mir ja auch nicht schwergemacht. Die Nonnen waren ein bißchen wie Mütter für uns, sie waren immer freundlich. Trotzdem erfuhr ich später aus Erzählungen der Erwachsenen, daß ab dieser Zeit immer eine Nachttischlampe bei mir brennen mußte, bis ich eingeschlafen war, oder die Tür etwas offenstehen, damit es nicht ganz dunkel im Zimmer war.

Keiner von uns im Dorf besuchte einen Kindergarten, den gab es damals noch nicht. Die Anregungen, die später Karola und Melanie durch ihre Erzieherinnen dort bekamen, haben wir noch nicht kennengelernt. Aber wir erfuhren viel über Pflanzen und Tiere, über Backen, Kochen, Kinderpflege und Reparieren, auch durch all die Erwachsenen, die in den drei Häusern lebten. In allen wohnten drei Generationen zusammen. Und man traf in den Vor- oder Hintergärten von Frühling bis Herbst unverabredet zusammen. Den Frühling liebte ich immer besonders, wenn die grünen Spitzen aus der Erde wuchsen, wenn die Bäume ihre Schleier bekamen und endlich die Vogelstimmen wieder laut zu hören waren. Ich saß gern auf den Gartenstufen und lauschte einfach nur. Wir hatten, wie die beiden Nachbarhäuser auch, einen großen Nutzgarten hinter dem Haus, der sich aufwärts zog, einem großen, weißen Kaliberg entgegen. Die Abraumhalde war teils kahl, teils bepflanzt worden, und am Fuße dieser Halde hatten die Familien Obst- und Gemüsegärten zur Eigenversorgung angelegt, eingerahmt von Blumen. Wir hatten auch Schaukeln und Sandkästen in diesen Gärten, und ich spielte mit den Nachbarmädchen dort gern mit meinen Puppen.

Meine große Schwester war schon längst aus dem Alter heraus, und meine jüngere war noch nicht geboren. Gegenüber den Eingängen zu unseren Häusern, auf der anderen Seite der

Verbindungsstraße zwischen den Dörfern – die damals längst nicht so befahren war – liegt noch heute die große Wiese, auf der der Schäfer seine Schafe weiden läßt. Auf dieser Wiese, die sich lange parallel der Straße hinzieht, ließen wir Kinder in den sechziger Jahren Drachen steigen oder spielten völlig ungestört mit Bällen. Die Erwachsenen konnten uns von den vorderen Fenstern aus sehen, aber sie beobachteten uns nicht ständig. Daß wir in der Nähe der DDR, der Zonengrenze, wie man damals sagte, aufwuchsen, war mir gar nicht bewußt. Ich fuhr ja nie über den Ortskern von Philippsthal hinaus, wo die Mauer zu sehen gewesen wäre. Später, als ich dort zur Hauptschule ging, habe ich es bemerkt, aber es war nichts Besonderes. Daß die Grenze beseitigt wurde, konnte ich erst nach meiner Haftzeit wahrnehmen.

1964 war es dann soweit: Ich bekam meinen ersten Ranzen auf den Rücken und wurde im Dorf eingeschult. Ich war sechs Jahre alt und ging die zehn Minuten zur Röhrigshofer Grundschule nach ein paar Tagen allein oder mit Nachbarkindern zu Fuß. Die ersten zwei Jahre in der Grundschule wurden wir als erste und zweite Klasse zusammen in einem Raum unterrichtet. Wenn die eine Klasse gerade Unterricht bekam, mußten die anderen sich darauf konzentrieren, im selben Raum auf kleinen Schiefertafeln zu üben, was sie gelernt hatten. Unser gemeinsamer Lehrer machte das nicht schlecht: Er konnte gut mit den vielen Kindern umgehen, wir mochten ihn. Er war sportlich, verbreitete gute Laune, er sorgte für Ruhe, was ich als wohltuend empfand. Aber er verstand auch, daß sich Kinder bewegen und austauschen möchten. Er war selbst Vater von mehreren Kindern und noch jung.

Ich hatte drei Freundinnen in der ersten Schulzeit. Mit der einen, einer schmalen mit schwarzen Haaren und großen dunklen Augen, saß ich auch zusammen an einem Schultisch. Sie war sehr lebendig – das imponierte mir –, aber sie ließ mich auch in Ruhe lernen. Ich nahm meine Hausaufgaben immer sehr ernst. Meine Mutter sah sie bei uns allen in den ersten Schuljahren durch, aber sie saß nicht bei den Aufgaben daneben. Meine große Schwester Ulla war immer sehr mit sich selbst beschäftigt – so kam es mir vor. Sie hatte schon ganz andere Interessen als ich. Und sie war als junges Mädchen nicht so mütterlich, wie man es von mir sagte. Für mich war Brigitte, die sieben Jahre nach mir geboren wurde, schon früh wie mein eigenes Kind. Sie war sehr zart, fast zerbrechlich, so kam es mir vor. Ich versuchte sie wie eine Mutter zu umsorgen. Ich glaube, so entstand eine sehr enge Verbindung zu ihr, obwohl wir vom Wesen her sehr unterschiedlich sind. Sie erinnert alle mehr an meine willensstarke Großmutter. Ich habe langsam davon auch etwas, es dauerte aber lange, bis ich diese Züge entwickelte; ich ähnelte viele Jahre eher meiner nachgiebigen Mutter. Als ich später selbst Kinder hatte, wurde meine Mutter immer mehr ein Vorbild für mich. Ich habe mir darüber nie große Gedanken gemacht, aber ich ging mit Melanie und Karola wohl so um, wie ich es auch von ihr her kannte. Ich war sehr froh, daß sie in meiner Nähe war, als ich selbst mit einundzwanzig Jahren Mutter wurde und dann meine Kinder erzog. Sie war auch dann immer da, putzte nur stundenweise in einer Metzgerei. Und auch meine Großmutter, die meine Kinder »Oma Anger« nannten, war immer anwesend und noch aktiv wie zu meiner Kinderzeit. Ihr Ein und Alles war der Garten, den sie mit großer Liebe pflegte und zu großer Üppigkeit brachte. Es gab so viel Gemüse und Obst, daß sie viel davon zusammen mit meiner Mutter einkochte. Beide erledigten in meiner Kindheit auch die Wäsche, zumindest hängte meine Großmutter sie mit auf. Sie war eine dominante Frau, aber wie meine Mutter mit viel Verständnis für Kinder und junge Leute. Sie vermittelte uns nie das Gefühl, daß sie im Leben etwas versäumt habe, obwohl ihre Jahre hauptsächlich mit Arbeit ausgefüllt waren.

Von der dritten bis zur fünften Klasse ging ich in eine normale Grundschule im nächstgrößten Ort Heimboldshausen. Dort hatte ich keine engeren Freundinnen mehr. Ich war scheu und spielte lieber weiter mit den Nachbarkindern, die ich seit Jahren kannte. In der Klasse waren mir viele zu wild und zu frech. Andere schreckten mich ab, weil sie so stark im Mittelpunkt stehen wollten. Und an die, die sich unauffällig benahmen wie ich, die gern untertauchten, kam ich nicht heran. Die Pausenspiele waren mir ein Greuel: Entweder fingen die Jungen die Mädchen oder umgekehrt. An meine damalige Lehrerin, Frau Hartmann, eine junge Frau, die sehr mütterlich war, kann ich mich noch gut erinnern, weil sie es schaffte, uns jeden Stoff spannend zu vermitteln. Sie war selbst begeistert vom Unterrichten, und sie konnte sich gerade mit ihrer warmen Ausstrahlung sehr gut durchsetzen. Ich glaube, solche Frauen imponierten mir schon damals. So ein Selbstbewußtsein, ohne hart zu sein, sich nicht in den Mittelpunkt zu spielen, sondern durch Ausstrahlung wichtig für andere zu sein, das finde ich bewundernswert.

Obwohl ich mich durchaus geliebt fühlte, nicht unter Nichtbeachtung litt, meinte ich immer, daß es viel Wichtigeres gäbe als mich. Fotografiert zu werden haßte ich besonders. Es existieren nur ganz wenige Kinder- und Jugendfotos von mir. Ich lief weg oder guckte zur Seite, wenn jemand einen Apparat zückte. Ich fand andere Menschen – mit der Zeit immer deutlicher Kinder und alte Leute – interessanter als mich selbst.

Ab der sechsten Klasse war die Schulzeit eher bedrückend. Ich fuhr mit dem Bus von der Bahnstation Heimboldshausen nach Philippsthal hinein, das kam mir damals richtig weit vor. Ich war nicht schlecht in den Fächern, aber nicht ehrgeizig, und ich merkte, daß es jetzt viele um mich herum waren. Mir machte Rechnen, Deutsch und Sport richtig Spaß. Doch die erneute

Umstellung auf fremde Schüler war sehr anstrengend für mich. Die Schule war so groß! Es gab einen Haupt- und einen Realschulzweig in dem Gebäude. In den Pausen war es sehr laut, die Mädchen hänselten gern Außenseiterinnen, die Jungen erprobten ihre Stärke mit Schlägereien auf dem Hof. Obwohl die Lehrer wohl gut mit mir zurechtkamen – sie empfahlen mir in der siebten Klasse, auf eine Fachschule zu wechseln –, wollte ich auf keinen Fall länger als neun Jahre zur Schule gehen. Ich hätte mich dann wieder auf neue Schüler und Lehrer einstellen müssen. In dieser Zeit bekamen wir schon sehr viele Hausaufgaben auf, manchmal saß ich bis zu vier Stunden dran. Trotzdem begann ich mit 13 Jahren, nachmittags auf kleine Kinder aufzupassen. Erst waren es die Kinder der Nachbarn. Ich tat es, weil ich begeistert davon war, einen Kinderwagen zu schieben, aber auch, weil ich es interessant fand zu beobachten, wie die kleinen Kinder immer mehr dazulernten, mehr Wörter sprachen, größer und selbständiger wurden. Ich hütete sie, bis sie vier Jahre alt waren. Das fand ich aufregender als die Schule. Manchmal bekam ich von den Eltern Süßigkeiten oder kleine Geschenke dafür, aber das war nicht der Grund, warum ich es tat. Als die Nachbarkinder größer geworden waren, übernahm ich die Aufsicht über einen etwa zweijährigen Jungen, Heiko, aus dem Dorf Röhrigshof. Ich lief jeden Nachmittag fünfzehn Minuten ins Dorf, um den Kleinen bei seinem Vater oder der Großmutter abzuholen. Seine Mutter arbeitete nachmittags im Friseurgeschäft. Manchmal besuchten wir sie dann kurz. Oft aber ging es auf den Spielplatz, oder ich nahm ihn mit zu mir nach Hause. Heiko war ein aufgeweckter, lustiger Junge. Ich fand es sehr befriedigend, allein auf Kleinkinder aufzupassen. Es gab mir das Gefühl, schon erwachsener zu sein. Es tat auch gut zu spüren, daß Kinder gern zu mir kamen und mich mochten. Mit Gleichaltrigen zu spielen, gab mir zu diesem Zeitpunkt nicht mehr viel. Das Gefühl, gebraucht zu werden, entstand nur bei kleinen Kindern.

Schon während des neunten Schuljahres suchte ich mir einen Ausbildungsplatz. Ich bewarb mich als Schwesternschülerin im Kreiskrankenhaus in Bad Hersfeld. Der Wunsch, Kranke zu pflegen, kam schon früh bei mir auf und hielt sich durch die gesamte Kindheit. Ich weiß nicht, ob dies mit meinem frühen Blinddarm-Erlebnis zusammenhing, damit, daß ich die Nonnen als so liebevoll erlebt hatte. Auf alle Fälle habe ich meine Freundinnen und kleinen Nachbarinnen mit großer Ausdauer dazu animiert, mit mir unsere Puppen zu verarzten und zu pflegen. Wir stellten uns die schlimmsten Verletzungen vor, um sie hingebungsvoll gesundzupflegen. Für mich war es immer eine berufliche Wunschvorstellung gewesen, für andere Menschen Zeit zu haben, ihnen Hilfe anzubieten, sie zu pflegen und ihre Schmerzen zu erleichtern.

Doch eine Ausbildung zur Krankenpflegehelferin konnte man erst mit 17 Jahren beginnen, ich war aber erst 15, als ich die Schule verließ. Auch ein Praktikumsplatz war im Kreiskrankenhaus nicht mehr frei. Den brauchte man aber damals, um zur späteren Ausbildung angenommen zu werden. Es blieb mir nichts anderes übrig: Ich mußte als Ersatz für das Krankenhauspraktikum eine Ausbildung zur Hauswirtschaftsgehilfin anfangen. Denn arbeiten und etwas Praktisches lernen wollte ich auf alle Fälle auch schon mit 15 Jahren. Ich fing also in einem Diätkurheim in Bad Hersfeld an. Es war nicht meine Traumvorstellung. Aber mit der Aussicht, daß ich danach in die Krankenpflege wechseln durfte, hielt ich die zwei Jahre durch. Ich lernte kochen, bügeln, stopfen, Textilfasern und Stoffe unterscheiden, sogar Gartenarbeit. Von 8.00 bis 17.00 Uhr arbeitete ich werktags und jedes zweite Wochenende von morgens bis mittags. Einmal in der Woche ging ich zur Berufsschule. Was mir besonders fehlte, war der Kontakt mit Menschen – nicht als Kollegen, sondern als Gegenüber in der Arbeit. Kochrezepte und die Kenntnis von Materialien waren nicht meine Welt. Auch der immer gleiche Ablauf der Arbeit langweilte mich.

Im Sommer 1975 bestand ich schließlich die Prüfung zur Hauswirtschaftsgehilfin. Im Herbst sollte ich dann mit der Pflegeausbildung im Hersfelder Kreiskrankenhaus beginnen: Endlich der Beruf, den ich mir schon als Kind gewünscht hatte!

Ich lebte in einem Schwesternwohnheim gleich neben dem Krankenhaus und teilte mir das Zimmer mit einer anderen Schülerin. Auf unserem Zimmer lernten wir für unsere Prüfung, wenn wir nicht im Einsatz auf der Station waren. Es war ein großes Krankenhaus und es herrschte eine hektische Atmosphäre, viel Zeit für die Patienten blieb dort nicht. Wir mußten tun, was die Schwestern und Pfleger sagten; einen eigenen Stil, mit den Kranken umzugehen, konnte ich in der Zeit nicht entwickeln. Ich weiß noch, wie aufgeregt ich war, als ich einem Mann die erste Spritze meines Lebens geben mußte. Er lag zum Glück auf der Seite, ich mußte ihm in den Pomuskel spritzen, so merkte er nicht, wie mir der Angstschweiß auf der Stirn stand. Später erfuhr ich, daß das fast allen beim ersten Mal so geht. Im Blockunterricht, der uns die Theorie der Krankenpflege und das Wissen um den menschlichen Körper vermittelte, kam ich mit allem gut zurecht, nur bei einigen anatomischen Fragen und dem Funktionieren des Blutkreislaufs nahm ich die Hilfe eines jungen Pflegers in Anspruch, der schon im zweiten Jahr der dreijährigen Ausbildung war. Wir lernten in seinem Zimmer; wir freundeten uns an, aber es passierte nichts zwischen uns beiden. Später, als er an ein anderes Krankenhaus ging, merkte ich erst, daß ich doch ein bißchen in ihn verliebt war.

Manchmal ging ich mit den anderen Kollegen, Männern und Frauen, die in der Ausbildung waren, essen: meist eine Pizza in unserem italienischen Stammlokal in Hersfeld. Viele von uns waren jung wie ich, einige aber in der Umschulung und deshalb schon um die 40 Jahre alt. Wir Jüngeren, die ein

Zimmer im Wohnheim hatten, mußten um 22.00 Uhr zu Hause sein. Dagegen habe ich nie rebelliert, ich fand es normal, brauchte auch meinen Schlaf, weil der Dienst morgens sehr früh anfing. Außerdem konnte ich ja am Wochenende, wenn ich in Röhrigshof war, länger ausgehen oder mit meiner Familie zusammensein. So interessant fand ich die Abende mit den anderen in Bad Hersfeld auch nicht. Sie erzählten von ihren Liebesbeziehungen oder von den großen Ferienreisen, und ich konnte nichts dazu beisteuern, weil ich beides noch nicht kannte. So hörte ich also beim Essen zu, was die anderen zu berichten hatten, und war froh, wenn mich keiner fragte.

Am wohlsten fühlte ich mich bei meiner Familie. Deshalb machte ich auch sofort, als ich 18 Jahre alt geworden war, meinen Führerschein und kaufte mir bald danach ein gebrauchtes Auto, beides von meinem selbstverdienten Geld. So konnte ich noch häufiger nach Hause fahren und dort auch manchmal in der Woche schlafen. Zu der Zeit hatte ich mein Bett im ehemaligen Kinderzimmer stehen. Früher hatte ich viele Jahre mit meiner Großmutter in einem Zimmer geschlafen. Ursula beanspruchte als Heranwachsende damals ein eigenes Zimmer, und die kleine Brigitte schlief auf einem Klappbett im Eßzimmer. Unsere Wohnung war ja nur 90 Quadratmeter groß.

Während meiner Ausbildungszeit habe ich mich nur auf das praktische und theoretische Lernen konzentriert und zwischendurch auf den Führerschein, den ich im ersten Anlauf schaffte. Männer kamen mir überhaupt noch nicht in den Sinn. Erstens fühlte ich mich nach wie vor sehr unattraktiv, zweitens hatte ich nie Lust, tanzen zu gehen, weil ich zu gehemmt war, mich öffentlich darzustellen, wie ich es damals in Diskotheken empfand. Und ans Heiraten dachte ich überhaupt noch nicht. Mich beschäftigte damals sehr die Erfahrung, oft relativ junge Menschen beim Sterben zu betreuen. Es ging mir sehr nahe.

Und ich konnte es – wie bei meinem Onkel – schwer akzeptieren, daß ihnen nicht mehr zu helfen war. Sie waren 35 oder 40 Jahre alt und starben an Krebs, manche sehr elend. Es gab Patienten, die darüber nicht mit ihren Angehörigen sprechen konnten, aber beide Seiten wußten Bescheid. Sie konnten nicht voneinander Abschied nehmen. Jeder der Betroffenen sprach dann getrennt mit uns. Ich war noch sehr jung, als ich viel über die Ehen und Familien erfuhr, die selten stabil waren zu dem Zeitpunkt, als der Tod als Bedrohung erschien. Dadurch wurde der Kontakt zu diesen Patienten sehr eng. Obwohl wir manchmal eigentlich anderes zu tun hatten, hörte ich ihren Sorgen und Ängsten zu, auch wenn ich nicht helfen konnte. Am schlimmsten war es für mich mitanzusehen, wie in solch dramatischen Lebenssituationen der Streit um das richtige Nachthemd oder die mitgebrachten Handtücher, die der Ehepartner angeblich falsch ausgesucht hatte, wichtiger wurde als ein nahes Gespräch. Aber das sollte ich später ja auch noch kennenlernen. Da ich bis dahin nur die Ehe meiner Eltern kannte, war mir das damals noch unvorstellbar.

Vor meiner Krankenpflegeprüfung hatte ich nach einem Jahr Lernen großes Lampenfieber, viel größeres als vor der Hauswirtschaftsprüfung, es hing für mich ja alles davon ab. Wir saßen einem Prüfungskomitee zu dritt gegenüber und wurden abwechselnd befragt. Ich überwand alle Hemmungen und konnte die richtigen Antworten geben – theoretische Kenntnisse, die man für die Prüfung paukt, die später nie wieder abverlangt werden. Die praktische Prüfung, eine Demonstration unseres pflegerischen Alltags mit »Betten« und »Umlegen« an einer großen Puppe, bereitete mir überhaupt kein Herzklopfen.

Meine Familie war stolz auf mich, als ich nach der Prüfung

nach Hause kam. Sie haben sich sehr mit mir gefreut, und wir haben auf meine Zukunft angestoßen.

Nach dem bestandenen Examen konnte unser gesamter Jahrgang nicht im Kreiskrankenhaus übernommen werden, weil keine Stellen frei waren. Ich fand das nicht schlimm, mir war der Betrieb sowieso zu groß, die Anonymität stieß mich eher ab. Ich bewarb mich am St.-Elisabeth-Krankenhaus in Hünfeld und bei den Städtischen Kliniken in Fulda, zur Sicherheit. Hünfeld war für mich die erste Wahl, weil es ein katholisches Krankenhaus wie das in Hersfeld war, wo ich mich als Patientin gut behandelt gefühlt hatte. Und genau von dort kam eine positive Reaktion. Bei dem Vorstellungsgespräch wurde ich durch die verschiedenen Stationen geführt und fühlte mich sofort wohl. Ich sah, daß es dort immer noch fast familiär zuging, es wurde nicht in Hektik gearbeitet, obwohl alle in Bewegung waren. Auf jeder Station hatte eine Nonne Bereitschaftsdienst, sie war Ansprechperson für die Patienten, aber auch für uns. Als ich den Vertrag unterschrieben hatte, meldete sich auch das Fuldaer Krankenhaus. Ich bedauerte es einen Moment lang, weil dorthin der Pfleger gewechselt hatte, der mir beim Lernen so sympathisch geworden war, daß ich mich ein bißchen nach mehr Kontakt gesehnt hatte. Ich schob den Gedanken aber schnell beiseite, denn ich war mit einem kleineren Krankenhaus als Arbeitsstelle sehr zufrieden. Seit Herbst 1976 arbeitete ich also auf der chirurgischen Frauenabteilung des katholischen Krankenhauses in Hünfeld. Auch diese Station, wie fast alle, wurde von einer Nonne geleitet, mit der man sehr gut zusammenarbeiten konnte. Ich arbeitete im Tagesdienst, entweder von 6.00 bis 14.00 Uhr oder von 13.00 bis 20.00 Uhr und jedes zweite Wochenende. Die Arbeit erforderte zwar zeitweise hohe Konzentration, aber das machte mir Spaß; es war immer noch genügend Zeit zwischen allen Tätigkeiten, um die Wünsche der Patientinnen nach kleinen Erleichterungen oder Gesprächen zu erfüllen.

1978, als ich schon zwei Jahre dort war, kam im Frühjahr meine Schwester Brigitte mit 13 Jahren auf unsere Station. Wie ich als kleines Kind hatte auch sie eine Blinddarmentzündung. Der Blinddarm wurde herausgenommen. Nach einigen Tagen ging es ihr immer schlechter, statt daß sie sich erholte: Sie hatte Fieber und mußte sich ständig erbrechen. An einem Samstagnachmittag war es so bedrohlich, daß der diensthabende Arzt den Oberarzt, der zu Hause in Bereitschaft stand, informierte. Er kam sofort ins Krankenhaus und stellte die Diagnose: Darmverschluß. Ich hatte an diesem Tag Dienst und brachte meine Schwester mit in den Operationssaal. Gegen 18.00 Uhr wurde sie operiert, ich mußte den Raum wieder verlassen, denn ich war keine OP-Schwester. Fast vier Stunden wartete ich, bis die Ärzte mir sagten, wie es ihr ginge. Es ging ihr schlecht nach der Operation. Sie kam auf die chirurgische Wachstation. Bis Mitternacht saß ich bei ihr am Bett. In den nächsten Tagen wurden ihr verschiedene Medikamente und Infusionen verabreicht, aber nichts schlug an. Ich war täglich bei ihr. Im Frühdienst konnte ich zu ihr, sobald meine Schicht beendet war, zum Spätdienst fuhr ich früher aus Röhrigshof-Nippe nach Hünfeld, um vorher bei ihr zu sein. Auch zwischendurch, wenn auf meiner Station nicht allzu viel zu tun war, durfte ich zu ihr in den ersten Stock, denn ich wollte so viel wie möglich bei ihr sein. Meine Schwester Brigitte lag bleich und apathisch im Bett, sie bekam kaum mit, was um sie herum passierte, und schon gar nicht, wie ernst ihr Zustand war. Wochenlang trat keine Besserung ein. Endlich, nach etwa dreißig Tagen, schlugen die Medikamente an, und Brigitte wurde auf die chirurgische Abteilung für Frauen zurückverlegt. Ich hatte in diesen Wochen erlebt, wie nah sie dem Tode war. Ich hatte auch die Verzweiflung der hilflosen Ärzte erlebt. Die Angst um sie und die ständige Nähe zu ihr hatten unsere Beziehung noch enger werden lassen, als sie ohnehin schon war.

Während meiner Berufstätigkeit in Hünfeld, vor meiner Ehe, hatte ich keine Freunde und Freundinnen. Der Schichtdienst war sehr anstrengend, ich lebte eigentlich nur für meine Arbeit und hatte zum Entspannen meine Familie, wo ich mich nach wie vor geborgen und verstanden fühlte. Heute denke ich, daß ich es wie mein Vater machte, der auch nur seine Arbeit und Familie hatte, kein Hobby, kein Wegfahren mit Freunden. Aber ich hatte nicht das Gefühl, daß mir etwas fehlte. Ich wohnte zu Hause und fuhr täglich die zwanzig Minuten mit meinem Auto nach Hünfeld. Beim Autofahren konnte ich gut abschalten von den Problemen der Arbeit. Wenn ich zum Krankenhaus fuhr, fühlte ich mich frei – allein im Auto mit Radiomusik. Ich liebte auch das lange Ausschlafen in der Woche, wenn ich Spätdienst hatte.

Nach vier Jahren Berufstätigkeit setzte sich in mir die Vorstellung fest, keinen Mann mehr zu bekommen. Junge Kolleginnen heirateten, in der Lokalzeitung standen aus Röhrigshof fast jede Woche Hochzeitsanzeigen. Ich, die ich nie hatte heiraten wollen, stellte mit 19 Jahren resigniert fest, daß sich für mich nie ein Mann interessieren würde, weil ich mich weiterhin als unattraktiv empfand. Ich hatte aber keine Lust auszugehen, es war mir einfach zu anstrengend bei den Wechselschichten und dem einen Wochenende, das ich immer nur frei hatte. Aber ich wußte, daß ich Kinder haben wollte – und das ging ja schlecht, wenn ich allein blieb. Ende 1977 gab ich mir einmal einen Ruck und begleitete meine ältere Schwester Ulla, die inzwischen geheiratet hatte, und ihren Mann in die Diskothek in Philippsthal. Ein Arbeitskollege meines Schwagers kam an unseren Tisch. Er sah nicht auffallend gut aus, aber sympathisch, ich schätzte ihn etwas älter als mich. Die beiden Männer redeten miteinander, ich glaube, über die Arbeit. Ich hörte ihnen zu. Meine Schwester wollte mit ihrem Mann dann bald nach Hause fahren, ich schloß mich an. Sie luden den Kollegen, der Schlosser im Kaliwerk war, noch in die Ausbacher Straße ein, wo wir wohnten. Ich fuhr mit ihm in seinem Auto, um ihm den Weg zu zeigen. Bedenken hatte ich keine, er war sehr ruhig und zurückhaltend. Er war mir als Reinhard in der Disco vorgestellt worden. Auf der Autofahrt erfuhr ich, daß er Reinhard Weimar hieß und sechs Jahre älter war als ich. Wir tranken noch etwas zu viert in der Wohnung meiner Schwester. Bevor er ging, verabredete ich mich mit ihm für das übernächste Wochenende. Ich hatte mich zwar nicht verliebt, aber nichts dagegen, ihn kennenzulernen. Wir gingen dann zu zweit an dem verabredeten Samstag noch einmal in die Diskothek. Wieder traf er junge Kollegen aus dem Werk. Sie redeten über die Arbeit, ich trank Apfelwein und hörte zu. Ich kannte die Arbeit unter Tage von meinem Vater und Schwager, ich konnte mir vorstellen, welche Probleme der harte Job im Kaliwerk für die Männer brachte.

Das nächste Mal trafen Reinhard und ich uns schon zu Hause bei mir. Ich wußte inzwischen, daß er bei seinen Eltern auf dem Bauernhof in Ransbach, dem nächsten Ort, wohnte und dort nicht sehr glücklich war. Seine Mutter wollte, daß er eine Landfrau heiratete und den Hof übernähme. Er aber wollte nicht Bauer werden. Bei diesem Treffen in meinem Elternhaus sprachen wir schon über eine gemeinsame Zukunft. Mein Vater kannte Reinhard Weimar und hatte ihn gleich willkommen geheißen, als ich ihn an der Tür begrüßte. Und das blieb auch so, sie unterhielten sich gern miteinander. Wenn Reinhard und ich miteinander sprachen, redeten wir gleich viel, oder gleich wenig. Wir waren beide nicht sehr schnell damit, unsere Gedanken zu äußern, und konnten damals einander gut zuhören. Wir wollten beide Kinder und stellten fest, daß wir dieselben partnerschaftlichen, aber klar aufgeteilten Vorstellungen von einer Ehe hatten. Solange unsere zukünftigen Kinder klein wären, wollte ich zu Hause bleiben. Ich hatte den Eindruck, daß wir uns vom Wesen her sehr ähnlich seien und ich ihm vertrauen konnte. Ich hoffte, daß ich bei ihm dieselbe Geborgenheit wie in meiner Familie erleben könnte und er die bei mir, die er so vermißte.

Daß wir uns viel zu kurz kannten, um das beurteilen zu können, weiß ich heute. Von Anfang des folgenden Jahres, 1978, an übernachtete Reinhard bei mir. Er war mein erster Mann. Diese erste sexuelle Erfahrung war mir nicht zuwider, aber sie bedeutete mir auch nicht sehr viel. Ich dachte damals, das gehört eben dazu, wenn du Kinder haben möchtest. Wir gingen jetzt öfter in die Disco, wir tanzten beide nicht sehr gern, also hörten wir, meist ohne zu reden, der Musik zu. Manchmal war Reinhard aber auch ohne mich unterwegs, er war geselliger als ich. Ich hatte abends weniger Freizeit als er, aber das störte mich nicht. Mir gefiel damals sehr, daß er ein unauffälliger, ruhiger Typ war, der nichts Angeberisches hatte. Er hatte eine sehr ehrliche Art, mir klar zu machen, daß ich wichtig für ihn sei. Es gab nie Streit, ich hatte vor nichts bei ihm Angst, so daß ich annahm, daß wir uns gut verstehen würden. Er wollte mich heiraten und ich ihn.

Auch das psychologische Gutachten, das der Staatsanwalt später für mich beantragte, offenbarte meine Haltung als junges Mädchen bis in meine Ehe hinein, eine Haltung, die ich lange Zeit als normal empfand. Es erschreckte mich zwar beim Lesen, aber es traf ganz und gar zu:

AUS DEM PSYCHOLOGISCHEN GUTACHTEN
von Professor Elisabeth Müller-Luckmann vom 19.10.1986

*Frau Weimar wurde von mir am 13. und 14. Oktober in Braunschweig untersucht. (...) Über ihre Rechte noch einmal aufgeklärt, auch darüber, daß ein Gutachter, der als Sachverständiger fungiert, nicht der Schweigepflicht unterliegt, sondern alle Informationen weitergeben muß, erklärte sich Frau Weimar mit allen Stationen der Untersuchung einverstanden. (...)*

**Befund:**
*Frau Weimar ist eine durchschnittlich intelligente Frau, die beruflich motiviert und sicher auch tüchtig ist – die da, wo sie Selbstvertrauen entwickelt, dies auch überwiegend aus dieser Tatsache bezieht.*

*Auffällig in ihrer Persönlichkeit ist vor allem ihr Mangel an Spontaneität, an frischer Erlebnisfähigkeit, an Flexibilität und Unbefangenheit. Diese Beobachtungen kann man sicher nicht nur machen, weil sie sich derzeit in einer prekären Situation befindet, sondern sie kennzeichnen sie durchgängig. Sie hat sicher Gefühle und Bedürfnisse, insbesondere akzeptiert zu werden und verläßliche Sozialpartner zu haben, aber sie kann sie nur schwer signalisieren. Wenn sie von sich selbst sagt, daß sie das meiste in sich hineinfrißt, dann trifft das sicher zu. Aber es geht dann auch »innen« nicht sehr viel weiter: sie kommt nur schwer aus einem Gefühlszustand, aus einer Befindlichkeit zur anderen; sie kann kaum reflektieren, sie hat insgesamt also eine schlechte Erlebnisverarbeitung. Rigide hängt sie in einer deutlichen Affektscheu fest. Sie verdrängt schnell, weil sie sich ihren Gefühlen und Bedürfnissen nicht offen stellt. Das geht einher mit einer zögernden, retentiven, fast zwanghaften Haltung, die sie wenig entschlußkräftig erscheinen läßt. Sie ist gehemmt: die Fähigkeit, unbefangen auf die Welt zuzugehen, sich durchzusetzen, konstruktiv zu sein, ist ihr nicht gegeben. Sie neigt also dazu, die Dinge auf sich zukommen oder durch andere anpacken zu lassen. Sie zieht sich schneller auf sich selbst zurück, als daß sie nach Lösungsalternativen für eine problematische Situation sucht.*

*Das alles läßt sie wenig kontaktfreudig und -fähig, als ziemlich verschlossen und selbstbezogen erscheinen. Es ist durchaus möglich, daß sie den Wunsch hat, sich stärker mitzuteilen, entspannter, unbekümmerter zu sein. Aber es gelingt ihr die Verwirklichung dieser Wünsche anscheinend nur schwer, auch wenn man von ihrer jetzigen Situation absieht.*

*Bringt man dies in Zusammenhang mit ihrer Vorgeschichte, dann finden sich diese Züge, die sich aus dem Untersuchungs- und Testverhalten ableiten lassen, durchaus wieder. Sie hat nie alternative Berufsziele erwogen, sie hat eng begrenzte Interessen, sie hatte für ein junges Mädchen auffallend wenige soziale Kontakte, insbesondere zum anderen Geschlecht. Sie traf ihre Partnerwahl nicht aus einem eindeutigen Gefühl heraus, sondern aus einer gewissen Mutlosigkeit und einem geringen Selbstwertgefühl heraus. (...)*

## 3  Ehe und Kinder

An meinem 20. Geburtstag, im April 1978, verlobten wir uns, nachdem wir uns fünf Monate kannten. Reinhard übernachtete jetzt öfter bei mir, im ehemaligen Kinderzimmer unserer Familie. Meine Eltern hatten nichts dagegen, weil wir ja heiraten wollten. Einen Monat später, im Mai, bekamen wir zum ersten Mal Streit. Es ging darum, wie wir einmal wohnen wollten, wenn wir eine Familie gründeten. Reinhard sollte nach den Vorstellungen seiner Eltern den Bauernhof im Nachbardorf Ransbach übernehmen. Ich wollte das auf keinen Fall, denn wir hätten dort keine abgeschlossene Wohnung gehabt. Außerdem war mir klar, daß ich dann mit in der Landwirtschaft hätte helfen müssen. Beides entsprach ganz und gar nicht meinen Vorstellungen. Reinhard hatte mir bald nach unserem Kennenlernen erzählt, daß er schon in seiner Schulzeit immer auf dem Hof helfen mußte und nicht im Fußballverein spielen durfte, weil er zu Hause gebraucht wurde. Sein Vater war zwar auch im Kaliwerk beschäftigt gewesen, hatte aber nebenbei einen kleinen Bauernhof. Im Grunde genommen wollte Reinhard auch nicht mit mir in sein Elternhaus ziehen, er hatte Angst, daß ihm seine Freizeit wieder beschnitten würde. Aber er wagte mit seinen 25 Jahren nicht, den Eltern, besonders seiner Mutter, zu widersprechen. In unserem Streit setzte ich mich durch, weil ich ihn an seine eigenen Gefühle erinnerte. Er stimmte zu, etwas Eigenes zu suchen.

Von da an war ich für seine Mutter die Frau, die ihr ihren Sohn wegnahm. Eine Zugezogene von der Familie her, ein Kind von Flüchtlingen noch dazu, die sich zu schade für die Landwirtschaft war – so sah sie es. Einen Monat später, im Juni 1978, wurde im Mietshaus meiner Eltern die Wohnung im Parterre links frei. Wir bewarben uns als Mieter, weil Reinhard Mitarbeiter im Kaliwerk war. Als zum nächsten Monatsanfang der Mietvertrag da war, schafften wir uns von unserem eigenen Geld neue Möbel an. Meine und selbst Reinhards Eltern gaben etwas dazu. Wir freuten uns, daß wir jetzt ein eigenes Reich haben würden. Es war sogar schon Platz genug für ein Kinderzimmer da. Zu dieser Zeit war unser Verhältnis zueinander sehr gut. Wir besprachen wichtige Entscheidungen gemeinsam, wie ich mir das in einer Ehe immer vorgestellt hatte. Und – was uns sicher auch gut tat – wir sahen uns nicht ständig, da wir beide Schichtdienst hatten. Ich hatte zwei Tagesschichten im Krankenhaus, und Reinhard arbeitete als Untertageschlosser in drei Schichten, auch nachts. Wir schafften uns nur ein gemeinsames Auto an, denn er konnte zu Fuß zum Schacht Hera gehen.

Als wir die Wohnung bezogen hatten, fingen wir mit den Hochzeitsvorbereitungen an. Die standesamtliche Trauung war am 5. Juli in Philippsthal. Wir feierten sie anschließend mit einem kleinen Festessen in unserer neuen Wohnung. Dazu hatten wir unsere beiden Familien eingeladen. Die kirchliche Trauung bei einem evangelischen Pfarrer war erst für den Dezember geplant. Vorher wollten wir im Sommer noch eine Urlaubsreise unternehmen. Meine erste Reise in ein südliches Land am Meer: nach Jugoslawien. Wir hatten eine Ferienwohnung direkt am Strand gebucht. So etwas hatte ich noch nie erlebt! Mit meinen Eltern war es eher mal in die Berge oder in die Tschechoslowakei aufs Dorf gegangen, um uns die alte Heimat der Familie anzusehen. Das Faulenzen in der Sonne, das Schwimmen und Plantschen im klaren, oft grün schimmernden Wasser begeisterte mich vollends. Bei Reinhard war es etwas eingeschränkt, weil er nicht schwimmen konnte. Dafür gab es neben den Ferienwohnungen eine Anlage mit Tischtennis und Minigolf, die besonders ihm Spaß machte. An einigen Tagen fuhren wir mit unserem Auto in die Umgebung, sahen uns die Plivicer Seen an und die riesigen Wasserfälle, wo die Winnetou-Filme gedreht worden waren, die wir beide im Kino gesehen hatten. Für mich waren das Schönste die Abendspaziergänge am Strand, wenn die Sonne unterging. Wir gingen, den Arm um die Hüfte des anderen gelegt, und brauchten gar nicht viel zu reden. Wenn wir miteinander im Bett zärtlich waren, vermißte ich körperlich noch nichts, weil ich sehr viel Zuneigung für meinen Freund empfand. Ja, ich sah in meinem Verlobten auch einen Freund. Und Zuneigung war mir das Wichtigste. Eine gegenseitige körperliche Anziehung, die sich durch Zärtlichkeiten noch steigert, kannte ich nicht. Die drei Wochen gingen viel zu schnell vorbei. Trotzdem freute ich mich auch wieder auf meine Arbeit, denn sie brachte mir Spaß und Abwechslung. Für Reinhard war das anders, er erlebte die Schichten im Werk als reinen Brotverdienst und suchte einen Ausgleich, indem er allein auf Dorffeste oder die Kirmes ging, um unter Menschen zu kommen. Wenn ich nicht arbeitete, blieb ich lieber zu Hause, am liebsten saß ich im Sommer im Garten, sah meinem kleinen Neffen zu, den meine Schwester Ursula inzwischen geboren hatte, den Nachbarkindern oder half meiner Mutter und Großmutter beim Ernten und Gemüseputzen. Das war keine Anstrengung für mich, weil wir uns dabei immer unterhalten haben. Manchmal, an heißen Sommerabenden, grillten wir auch draußen. Das liebte Reinhard auch. Ansonsten ging er gern zum Kegeln und in Kneipen oder auf Volksfeste; mir war das recht, ich hätte es schlimmer gefunden, ihn ohne Lust begleiten zu müssen.

Für den 23. Dezember war dann die kirchliche Trauung geplant. Kurz davor waren wir in Heringen bei einem Fotografen gewesen, um Hochzeitsfotos anfertigen zu lassen. Wir hatten uns unsere Kleidung zusammen ausgesucht. Ich wollte auf keinen Fall in Weiß heiraten, und er wollte keinen schwarzen Anzug tragen. So zeigt uns das Hochzeitsbild als junges Paar, das seriös, aber nicht ganz traditionell aussieht:

Reinhard im dunkelblauen Nadelstreifenanzug mit Fliege am weißen Kragen. Und ich im cremefarbenen langen Kleid mit einem Pelzjäckchen darüber, in dem ich mich in meinen Träumen damals auf Abendgesellschaften sah – die dann nie stattfanden.

Die Familie meines Mannes war evangelisch. Ich sah es nicht als problematisch, in einer anderen Konfession die Zeremonie zu erleben, deshalb hatten wir uns auf den evangelischen Pfarrer geeinigt. Für eine größere Feier hatten wir einen Raum in einer Gaststätte im Nachbarort Schenklengsfeld reserviert. Etwa zwei Wochen vor unserer Feier starb Reinhards Großmutter, eine zarte alte Frau, die ich sehr gern mochte.

Meine Schwiegermutter forderte, daß wir die Feier absagten wegen der Trauerzeit. Also bereitete meine Mutter nur ein kleines Essen bei uns zu Hause vor, die Gaststättenreservierung wurde rückgängig gemacht. Nach der Trauung fuhren wir zu uns in die Ausbacher Straße, um im engsten Familienkreis auf unser Glück anzustoßen. Es war eigentlich schade, denn ich hatte vielen Kollegen von mir absagen müssen, auch der weiter entfernten Verwandtschaft von uns. Plötzlich folgten uns, als wir aufbrachen, wie selbstverständlich trotzdem alle Verwandten von Reinhard nach Röhrigshof. In Windeseile mußten meine Mutter und eine Tante für viele zusätzliche Menschen etwas zu essen herzaubern. Es lag sofort Spannung in der Luft, und ich ärgerte mich, daß ich auf Reinhards Mutter gehört hatte. Am nächsten Tag war Heiligabend.

Das Weihnachtsfest verbrachten wir zuerst bei meiner Familie, dann den zweiten Feiertag bei seiner. Bei uns ging es etwas lockerer zu, obwohl es ein christliches Fest mit Weihnachtsbaum und Liedern war. Reinhard fühlte sich sichtlich wohl. Zwei Tage später, bei ihm in Ransbach, war sein Vater zwar liebenswürdig zu mir, auch sein verheirateter Bruder Günther – fünf Jahre älter und sein einziger. Er war lustig, voller Humor, ein ganz anderer Charakter als Reinhard. Auch er wollte nicht Bauer werden und arbeitete bei »Kali und Salz« in einem Nachbarort. Bruder, Vater und Reinhard selbst konnten aber die Stimmung nicht so recht verbessern, die durch die Angespanntheit zwischen Reinhards Mutter und mir herrschte. Ich merkte, daß ich nur geduldet war; sie merkte, daß ich mir nicht alles von ihr bieten lassen würde.

Trotzdem eröffneten wir der Familie an diesem Tag, daß ich schwanger sei und wir uns auf ein Kind freuen. Meinen Eltern hatten wir es den Tag zuvor gesagt. Erstaunlich war für mich, daß sich auch die Mutter von Reinhard freute – bei meiner Familie war ich davon ausgegangen. Vielleicht hat sie gehofft, daß wir einen Sohn bekommen, der dann später ihren Hof übernehmen könnte.

Meine Schwiegermutter hatte in ihrer Familie das Sagen. Sie war es gewohnt, daß man sich nach ihr richtete. Wenn ihr Sohn schon nicht bei ihr wohnte, dann hatte er für sie da zu sein, wenn sie ihn brauchte. Sie rief an, wenn sie zum Einkaufen gefahren werden wollte, wir sollten dann sofort zur Stelle sein. Ich war grundsätzlich gern dazu bereit – auch wenn man ihr beim Schlachten helfen sollte –, aber ich fühlte mich vereinnahmt, weil sie Termine nicht mit einem absprach. Reinhard maulte zwar darüber, aber nur hinter ihrem Rücken, er sagte es ihr nicht ins Gesicht. Dadurch gab es die ersten großen Meinungsverschiedenheiten zwischen uns. Bei uns zu Hause platzte ihm der Kragen, denn manchmal mußte er sein Tennisspielen opfern, das er inzwischen neben dem Kegeln begonnen hatte. Ich hielt ihm vor, er solle seinen Zorn bitte an seiner Mutter ablassen. Aber dazu kam es nie. Statt dessen entwickelte ich mich für meine Schwiegermutter zur herrschsüchtigen Hexe, die ihren gutmütigen Sohn gegen sie beeinflußte.

Eine Auseinandersetzung werde ich nie vergessen: Einen Tag vor der Hausschlachtung rief Frau Weimar an und sagte ihrem Sohn, daß wir beide am nächsten Tag zum Schlachten kommen sollten. Ich war darüber sehr verärgert, denn es war wieder eine der kurzfristigen Einplanungen. Ich erfuhr erst am folgenden Morgen davon. Als die Schwiegermutter angerufen hatte, war ich in Hünfeld im Krankenhaus zum Nachtdienst. Ich arbeitete zwar normalerweise im Tagdienst, aber wenn unsere Nachtschwestern frei oder Urlaub hatten, wurde für ein oder zwei Nächte auch eine Tagschwester eingeteilt. Als ich am nächsten Morgen nach Hause kam, wartete Reinhard schon ungeduldig, weil er unser Auto haben wollte. Er erzählte mir aufgebracht: »Ich muß nach Ransbach zum Schlachten, und meine Mutter läßt ausrichten, du sollst auch mitkommen.« »Dann richte du ihr aus, daß ich jetzt schlafe. Ich habe zehn Stunden Nachtdienst hinter mir!« Tage später, als ich seine Eltern mit meinem Mann besuchte, hielt seine Mutter mir vor, daß ich durchaus hätte mitkommen und ihr helfen können. »Ihr seid auch solche, die nur nehmen und nichts dafür tun!«

Sie meinte damit, daß sie uns vom Geschlachteten immer etwas abgab. Reinhard schwieg. Ich wollte von da an nichts mehr von ihr haben. Ich sagte ihr, wenn sie Termine so kurzfristig festsetze, müsse sie damit rechnen, daß ich nicht mitkommen könne. Irgendwie akzeptierte sie nicht, daß wir unser eigenes Leben führten. Wir waren zum Helfen durchaus bereit, ich war das von meiner Familie gewohnt, aber man mußte es vorher absprechen, wir hatten doch auch unsere Arbeit.

In den ersten Wochen meiner Schwangerschaft ging es mir nicht gut. Mich plagten Übelkeit und Erbrechen. Wenn ich morgens ins Krankenhaus kam und die Betten machen mußte, rannte ich einige Male zur Toilette. Weil meine Kolleginnen Bescheid wußten, bekam ich in der Zeit leichtere Arbeiten, ich sollte vor allem nicht mehr so schwer heben. Aber jeden Morgen, wenn das Frühstück an die Patienten ausgegeben wurde und ich den Caro-Kaffee roch, mußte ich ganz schnell auf den

Balkon an die frische Luft. Doch nach drei Monaten ließen diese Zustände, vor denen ich mich ekelte, nach. Ansonsten verlief meine Schwangerschaft völlig normal, ich ging regelmäßig zu den Vorsorgeuntersuchungen. Das erste Ultraschallbild vom Baby war für mich ein großes Ereignis, jetzt fühlte ich nicht nur, daß sich in meinem Körper etwas veränderte, nicht immer nur angenehm, ich sah auch, daß ein Menschlein in mir heranwuchs. Mein Mann freute sich genauso darauf wie ich. Nach den ersten zwölf Wochen konnte ich meine Schwesternarbeit wieder wie vorher übernehmen und auch alle Arbeiten im Haushalt. Zu dieser Zeit half sogar Reinhard im Haushalt, er nahm mir das Wäscheaufhängen ab und alle Arbeiten, bei denen ich mich strecken oder auf eine Leiter steigen mußte. Wenn er zur Schichtarbeit weg war, half mir meine Mutter.

Bis etwa Mitte Mai 1979 arbeitete ich im Hünfelder Krankenhaus. Dann nahm ich meinen Resturlaub und kam in die letzten sechs Wochen des Mutterschutzes. Der Tag, an dem ich mich auf meiner Station verabschiedete, war schlimm für mich. Ich liebte meinen Beruf so! Und ich spürte, daß ich die Patienten und Kolleginnen vermissen würde. Aber ich ging mit einem weinenden und einem lachenden Auge. Denn ich hatte mich bewußt für ein Kind entschieden. Sobald ich spürte, daß mein Baby sich in meinem Bauch bewegte, war alles, was mit ihm zusammenhing, plötzlich am wichtigsten. Ich war stolz auf meinen großen Bauch, ansonsten war ich recht schlank geblieben. Ich fühlte mich wohl und zufrieden. Auch die Angstgefühle vor der ersten Geburt hielten sich in Grenzen. Ich hatte ein Grundvertrauen, wahrscheinlich, weil bei den Geburten meiner Mutter alles gutgegangen war. Reinhard ging zwar neben der Arbeit viel Tennisspielen, aber wenn er da war, war er einfühlsam um mich besorgt. Ich hatte nichts dagegen, daß er zu seinem Sport ging, auch wenn ich jetzt mehr als vorher allein zu Hause war. Ich war durch meine

Familie nie einsam. Im neunten Monat gab es allerdings Tage – in diesem Juli herrschte eine seltene Hitze in Hessen –, an denen ich die Geburt nicht mehr erwarten konnte. Ich hatte zwölf Kilo zugenommen und konnte mich mit meinem Bauch eigentlich nicht mehr bücken. Der Entbindungstag war für den 27. Juli ausgerechnet worden. Melanie kam am 22., einem Sonntag, zur Welt; wie ich, im April 1958. Für eine Erstgeburt ging alles ziemlich schnell. Reinhard kam gerade noch rechtzeitig zur Entbindung, die Hebamme hatte ihn zu Hause angerufen, denn er wollte gern bei der Geburt dabei sein. Mittags um 14.15 Uhr war unsere erste Tochter auf der Welt. Melanie war sehr klein und zierlich, hatte aber eine kräftige Stimme. Der erschütterndste, rührendste Augenblick war der, als ich mein Baby zum ersten Mal im Arm halten konnte. Tatsächlich waren sofort alle Schmerzen vergessen, wie ich es immer gehört hatte. Wir waren beide sehr glücklich, denn Melanie war kerngesund. Nach einer Woche konnte ich mit meinem Kind das Krankenhaus verlassen. Als wir mit Reinhard zu Hause ankamen, begrüßte meine gesamte Familie uns: mein Vater, meine Mutter, meine Großmutter, beide Schwestern, mein Schwager und mein dreijähriger Neffe Heiko. Es war ein überwältigendes Gefühl, für alle. Ein zweites Kind war in die Großfamilie gekommen.

Jetzt freute ich mich richtig darauf, zu Hause zu leben. Melanie kam sofort in eine Wiege, in der sie in den ersten Monaten genügend Platz hatte. Sie stand bei uns im Schlafzimmer, denn ich hatte Angst, daß ich nachts ihr Weinen überhören könnte. Aber sie weinte nicht viel, sie war ein liebes, lange Zeit sehr zartes Baby, das sich alle vier Stunden mit Hunger bemerkbar machte. Ich konnte sie, wie später Karola auch, nur vier Wochen lang stillen, weil ich eine Brustentzündung bekam. Aber ich sah mit Erleichterung, daß sie auch mit der Flaschennahrung von Woche zu Woche zunahm.

In den ersten Wochen half mir meine Mutter, wenn ich mit Melanie allein in der Wohnung war, denn morgens hatte ich Probleme mit meinem Blutdruck, der zu niedrig war. Mir war beim Aufstehen oft schwindlig und schwarz vor den Augen. In diesem Zustand wollte ich mein Baby auf keinen Fall allein baden. Aber manchmal fühlte ich mich auch unsicher beim Fläschchen-Geben, ich hatte Angst, daß mir mein Kind entgleiten könnte. So kam meine Mutter öfter zu mir herunter; ich war froh, daß wir so nah beisammen wohnten. Reinhard kümmerte sich auch um seine neugeborene Tochter, wenn er von der Arbeit kam und sie nicht gerade schlief. Er ging zwar öfter dann noch einmal weg, Tennisspielen, aber mir fehlte nichts, ich war glücklich mit Melanie. Daß er sich auch mit ihr beschäftigte, freute mich zwar, aber eigentlich fand ich es selbstverständlich. Er hatte sich ja genauso wie ich ein Kind gewünscht.

Ich hatte es schon als Schülerin aufregend gefunden, kleine Kinder zu versorgen, um so faszinierender fand ich es nun, bei meiner eigenen Tochter zu sehen, wie sich ein Kind entwickelte. Wie sie anfing, in der Babysprache zu erzählen, wie sie plötzlich krabbelte. Jeden Tag freute ich mich über ein anderes neues Erlebnis mit ihr. Ich war ausgefüllt, mir fehlte nichts. Auch, daß ich keine Freundinnen hatte, die mich besuchten oder umgekehrt ich sie, war für mich kein Problem. Ich hatte genug Menschen im Haus, die mir nahe waren und sich für mich interessierten. Als Melanie ungefähr ein Jahr alt war, besuchte ich mit ihr einmal meine alte Abteilung im Krankenhaus Hünfeld, die Chirurgie für Frauen. Ich hatte einen Termin beim Augenarzt und verband diesen Stationsbesuch gleich damit. Die Schwestern freuten sich sehr und bewunderten mein Baby. Es machte mich stolz. Die Abteilung war mir noch sehr vertraut, und ich bekam ein wenig Heimweh.

Im Juli 1980, genau ein Jahr nach Melanies Geburt, war ich zum zweiten Mal schwanger, auch diesmal war es eingeplant.

Wir wollten kein Einzelkind, und Reinhard wollte keinen so großen Abstand zwischen den Geschwistern wie bei ihm und seinem Bruder. Obwohl ich ein kleines Kind zu versorgen hatte, habe ich auch diese Schwangerschaft in guter Erinnerung. Wenn ich besonders müde war oder mein Kreislauf mir wieder einmal einen Streich spielte, half mir meine Mutter. Ich glaube, Ende 1980, als ich mit meinem zweiten Kind im sechsten Monat war, trat Reinhard neben dem Tennisspielen auch noch in einen Kegelklub als festes Mitglied ein. Da merkte ich, daß mich etwas störte. Es war mir neben seinem Schichtdienst jetzt doch ein bißchen zu viel Abwesenheit. Ich fühlte mich, da langsam alles wieder beschwerlicher wurde, mit Kleinkind und Baby im Bauch von ihm allein gelassen. Ich mußte es ihm sagen. Wir führten mehrere Gespräche darüber, er glaubte nicht, daß er ungewöhnlich viel weg sei. Also einigten wir uns auf den Kompromiß, daß das mit dem Kegelverein erst mal nur ein Versuch sein sollte.

Am 8. März 1981 setzten die Geburtswehen ein. Melanie kam zu meiner Mutter. Reinhard fuhr mich gegen 21.00 Uhr ins Hersfelder St. Elisabeth-Krankenhaus. Ich bekam ein Bett, und einige Minuten später untersuchte die Hebamme mich. Die Herztöne des Babys waren unregelmäßig, ich konnte es selbst durch die elektronische Abhörung mitbekommen: einmal hörte ich sie ganz schnell hintereinander schlagen, einmal waren sie ganz langsam.

Der Frauenarzt kam und untersuchte mich. Er erklärte mir, daß ich sofort eine Injektion bekäme, damit die Geburt möglichst schnell eingeleitet werde. Ich war aufgeregt und bekam Angst, denn ich hatte das Gefühl, daß etwas nicht stimmte. Bei Melanie war der Arzt erst kurz vor der Geburt gekommen. Aber weder ich noch Reinhard trauten uns zu fragen. Es war kurz vor Mitternacht, ich hatte schon sehr starke Wehen, als der Arzt mir mitteilte, daß er jetzt Karola etwas drehen müsse, damit die Geburt schneller überstanden sei. Um 23.48

Uhr kam Karola zur Welt – wieder ein Sonntagskind. Drei hatte Reinhard Weimar jetzt um sich. Wir waren beide sehr erleichtert, er hatte die ganze Zeit mitgebangt und war nicht weggegangen. Nach der Geburt erfuhren wir: Die Nabelschnur war einmal um Karolas Hals gewickelt gewesen. Jetzt wußten wir auch, warum der Herzschlag unregelmäßig gewesen war. Aber sie schien ansonsten gesund und genauso lieb wie Melanie. Sie hatte zunächst schwarze Haare, die später ganz blond wurden; Melanie wurde ohne Haare geboren und bekam später rote Locken.

Nach drei Tagen im Krankenhaus weinte Karola plötzlich ununterbrochen. Die Schwestern waren der Meinung, das Baby wird nicht satt, und fütterten Trockennahrung und Tee zu. Aber es änderte sich nichts. Zusätzlich bekam ich ein Blutgerinnsel in der Gebärmutter und mußte noch vierzehn Tage im Krankenhaus bleiben. Während dieser Zeit änderte sich an Karolas jämmerlichem Weinen nichts, es klang nach Schmerzen. Die Ärzte untersuchten sie, konnten aber nichts feststellen. Man schob es weiter auf den Hunger. Endlich wurde ich entlassen und hoffte, zu Hause würde dann alles besser werden mit Karola. Melanie tapste sofort auf ihre kleine Schwester zu, sie war jetzt fast zwei Jahre alt und wollte immer bei ihrem neuen Schwesterchen sein. Sie patschte ihr ins Gesicht und wollte sie küssen und drücken. Die ersten Tage zu Hause waren für mich sehr anstrengend. Sobald Karola anfing zu jammern oder zu schreien, fing Melanie auch an zu weinen. Ich erklärte ihr, daß Karola nur Hunger habe und sie nicht mitweinen müsse. Bis zur fünften Woche hatte ich alle Hände voll zu tun, denn Karola quengelte und weinte fast ununterbrochen. Ich wußte manchmal nicht mehr, was ich tun sollte, denn Melanie wollte auch beschäftigt sein. So legte ich Karola in den Kinderwagen, schaukelte sie darin und spielte derweil mit Melanie irgend etwas auf dem Boden oder dem Tisch.

Anfang April erfuhr ich dann endlich, warum Karola so oft weinen mußte. Eines Tages beim Wickeln, als ich ihr den Po und die Leiste eincremte, fühlte ich in der Leistengegend einen Knoten. Sofort rief ich beim Kinderarzt an, der mir gleich einen Termin gab. Sie wurde untersucht, und er stellte fest, daß sie einen eingeklemmten Leistenbruch hatte. Sofort kam sie auf die Kinderstation im Kreiskrankenhaus Hersfeld und wurde noch am selben Tag operiert.

Nachdem sie aus dem Operationssaal kam, durfte ich bei ihr sein. Es tat mir entsetzlich weh, mein kleines Würmchen so zu sehen. Sie war noch betäubt. Sechs Tage mußte sie im Krankenhaus bleiben, ich ging, sooft ich konnte, zu ihr. Melanie blieb dann bei meinen Eltern. Reinhard kam auch häufig mit. Einen Tag vor Ostern konnten wir unser Kind mit nach Hause nehmen. Von da an war ich noch mehr besorgt um Karola. Ich ließ ihr kaum eine Möglichkeit, loszuweinen. Ich hatte ständig Angst, wenn sie länger oder heftig weint, könnte die Narbe wieder aufbrechen, und das Baby müßte wieder operiert werden. Von da an war ich nur noch auf den Beinen für die Kinder. Ich hatte kaum noch Zeit für anderes. Die Arbeit im Haushalt konnte ich nur dann tun, wenn meine Mutter beide Kinder nahm. Es war für mich nicht in Ordnung, daß ab jetzt immer nur meine Mutter mir half und Reinhard nicht mehr. Er spielte weiter Tennis und kegelte, wenn er nicht auf der Arbeitsstelle war oder wegen der Nachtschicht am Tage schlafen mußte.

Von da an fingen die kleineren Streitereien an. Denn wenn er dann mal zu Hause war und mein Vater trotzdem die beiden Mädchen zu sich in die Wohnung holte, war Reinhard damit plötzlich nicht einverstanden. Meine Eltern waren nur gut genug als Babysitter, wenn er keine Zeit hatte, mit ihnen zu spielen. Außerdem sollte ich mitgehen, wenn eine Feier in seinen Vereinen stattfand. Dann wäre es ihm auch recht gewesen, daß meine Eltern für unsere Kinder sorgten. Aber zu den

Feiern hatte ich keine Lust. Ich hätte es schöner gefunden, wenn wir alle etwas zusammen unternommen oder wir uns mehr zu zweit unterhalten hätten, wozu es kaum noch kam. Wir hatten beide die Kinder gewollt, und ich wußte vorher, daß dies manchen Verzicht bedeuten würde. Ich denke heute, ihm war nicht klar, daß man so viel Verantwortung damit übernimmt, wenn man Eltern wird. Er war noch so damit beschäftigt, das nachzuholen, was ihm im Elternhaus verweigert worden war. Er hatte vor unserer Ehe nie allein gelebt.

Ich bat ihn jetzt, doch eines der Hobbys aufzugeben, damit er auch mal zu Hause sei. Doch er sah es auch jetzt nicht ein. Ich wollte mehr Gemeinsamkeit in unserem Haus mit ihm, er wollte, daß ich seine Hobbys mit ihm teilte und mit zu Vereinsfeiern kam. Später hat er dann das Tennisspielen aufgegeben, aus Kostengründen. Er verdiente 2000 Mark netto für die Familie. Ich bekam 600 Mark für das Haushaltsgeld, 500 Mark hatten wir, bald nachdem die Kinder da waren, für Abzahlungen zu leisten. Im Jahr 1979 kauften wir unsere Wohnung vom Kaliwerk, mit einem Bausparvertrag und einem Kredit des Werkes. Das taten alle Familien in Röhrigshof-Nippe.

Heute denke ich, wenn Reinhard sich, seit wir vier waren, etwas mehr Zeit für uns genommen hätte, wäre wahrscheinlich vieles anders in unserer Ehe verlaufen. Er hat schon in dieser Zeit nicht ernsthaft den Versuch unternommen, uns zu zeigen, daß wir wichtig für ihn waren. Später wurde es immer schlimmer. Ich habe doch nicht viel verlangt! Ich fand es ja selbstverständlich, daß er sich nicht am Haushalt beteiligte, weil ich jetzt Hausfrau war. Auch ein Hobby außer Haus fand ich normal für einen Ehemann. Ich brauchte zum Glück keins. Wenn vorher mein Beruf gleichzeitig mein Hobby war, so waren es jetzt meine Kinder, deren Aufwachsen weiterhin spannend für mich blieb. Die Zärtlichkeit und Nähe, die ich von ihnen empfing, füllten mich vollkommen aus. Aber ich hätte dieses Gefühl gern mit Reinhard geteilt. Meine Enttäuschung war ziemlich groß. Und da ich kein Verständnis für seine Entscheidungen aufbringen konnte, war dies wohl der Anfang meines innerlichen Rückzugs. Ich konzentrierte mich immer mehr auf meine Kinder.

Die Streitereien in der Ehe nahmen zu, denn ich konnte meinen Mund nicht halten, weil ich mir langsam auch ausgenutzt vorkam. Ich wusch und bügelte seine Wäsche, kochte für ihn und stellte ihm – außer morgens, wenn er Frühschicht hatte – alles bereit. Außerdem versorgte ich unsere Kinder und den Haushalt. Und er nahm alles als selbstverständlich, sah fern oder ging weg, wenn er nicht schlafen mußte. Das war nicht das, was ich mir unter einer Ehe vorgestellt hatte.

An meinem 23. Geburtstag bekam ich dazu auch noch Vorhaltungen von meiner Schwiegermutter gemacht. Unsere beiden Familien saßen, was selten vorkam, bei uns zusammen. Ich richtete gerade in der Küche für alle das Abendessen. Da kam meine Schwiegermutter zu mir in die Küche, um mir in Abwesenheit der anderen zu sagen, daß ich ihren Sohn nicht richtig erzogen habe. »Wie bitte?! Was hast du eben zu mir gesagt?« Ich dachte, ich höre nicht richtig. Reinhard hatte sich gerade zum Kegeln verabschiedet. Seine Mutter hatte ihm vorgehalten, daß wir schließlich Geburtstag feiern würden. »Das könnt ihr auch alleine«, hatte er geantwortet. Seine Mutter war darüber verbittert, ich hatte schon angefangen, so etwas als selbstverständlich hinzunehmen.

Sie wollte nun ihre Empörung an mir ablassen. Ich erklärte ihr: »Es wäre deine Aufgabe gewesen, ihn zu erziehen, nicht meine. Er ist nicht mein Sohn!« Der Geburtstagsabend war damit für mich endgültig verdorben. Ich war, obwohl ich es schluckte, schon genug verärgert über Reinhards Verhalten gewesen, wollte aber auf keinen Fall eine Szene in der Familienrunde haben. Ich versuchte, als wir zurück im Wohnzimmer waren, mir nichts anmerken zu lassen. Es tat aber alles in mir weh.

Ich war 23 Jahre alt und hatte zwei kleine Töchter. Ich hatte, weil ich es damals richtig fand, meinen Beruf aufgegeben, um für meine Familie dazusein. Reinhard Weimar war zwar Vater und auch verheiratet, aber er lebte sein eigenes Leben. Er hatte eine Familie, wenn er sie benötigte, und seine Freiheiten, wenn er ohne uns sein wollte. Seine Vorzeigefamilie war stets da, wenn er Bekannte oder Familien aus seinem Kegelverein einlud. Dann konnte er auf einmal fürsorglich sein, kümmerte sich um unsere Kinder. Ein guter Vater war er dann. Was geschah, wenn niemand zu Besuch da war, erfuhr keiner von diesen Bekannten. Die Meinungsverschiedenheiten und Auseinandersetzungen wurden allmählich zur Gewohnheit. Ich konnte uns beide nicht mehr hören und wollte auch einmal wieder mit anderen Menschen sprechen, auch außerhalb meiner Familie.

Als ich wieder zum Augenarzt mußte, nutzte ich die Gelegenheit zu einem Gespräch mit der Oberschwester meiner alten Abteilung in Hünfeld. Sie suchten Pflegepersonal, und sie fragte mich, ob ich nicht wieder arbeiten wolle. Das sah ich als Wink des Schicksals. Aber ich konnte ihr nicht zusagen, denn ich wußte nicht, was ich mit Melanie und Karola während der Arbeitszeit machen sollte. Tagsüber wäre es auf keinen Fall gegangen. Aber sie schlug vor, daß ich sofort im Nachtdienst anfangen könne. Als ich in Röhrigshof-Nippe ankam, erzählte ich meinen Eltern von dem Gespräch. Meine Mutter war sofort einverstanden, die Kinder abends zu versorgen. Mein Vater meinte sogar, wenn er in Rente ginge, könne ich auch tagsüber arbeiten, weil er dann den ganzen Tag zu Hause sei und gern auf die Enkelinnen aufpasse.

Als ich mit Reinhard darüber sprach, daß ich für zwölf Nächte im Monat wieder arbeiten könnte, war der nächste Krach da: »Ich will das aber nicht! Die Frauen meiner Kollegen arbeiten auch nicht. Reicht etwa das Geld nicht, das ich verdiene?« Er begriff nicht, daß es mir um etwas anderes ging.

Ich konnte es ihm nicht erklären, weil er beleidigt war. Bei meinen Überlegungen war auch eine gewisse finanzielle Unabhängigkeit vom Wirtschaftsgeld mit dabeigewesen. Denn wenn ich meinen Familienmitgliedern kleine Geschenke machen oder für meine Töchter einmal etwas außer der Reihe kaufen wollte, mußte ich ihn fragen. Und er fand das meist überflüssig. Geburtstagsgeschenke waren notwendig, aber er zerbrach sich nie den Kopf darüber. »Für Geschenke ist die Frau zuständig. Das ist doch normal.« Womit er seinen Kindern eine Freude machen konnte, dazu fiel ihm nichts ein. Ausflüge waren auch meine Sache. Statt dessen wurde er immer bequemer, lag jetzt häufig beim Fernsehen auf dem Sofa und ließ sich sogar von der zweijährigen Karola manchmal das Bier aus dem Keller hochbringen. »Für deinen Vater wird ja auch das Bier geholt!« antwortete er, wenn ich ihm sagte, daß ich diese Haltung unmöglich fände. Aber erstens war mein Vater schon weit älter, und zweitens hat er höchstens mal Melanie gefragt, nie unsere kleine Tochter. Als Karola dann einmal eine Flasche auf der Kellertreppe zerbrach, bekam sie von Reinhard ein Donnerwetter.

Ich rief, auch wenn mein Mann dagegen war, bei der Schwester Oberin des St. Elisabeth-Krankenhauses an und sagte den Nachtdienst zu. Ich brauchte keine schriftliche Bewerbung zu schreiben, denn sie kannte mich und meine Arbeitsweise noch. Sie hatte mir auch ein sehr gutes Zeugnis geschrieben, als ich die Station verlassen hatte. Anfang 1982 fing ich also auf der chirurgischen Frauenabteilung an. Ich mußte zunächst zwei Wochen im Tagesdienst arbeiten, um mich wieder einzufinden, außerdem gab es inzwischen neue Medikamente und Geräte. Nach diesen 14 Tagen, in denen mich meine Eltern zu Hause unterstützten, arbeitete ich dann zwölf Tage im Monat nachts: entweder drei Nächte in einer Woche oder zweimal sechs Nächte in einem Monat. Wir konnten sogar unsere

Wünsche äußern, in welchen Nächten wir nicht arbeiten wollten. Es machte großen Spaß, wieder in meinem Beruf zu sein; auch wenn ich dadurch insgesamt viel mehr Arbeit hatte, denn den Haushalt zu versorgen, war natürlich weiterhin meine Sache. Ich mußte ja nicht arbeiten, nach Auffassung meines Ehemannes. Und wenn wir es finanziell nötig gehabt hätten, weiß ich auch nicht, ob er mir damals noch, wie während meiner ersten Schwangerschaft, im Haushalt geholfen hätte.

Sobald ich ausgeschlafen hatte nach den Nachtdiensten, kümmerte ich mich um Melanie und Karola, die ich dann aus der Wohnung meiner Eltern abholte, und versorgte den Haushalt. Wenn ich etwa um halb sieben Uhr morgens nach Hause kam, konnte ich dank meiner Eltern damals sofort ins Bett gehen, sie weckten die Mädchen, machten Frühstück und spielten mit ihnen. Später sorgten sie dafür, daß sie rechtzeitig mit dem Bus in den Kindergarten kamen. Mittags stand ich dann auf und hatte Zeit für Melanie und Karola. Zuerst kochte ich meist für den nächsten Tag vor für uns vier. Aber im Laufe der Zeit kochte meine Mutter mittags auch für uns mit, wenn ich Nachtdienst gehabt hatte. An den drei Tagen in der Woche war ich nicht böse darüber, denn ich hatte so mehr Zeit, mit den Kindern etwas zu unternehmen oder auch nur mit ihnen zusammenzusein.

Melanie war von ihrer Größe her anderen Gleichaltrigen voraus. Sie war aber schüchtern, wenn sie Menschen noch nicht kannte, überhaupt ein eher ruhiges, sehr sensibles Kind. Sie brauchte oft Schmusezeiten, war sehr zärtlich und anlehnungsbedürftig. Sie konnte aber, auch noch kurz vor der Einschulung, plötzlich sehr trotzig werden und frech sein, was ich aber auch nicht schlecht fand. In ihrem selbständigen Umgang hatte sie schon so viel Geschick, daß sie mir gern beim Kuchenbacken half, sie deckte schon allein den Mittagstisch oder bediente für uns das Telefon, wobei sie kleine

Gespräche mit Erwachsenen führte, die sie kannte. Manchmal übernahm sie sogar die Mutterrolle bei Karola, obwohl sie nur knapp zwei Jahre älter war. Aber nicht im Ernst; sie spielten nur Mutter und Kind. Karola war kleiner für ihr Alter und sehr feingliedrig. Sie wußte schon sehr früh, wie man Familienangehörige um den Finger wickelt. Beide Mädchen hatten Grübchen in den Wangen, aber besonders dem verschmitzten Lächeln meiner Jüngsten konnte niemand widerstehen. Reinhard konzentrierte sich, wenn er einmal etwas mit den Kindern spielte, auch mehr und mehr auf sie. »Sie ist mir einfach noch näher!« sagte er, wenn ich ihm die Einseitigkeit, die ich beobachtete, manchmal vorhielt. Daß Melanie das Kind von einem anderen Mann, eventuell von meinem Schwager, dem Mann von Ursula, sei, ist ein Gerücht, das irgendwelche Leute später der Kripo gesteckt haben. Reinhard selbst hat so etwas nie vermutet, und ich war schockiert, als ich damit bei den Verhören konfrontiert wurde.

Es gab andere Gründe, warum Reinhard Melanie plötzlich ablehnte. Er sagte zu Freunden, ich hätte das Kind gegen ihn aufgehetzt. Aber das stimmte nicht. Melanie hat viele unserer Auseinandersetzungen mitbekommen, später auch die Schläge, und daraus sehr eigenständig ihre Schlüsse gezogen. Karola war in ihrer Art quirliger, unkomplizierter und werbender, auch gegenüber ihrem Vater. Sie setzte sich bei fremden Kindern besser durch, während Melanie eher zurücksteckte. Wenn andere Kinder aber eine von ihnen ärgerten, hielten meine Töchter zusammen wie ein Zwillingspaar. Jede hatte andere Stärken, und sie ergänzten sich darin. Das sah ich immer mit besonderer Freude, wenn ich sie unbemerkt beobachten konnte. Dabei konnten sie, wie andere Geschwister auch, lautstark miteinander zanken.

Jede vertrat auf ihre Art ihre Ansicht oder den eigenen Standpunkt zu Spielen, Vorschlägen oder eigenen Spielsachen. Doch meist mußte man nicht eingreifen, seit sie etwas größer waren. Sie einigten sich allein und vertrugen sich schnell wieder. Beide wußten immer sehr genau, was sie gern aßen. Sie liebten Süßigkeiten. Aber auch mit dem gesünderen Essen hatten wir bei ihnen nie Schwierigkeiten. Unsere Mädchen hatten einen guten Appetit und durften zwischen den Mahlzeiten selbständig an den Kühlschrank. Keine von ihnen wurde davon dick. Sie ließen sich gemeinsam nichts gefallen, was ihnen gegen den Strich ging, allein wäre Melanie vielleicht oft schmollend zurückgewichen. Gemeinsam wurden natürlich auch Unternehmungen ausprobiert, die in den Augen der Erwachsenen als Dummheiten galten. Zum Beispiel hatte Melanie eines Tages Karola auf ihren Fahrradgepäckträger genommen und dann mit ihr das Gleichgewicht verloren. Beide stürzten und schrammten sich zum Glück nur die Knie auf. Manchmal gab es dann Strafen wie Fernsehverbot oder früheres Schlafengehen, selten einen Klaps. Meist kannten sie die Grenze bei ihren Abenteuern, wo wirklich Gefahr für sie aufkam. Ich war so stolz auf meine beiden Kleinen, die immer größer wurden. Ich freute mich jeden Morgen und jedesmal nach der Arbeit besonders auf sie.

Im März 1983 wurde mein Vater krank. Er kam nach Hünfeld ins Krankenhaus, Diagnose: Magenkrebs. Doch sie operierten ihn nicht, sondern überwiesen ihn in eine Klinik in Würzburg, wo sie ihm den Magen entfernten. Als meine Mutter und ich ihn nach drei Tagen in Würzburg besuchten, bekam er schon keine Infusionen mehr und durfte essen, worauf er Appetit hatte. Mir kam es seltsam vor, ich wußte aus der Krankenpflege, daß das kein gutes Zeichen ist. Aber wir konnten an dem Tag keinen Arzt sprechen. Am nächsten mußten wir abreisen. Einige Tage später wurde er als Patient wieder nach Hünfeld verlegt. Er fühlte sich dort von Tag zu Tag besser und wurde Ende März sogar entlassen. Er sollte nur noch nicht arbeiten. Doch im Mai fingen die Schmerzen wieder an.

Die Ärzte forderten jetzt sämtliche Akten aus Würzburg an, denn es ging meinem Vater zusehends schlechter. Ich fuhr zum Nachtdienst früher ins Krankenhaus, um ihn vorher immer zu besuchen. Einige Tage nach seiner Einweisung traf ich den Stationsarzt auf dem Flur. »Es sieht nicht gut aus mit Ihrem Vater. Sie haben ihm in Würzburg nicht nur den Magen, sondern auch die Milz rausgenommen«, sagte der Arzt. Auch sie war also schon von Krebs befallen. Es gab für meinen Vater keine Hoffnung mehr. Ich war froh, daß der Stationsarzt offen mit mir sprach, weil ich schon in Würzburg eine Vorahnung gehabt hatte, aber jetzt mußte ich doch weinen. Ob mein Vater wisse, wie es um ihn stehe, fragte ich schockiert. »Ja, er wollte wissen, ob er noch einmal operiert werden kann.« Sie hatten ihm gesagt, daß sie ihm nur noch die Schmerzen nehmen könnten.

Nach dieser Nachricht brauchte ich an dem Abend eine Weile, bevor ich ins Krankenzimmer meines Vaters gehen konnte. Er lag im Bett und erzählte mir gleich, was er vom Arzt – genauso wie ich – erfahren hatte. Er sprach dabei von sich wie von einem anderen Menschen. Das tat mir sehr weh, aber ich spürte, daß er diesen Schutzwall brauchte. Nach diesem Gespräch mußte ich bei meiner Stationsarbeit sehr darauf achten, daß mir kein Fehler unterlief. Meine Gedanken waren ständig bei meinem Vater, denn ich fühlte, daß wir ihn nicht mehr lange haben würden.

Im August wurde er auf seinen Wunsch entlassen. Er wollte seine Familie um sich haben, bis er starb. Er war 54 Jahre alt. Ich arbeitete zu dieser Zeit zwölf Nächte im Monat. Im Oktober, als der Zustand meines Vaters sich verschlechterte, sagte ich der Oberschwester, daß ich nur noch acht Nächte im Monat arbeiten könne, da ich meiner Mutter nicht zusätzlich zur Pflege meines Vaters noch zumuten wollte, meine Kinder so oft zu betreuen. Reinhard sprang auch damals nicht ein, wenn es seine Schicht erlaubt hätte. Die Schwester genehmigte mir die Reduzierung auf acht Nächte, damit ich meine Mutter etwas mehr entlasten konnte, die nachts manchmal überhaupt nicht mehr zur Ruhe kam. Mein Vater lag nur noch im Bett und konnte allein gar nichts mehr tun. Vor meinem letzten Nachtdiensteinsatz im Oktober konnte ich mich abends nicht von meinem Vater trennen. Er lag im Sterben, und ich konnte nicht zur Arbeit fahren. Reinhard fuhr zum Kegeln, obwohl ich ihn gebeten hatte, an diesem Abend doch einmal zu Hause zu bleiben. Ich rief im Krankenhaus an und bat die Oberin darum, zwei Stunden später kommen zu dürfen. Sie gab mir sofort frei, denn sie wußte, daß es zu Ende ging. Kurz nach 20.00 Uhr ist mein Vater eingeschlafen. Er hatte uns die letzten Tage nicht mehr richtig wahrgenommen.

Ich konnte erst nicht weinen, denn meine jüngere Schwester mußte erst beruhigt werden, sie hatte einen Schock und hörte nicht auf, laut zu schreien. Erst ganz allmählich ging ihr Schreien in Weinen über. Ich ließ Reinhard beim Kegeln ausrichten, daß mein Vater gestorben sei. Danach kam er gleich nach Hause, aber er konnte mich nicht trösten. Und ich konnte ihm nicht verzeihen, daß er an diesem Abend weggegangen war.

Es tat anfangs immer sehr weh, wenn Melanie und Karola nach ihrem Opa fragten. Melanie war damals vier und Karola zwei Jahre alt. Für sie war es völlig unverständlich, daß er nicht mehr bei uns war. Mir wurde zu diesem Zeitpunkt einiges klarer. Ich war 25 Jahre alt und merkte, daß ich mit Reinhard Weimar so nicht mehr leben wollte. Und ich dachte über meinen Vater nach, der nur für die Arbeit und seine Familie gelebt hatte, er hatte keinen Genuß darüber hinaus und kein Hobby gekannt. Reinhard hatte seine Unternehmungen, er nahm sich abends das Auto mit oder wenn er am Wochenende Kollegen und seine Familie besuchte. Ich konnte oft mit den Kindern dann nicht einmal weg. Ich kam mir plötzlich trotz meiner Arbeit – von der ich immer nach Hause hetzte – so vor, als sei ich von der Welt abgeschnitten. Das änderte sich langsam im Jahr 1984. Ich hatte vorgeschlagen, daß ich ihn manchmal zum Kegeln fahren und anschließend etwas mit den Töchtern unternehmen könnte. Häufiger ließ er sich jetzt auch von Kegelfreunden abholen. So konnte ich mit den Kindern wenigstens allein in den Tierpark oder einfach spazierengehen. Sie liebten diese Unternehmungen, wie ich sie früher mit meinen Eltern genossen hatte.

Ansonsten hatten wir nach dem Tod meines Vaters noch mehr Auseinandersetzungen in unserer Ehe. Ich sah seinen völligen Rückzug von der Familie immer weniger ein. Er begründete ihn mit seinem Empfinden, daß er jetzt noch weniger bei uns zu sagen habe. Ich weiß, wenn ich ehrlich bin, nicht, ob ich seine Nähe überhaupt noch ertragen hätte. Ich wollte wohl nur noch, daß er mehr Pflichten erfüllt und manchmal mit seinen Töchtern spielt oder für sie da ist. Allmählich halfen mir auch meine Kinder und die Krankenpflege nicht mehr über meinen Kummer hinweg. Ich war es leid, ständig alles runterzuschlucken oder in Spannungen zu leben. Ich nahm mir vor, mit Reinhard noch einmal vernünftig zu reden. Ich hatte schon einige Versuche gestartet, aber er blockte immer ab mit dem Hinweis, von seiner Seite her sei alles in Ordnung. Meine Arbeit hatte er inzwischen akzeptiert, weil es ihm an nichts fehlte. Probleme in der Familie sah er nicht, wir konnten über nichts, was unser Zusammenleben betraf, miteinander sprechen. Er lag vor dem laufenden Fernseher und ich fragte ihn, ob es mit uns so weitergehen solle. »Für mich hat sich nichts geändert«, brummte er. Ich hatte das Gefühl, daß ich hauptsächlich seine Fernsehsendung störte. Trotzdem sagte ich: »Ich will nicht mehr in einer solch angespannten Situation leben!« Er überhörte diesen Satz, reagierte einfach nicht. Von da an änderte sich meine Einstellung zu unserer Ehe noch grundsätzlicher. Ich wollte nicht mehr mit ihm die Dinge besprechen, die mich angingen. Er merkte also nicht, wie unsere Ehe langsam starb. Für ihn hatte sich nichts geändert!

Meine erste Ohrfeige von ihm bekam ich in diesem Jahr 1984. Ich kaufte immer von einem bestimmten Bäcker Brötchen und Brot, bei dem es meiner Meinung nach am besten schmeckte. Aber er war mit einem anderen befreundet, und deshalb sollte ich dort kaufen. Einmal beim Abendessen stellte ich ihm das Brot von seinem Bäcker hin und uns das andere. Doch er wollte das Brot seines Freundes nicht. Als ich ihn fragte, warum ich es dann kaufen solle, da meinte er, wir sollten es essen. Er wollte von dem anderen, dem besser schmeckenden Brot. Als ich mich weigerte, es ihm zu reichen, hat er mir vor den Kindern eine schallende Ohrfeige gegeben. Ich war so entsetzt, daß ich sprachlos den Tisch verließ. Mit körperlicher Gewalt hatte ich bei ihm nie gerechnet. Ich war so in meinen Gefühlen verletzt, daß ich von da an nichts mehr für ihn empfand. Bei allen Auseinandersetzungen in der Zeit davor hatte ich immer noch versucht, wenn es irgend möglich war, hinunterzuschlucken, was mir gegen den Strich ging, um ein Familienleben und eine Ehe, so wie ich es mir erträumt hatte, wenigstens äußerlich zu führen. Durch die Ohrfeige, über die meine Kinder mehr weinten als ich, war ich so erniedrigt und gedemütigt, daß ich nur noch Ekel und Abneigung für ihn empfand. Er hat sich niemals dafür entschuldigt.

Seit diesem Tag konnte ich mich von ihm nicht mehr anfassen lassen. Geschlafen hatten wir sowieso nur noch selten miteinander.

Wenn er einmal mit Melanie und Karola allein unterwegs war, war ich zunehmend besorgt. Es gab Vorfälle, die er mir verschwiegen hätte, hätte ich nicht nachgefragt. Einmal nahm er unsere Töchter zum Getränkeholen im Auto mit. Als sie nach Hause kamen, erzählte Melanie sofort, daß Karola vor einem Auto mitten auf der Straße gestanden und große Angst gehabt habe. Ich fragte Reinhard, was denn passiert sein. »Ach, es ist alles gutgegangen.« So bleich, wie er aussah, gab ich mich damit nicht zufrieden. Ich sah ihm an, daß es auch für ihn ein ziemlicher Schock gewesen sein mußte. Endlich berichtete er mir, als sie aus dem Auto ausgestiegen seien, wäre Karola fast von einem Auto überfahren worden, weil sie so schnell auf die Straße gewitscht sei. Ich sagte ihm in meinem Schreck und Zorn, daß er Melanie und Karola nirgends mehr allein mit hinnehmen dürfe, weil er nicht genug auf sie aufpasse. Ich hatte schon einen anderen Vorfall mit Schrecken in Erinnerung: Nach einem Nachtdienst schlief ich noch. Reinhard hatte die Kinder aus der Wohnung meiner Eltern zu uns geholt. Er saß vor dem Fernsehgerät, die Mädchen spielten in ihrem Zimmer. Beide wollten basteln, brauchten dazu Scheren zum Ausschneiden. Er gab beiden eine. Damals war Karola zwei und Melanie vier Jahre alt. Um die Mittagszeit weckte meine Mutter mich und fragte, wo ich den Impfausweis für Karola habe. Ich war noch ganz verschlafen und beschrieb ihr den Platz völlig automatisch. Plötzlich fuhr ich hoch und begriff: »Wofür brauchst du den um Gottes Willen?« »Ich muß mit ihr zum Arzt, sie hat sich geschnitten.« Karola hatte sich mit der Schere tief in die Innenseite ihres linken Unterärmchens geschnitten, es blutete stark. Die Wunde mußte genäht werden. Schon dieses Mal habe ich Reinhard zurechtgewiesen, ich glaube auch angeschrien, er solle die beiden bei meinen Eltern lassen, wenn er sich nicht um sie kümmere. Wenn er ihnen solch gefährliche Dinge gebe, müsse er wenigstens dabeibleiben und könne sich nicht vor den Fernseher legen! »Die sind doch schon groß genug«, antwortete er, während er die Zimmertür schloß, um in Ruhe fernzusehen. Wenn ich nach dem Nachtdienst länger schlief, blieben meine Kinder nach diesen Erlebnissen bei meinen Eltern, bis ich aufgestanden war. Ich fing damals an, von »meinen« Kindern zu reden, nicht länger von unseren, was früher gestimmt hatte.

Wir lebten zwar noch mit Reinhard in einer Wohnung, aber für mich gab es langsam keine Gemeinsamkeiten außer dem Essen und dem gemeinsamen Schlafzimmer mehr. Auch da lagen wir nur nebeneinander. Meine Familie wußte Bescheid. Die Besuche bei seiner Familie wurden immer seltener, fast nur noch an Feiertagen fanden sie statt. Denn nun wurde ich auch vor meinen Kindern von meiner Schwiegermutter als böse hingestellt. Ich verbot meinen Töchtern vor den Mahlzeiten Süßigkeiten. »Wenn ihr gegessen habt, dürft ihr auch was von dem Naschkram essen. Vorher nicht!« sagte ich. Wenn wir in Ransbach zu Besuch waren, sagte Reinhards Mutter bei einer solchen Gelegenheit: »Eure Mutti ist aber böse!« Wie sie ihre eigenen Kinder erzogen hat, weiß ich nicht genau. Aber bei Karola und Melanie versuchte sie durch Süßigkeiten oder Geld eine Umarmung zu ergattern. Bei beiden war meine Schwiegermutter nicht sehr beliebt. Obwohl meine Töchter immer gern gedrückt und umarmt wurden und sich das in der Ausbacherstraße auch holten, von meinen Eltern, Geschwistern, von mir, manchmal auch von meinem Mann – in Ransbach ließen sie sich Umarmungen nur von ihrem Großvater gefallen. Zur Großmutter hielten sie Abstand.

An Melanies fünftem Geburtstag saßen meine Mutter, Großmutter, meine Geschwister und die Schwiegereltern mit mir hinter unserem Haus. Reinhard war zur Arbeit weg. Seine Mutter schaute sich den Garten an, der direkt ans Schaukelgerüst grenzte. Melanie war im Garten und schaukelte. Was zwischen den beiden damals genau geschehen ist, weiß ich nicht mehr. Melanie kam jedenfalls plötzlich zu uns und beklagte sich, daß ihre Großmutter sie gehauen habe, weil sie sich von ihr nicht in den Arm nehmen lassen wollte. Ich denke, meine Kinder fühlten, daß sie alles durch Druck forderte, was man ihr nicht freiwillig gab. Und so bekam sie langsam von uns freiwillig nichts mehr. Ich habe es spätestens seit dem Ereignis vermieden, sie mit meinen Kindern allein zu lassen. Als sie mir anbot, auch sie könne auf Melanie und Karola aufpassen, wenn ich arbeitete, war dieser Gedanke nicht nur, weil sie mich nicht mochte, viel zu beunruhigend für mich. Ich lehnte ab.

# 4   Ausbruchsversuche

Seit 1984 bin ich, damit der Schein unserer Ehe wenigstens nach außen gewahrt blieb, ab und an mit zu Wettkämpfen und Feiern des Kegelvereins gegangen. Wenn ich nicht mitgehen wollte, versuchte mich Reinhard neuerdings unter Druck zu setzen, indem er drohte, dann auch nicht zu gehen. »Na und?! Was ist dann?« fragte ich. »Dann sage ich meinen Kegelfreunden, daß du mich nicht hinläßt!« So war es doch gar nicht! Nur hatte ich nicht immer Lust, eine scheinbar heile Ehe bei seinen Kumpels vorzuführen. Um des lieben Friedens willen bin ich aber dann mitgegangen, denn ich wollte auf keinen Fall die Furie sein, als die mich Reinhard darstellte. »Du machst ja sowieso immer das, was du willst!« warf er mir vor. Daß er alle Entscheidungen, die er für die Familie allein treffen konnte, auch ohne Absprache traf, sah er nicht. Wir hatten längst wortlos unsere Bereiche abgesteckt und ließen uns nicht mehr in die Karten gucken. Nur ab und zu platzte einem von uns der Kragen. Dann kamen sein Ohnmachtsgefühl und meine ganze Enttäuschung zum Tragen. An einem der Kegelabende, bei dem ich wieder allein im Hintergrund saß, lernte ich einen Mann kennen. Er gestand mir, daß er in seiner Ehe nicht mehr glücklich sei. Wir unterhielten uns. Er hatte Reinhard und mich beobachtet und die Situation richtig eingeschätzt. Wir sprachen dann häufiger miteinander an den Kegelabenden. Nach einigen Monaten telefonierten wir und verabredeten uns in der Nähe von Bebra. Er erzählte mir von seiner Familie mit Sohn, und daß er vorhabe, sich von seiner Frau zu trennen. Aber den Sohn wolle er nicht verlieren. Ich offenbarte ihm, daß auch in mir die Absicht wüchse, mich von Reinhard scheiden zu lassen und ein neues Leben mit meinen Töchtern zu beginnen. Seit diesem Gespräch telefonierten und trafen wir uns regelmäßig, wir mochten uns immer lieber, wurden vertraut und trafen uns sogar in der Ausbacher Straße, wenn Reinhard Nachtschicht hatte oder beim Kegeln ohne mich war.

Wir schliefen auch miteinander, und ich war ziemlich glücklich mit ihm. Es war ganz anders als mit Reinhard, der Mann dachte nicht nur an sich selbst. Ende 1985 sprachen wir schon über Zukunftspläne, ohne daß ich meinem Mann etwas davon sagte. Wir wollten uns beide scheiden lassen und ein neues Leben in einer anderen Stadt beginnen. Was uns am Ende daran hinderte, war meine Entscheidung. Er konnte seinen Sohn nicht mitnehmen, weil seine Frau das Sorgerecht behalten würde. Und deshalb meinte er ehrlich, sich nicht auf Melanie und Karola einstellen zu können. Auch wenn er es mit der Zeit als Zugeständnis einräumte – für mich war klar, er hätte sich gegenüber meinen Töchtern immer nur wie ein zweitklassiger Vater gefühlt. Er hätte seinen eigenen Sohn vermißt und sie vielleicht nur in Kauf genommen, um mit mir eine neue Liebe zu leben. Das wollte ich nicht. Ich sagte es ihm. Es gab für mich keinen Kompromiß, und so beendeten wir traurig unsere Beziehung.

Wie auch immer – ich weiß nicht mehr wie –, hatte seine Frau von unserem Verhältnis erfahren und wollte mit mir sprechen. Zu der Zeit hatten wir uns schon getrennt. Ich traf sie in Bad Hersfeld. Unsere Aussprache fand in unserem Familienauto auf einem Parkplatz statt. Ich sagte ihr, daß es keine Beziehung mehr gäbe, daß ich ihren Mann aber geliebt hätte. Sie verlangte von mir, daß ich ihn nie wiedersähe und auf Veranstaltungen des Kegelvereins nicht mehr erscheinen würde. Ich versprach es ihr. Ich wollte selbst kein Treffen mehr mit ihrem Mann, weil es keine Zukunft für uns gab. Es ging mir nicht um ein Nebenverhältnis. Der Polizei sagte ich später bei meinen Vernehmungen, daß es eine platonische Liebe gewesen sei. Ich wollte den Mann und seine Frau, die in unserer Nähe auf dem Land lebten, nicht durch die Presse bloßgestellt haben.

Nach dem Treffen mit der Ehefrau im Auto fuhr ich gegen Mitternacht nach Hause. Dort war ich allein. Mir ging es elend, ich saß in unserer Wohnung und heulte. Reinhard hatte Nachtdienst. Er hatte von der Beziehung nichts erfahren und bekam auch die Trennung und diese Begegnung mit ihren Konsequenzen nicht mit. In der Folgezeit kam nur immer häufiger Streit auf, weil ich nicht mehr zu den Kegelveranstaltungen mitgehen wollte. Ich nahm den Streit in Kauf, denn was sollte ich Reinhard erzählen? Nachdem die Hoffnung auf eine Änderung meiner Ehesituation zerschlagen worden war, war ich sehr traurig und enttäuscht. Ich versuchte, es vor Reinhard und meinen Kindern zu verbergen.

Gleichzeitig lenkte mich die Anwesenheit meiner beiden Töchter ab. Sie waren es, die mir über meine zerbrochene Ehe hinweghalfen. Und die Arbeit: Ich stürzte mich noch mehr in sie hinein, wenn ich Nachtdienst hatte. All die Gefühle, die ich nicht mehr mit einem Mann ausleben konnte, gab ich in gewisser Weise an die Patientinnen weiter. Auch wenn ich einen besonders anstrengenden Einsatz mit Frischoperierten hatte, machte es mir nichts aus, zu den Frauen zu gehen, die klingelten, weil sie einfach nur nicht schlafen konnten. Es ging ihnen gesundheitlich nicht mehr sehr schlecht, sie brauchten auch kein Schlafmittel, sie wollten einfach nur kurz mit mir reden. Viele hatten Sorgen zu Hause. Wenn sie sie losgeworden waren, konnten sie sich entspannter zurücklegen. Ich hörte ihnen zu und beruhigte sie, oft gab es allerdings keine Lösung. Ich gab ihnen einfach nur recht in ihren Gefühlen. Ich selbst aber sprach über meine Situation nicht. Sie fragten auch nicht. Das gehört im Krankenhaus nicht dazu. Wir waren für die Kranken da, es ist kein beidseitiges Verhältnis. Allerdings reichte mir schon die Bestätigung, daß sie sich freuen, wenn ich wieder auf der Station Dienst hatte. Sie sagten es mir deutlich. Sie erklärten, daß man merke, daß ich meine Arbeit nicht als bloßen Job zum Geldverdienen ansehen würde. In solchen

Momenten war ich eine ganz andere als in Röhrigshof. Ich sehnte mich danach. Denn dann konnte ich für einige Stunden meine Ehe völlig vergessen.

Ab und an nahm ich auch an Weiterbildungskursen am Nachmittag teil, um den Anschluß nicht zu verpassen, aber auch, um unter Kolleginnen zu sein. Die Schwestern vom Nachtdienst waren für mich fast alle neu, bei den Kursen traf ich alte und neue Kollegen. Wenn ich um 20.00 Uhr den Nachtdienst begann, ging ich vorher zum Kurs. Wenn ich keinen Dienst hatte, ging ich manchmal noch mit den anderen zum Essen aus. Das war aber nicht häufig der Fall, denn die Szenen, die mir mein Mann hinterher machte, waren das Vergnügen nicht wert, einmal entspannt unter anderen Menschen zu sein. Er hielt mir vor, daß ich ständig unterwegs sei, was absolut nicht der Wahrheit entsprach. Es war nur häufiger als in der Zeit, als ich nur zu Hause war. Oder er warf mir vor, daß ich zuviel Geld für mich selbst ausgäbe. Es war aber von mir verdientes Geld, das ich an solch einem Abend einmal für ein Essen ausgab. Er hatte etwa 400 Mark im Monat, die er nur für sich ausgab. Ich ertrug diese Anklagen nicht und verzichtete auf die Ausgänge, nahm aber an den Kursen immer noch teil. Meine Kontakte, die ich unabhängig von Reinhard, meiner Familie und einigen Kollegenpaaren aus dem Kaliwerk hatte, waren also um die Schwestern in Hünfeld erweitert worden. Sonst hatte ich keine Gesprächspartner, den Frauen aus Philippsthal war ich so fremd wie sie mir. Man grüßte sich, und das war alles. Die Einkäufe erledigte ich mit dem Auto in Philippsthal, es machte mir in den größeren Supermärkten mehr Spaß. Kleidung kaufte ich in Bad Hersfeld, dort ging ich auch zum Friseur. Manches bestellten wir aus Katalogen. Nachbarschaftsgespräche fanden nur beim Röhrigshofer Bäcker oder am Einkaufswagen statt, der ab und an kam. Es gab gar keine Gelegenheit, neue Menschen kennenzulernen; ich war mit meinen Kindern und der Arbeit völlig ausgefüllt. Deshalb war ich im Dorf wohl in gewisser Weise isoliert, mehr als in meiner Kindheit, aber es war mir egal.

Ab und an trafen Reinhard und ich uns mit meiner Schwester Ulla und ihrem Mann in deren Wohnung, wenn sie Kollegen von ihm eingeladen hatte. Doch für mich gab es damals nicht viele Gemeinsamkeiten, weil sie mir alle zu alt vorkamen, sie waren schon um die Dreißig, ich Mitte Zwanzig. Nur durch den Sohn meiner Schwester, Heiko, der gern mit unseren Töchtern zusammen war, hatten wir ganz selbstverständlich Verbindung. Die drei spielten entweder bei uns, bei meiner Schwester oder meiner Mutter in den Wohnungen, wenn sie nicht draußen waren. Heiko ist außerdem mein Patenkind.

Enger war nach wie vor mein Verhältnis zu meiner sieben Jahre jüngeren Schwester Brigitte, die 1985 genauso jung wie ich geheiratet hatte, einen amerikanischen Soldaten, der in Hersfeld stationiert war. In ihrer Ehe verlief auch nicht alles unkompliziert. Sie hatte oft Streit mit ihrem Mann, weil er – damals noch grundlos – sehr eifersüchtig war. Die Auseinandersetzungen konnte man hören, unsere wahrscheinlich auch, wir lebten ja in einem Haus. Wir sprachen über die Schwierigkeiten unserer Ehen. Das verband uns noch mehr, als wir schon durch ihre frühe Lebensbedrohung im Krankenhaus verbunden waren. Auch sie war nicht glücklich, sie fühlte sich viel zu jung, um in einem Käfig, wie sie ihre Ehe empfand, eingesperrt zu sein. Sie hatte Hotelkauffrau gelernt, durch ihren Beruf war sie kontakfreudig. Viel mehr als ich. Sie ging gern mal mit Freundinnen weg, weil ihr Mann oft Dienst in der Kaserne hatte. Er vermutete dann das Schlimmste und quälte sie mit Eifersucht. Sie war aber rebellischer als ich und ließ sich das mit ihren knapp zwanzig Jahren einfach nicht bieten. Sie ging trotzdem aus. Brigitte hatte keine Kinder und dachte damals, obwohl erst kurz verheiratet, schon über eine Scheidung nach.

Meine Kinder waren inzwischen beide im Kindergarten und begeistert, noch andere Kinder kennenzulernen als in der Nachbarschaft. Melanie war erst mit vier Jahren hingekommen. Karola wollte dann schon mit drei Jahren ihrer Schwester folgen. Ich hatte beschlossen, daß Melanie erst siebenjährig eingeschult werden sollte, damit sie möglichst lange noch ein unbeschwertes Kinderleben führen konnte. Der Ernst, der durch die Schule gefordert wird, wäre noch früh genug auf sie zugekommen. Die Mädchen gingen beide sehr gern bis mittags in den Kindergarten, weil sie dort bei Erwachsenen und Kindern beliebt waren und das Basteln, Spielen und Spazierengehen ihnen großen Spaß bereitete. Mittags erzählten sie uns davon, ohne daß man viel fragen mußte, und zeigten stolz ihre Basteleien. Ihre Bilder wollten sie immer mit uns gemeinsam im Kinderzimmer aufhängen. Ich habe sie, genau wie die Fotos aus den Spielgruppen, bis heute aufgehoben. Reinhard Weimar fing etwa ab Mai 1985 an, noch mehr Bier zu trinken, als er es immer schon getan hatte. Meist zusammen mit Kollegen gleich nach der Arbeit, teilweise wohl auf der Bank am Werkausgang, und dann ging es zu Hause allein bei uns weiter. Schlafen, Essen, Fernsehen und Biertrinken – das war das Bild, das auch die Kinder von ihm hatten. Es widerte mich an. Durch den Streit, die Szenen, die er mir anklagend machte, und die Schläge, die er mir immer häufiger verabreichte, setzte bei mir Abscheu und eine richtige Abwehr gegen ihn ein.

Unsere Ehe bestand nur noch auf dem Papier, wir hatten uns nichts mehr zu sagen. Ich hatte schon längst aufgehört, mit ihm zu schlafen. Wenn er mich, oft mit einer Bierfahne, abends im Bett berühren wollte, wehrte ich ihn ab. Er versuchte es noch längere Zeit, aber ich konnte es nicht ertragen, seine Nähe ekelte mich immer mehr an. Aber wir schliefen trotzdem nebeneinander in den Ehebetten, was ich heute unvorstellbar finde. Ein separates Bett für einen Erwachsenen gab es nicht. Und ich traute mich auch nicht, dies überhaupt zu denken, denn dann hätte ich mich konsequenterweise gleich scheiden lassen müssen. Dazu hatte ich aber noch nicht den Mut. Ich wollte den Kindern keine Trennung ihrer Eltern zumuten, obwohl ich ihnen zumutete, daß sie mitbekamen, daß ihr Vater mich schlug. Melanie klammerte sich dann immer an mich und versuchte, mich gleichzeitig vor ihm zu schützen.

Die schlimmste Erinnerung aber ist – wenn ich es mir heute vor Augen führe, wird mir ganz schlecht –, daß ich ihn in dieser Zeit noch im Bett mit der Hand befriedigte, nur um anschließend meine Ruhe zu haben. Denn ich war mir sicher, daß er mich dann nicht mehr anfassen würde. Irgendwann aber, im Sommer oder Herbst 85, ein Jahr vor dem Tod meiner Kinder, verweigerte ich mich ihm konsequent. Ich sagte ihm, daß ich keine körperliche Nähe mehr zu ihm wolle und daß ich auch ohne Sexualität klarkäme. Darauf regierte er mit Beschimpfungen und schlug mich nachts. Ich hatte blaue Flecke, die ich niemandem zeigen mochte, aber schlimmere Wunden fügte er mir nicht zu, denn ich war meist schneller als er und konnte ausweichen. Irgendwann hatte ich den Eindruck, er resignierte, was unsere Sexualität betraf. Wir lagen zwar im gemeinsamen Doppelbett, aber mit einem deutlichen Abstand zwischen uns, gingen auch meist zu unterschiedlichen Zeiten schlafen. Jetzt begriff auch er, daß unsere Ehe gescheitert war. Aber er machte keine Anstalten, darüber zu reden. Ihm war es wichtig, versorgt zu sein. Er hätte nicht gewußt, wie er sonst leben sollte.

Das hat er später auch bei den Befragungen zu seiner Ehe durch die Kriminalpolizei gesagt. Ob auch er wegen der Kinder diese Ehe weiter ertrug, kann ich nicht sagen. Er unternahm nichts mehr mit ihnen und versorgte sie nicht – so sah ich es. Aber wir waren natürlich da, wenn er nach Hause kam. Und das äußere Bild einer heilen Familie bei Kollegen und

Sportsfreunden war ihm immer noch sehr wichtig. Er wollte nicht als Versager dastehen. Bei mir wäre es, wenn ich mich zur Scheidung entschlossen hätte, zwar ein anderes Versagen gewesen. Aber irgendwie waren wir uns in dieser Angst wohl ähnlich. Warum haben wir uns damals bloß nicht getrennt?

Eines Nachmittags erinnerte ich ihn daran, daß er seit Tagen versprochen hatte, das eine Nachtschränkchen der Mädchen zu reparieren. »Ja, ist ja schon gut«, bekam ich als Antwort. Ich ging ihm nach ins Kinderzimmer. Er hatte es schon einmal vorher versucht, aber die Schraube hatte sich wieder gelockert. Als er jetzt versuchte, dies zu korrigieren, sagte ich zu ihm: »Nimm doch eine größere Schraube!« Daraufhin nahm er den Hammer und haute auf die alte Schraube drauf, die sich gelockert hatte. Im ersten Fach lagen aber die Kindercassetten. Ich nahm sie schnell weg mit der Bemerkung: »Jetzt drückst du so fest drauf. Die gehen doch kaputt! Sie haben sie gerade erst neu bekommen!« Daraufhin war er rot vor Zorn im Gesicht und holte mit dem Hammer weit nach mir aus. Es war nicht nur eine kleine Drohgebärde, sondern richtig furchteinflößend. »Dann schlag doch zu!« fiel mir nur ein. Ich weiß auch nicht, warum ich ihn auch noch anfeuerte. Darauf hat er sich gefangen und weitergearbeitet. Ich habe sofort das Zimmer verlassen. »Du weißt immer alles besser!« rief er mir hinterher.

An die Aggressionen mir gegenüber hatte ich mich schon gewöhnt, was ich überhaupt nicht aushalten konnte, war, wenn er seine Wut an den Kindern ausließ. Zum Beispiel trat er Melanie eines Tages von hinten, weil sie vorm Fernseher stand, als er Fußball sehen wollte. Ein andermal, als er in der Badewanne saß, brüllte er sie an, die Tür zu schließen. Als sie nicht sofort gehorchte, sprang er aus der Wanne und schlug ihr so stark ins Gesicht, daß sie blutete und ein Zahn wackelte. Ich habe das erst durch meine Töchter im nachhinein erfahren. In meiner Gegenwart traute er sich das nicht. Natürlich hatten wir nur wieder einen neuen aussichtslosen Streit, wenn ich ihn dann zur Rede stellte.

Im Frühsommer kam er eines Tages aufgeregt vom Holzhacken im Garten herein. Sein Arm war rot und geschwollen und tat ihm weh. Ihn habe, so meinte er, irgendein Insekt gestochen. »Ich weiß nicht, was es war«, sagte er nur. Weil der Arm immer dicker wurde, brachte ich ihn mit dem Auto zum Arzt. Er hatte schon einen roten Streifen am Oberarm. Der Arzt überwies ihn sofort ins Krankenhaus nach Hünfeld. Auf der Inneren Abteilung untersuchten sie ihn umgehend. Es sah nach Blutvergiftung aus, und er mußte eine Woche lang stationär behandelt werden.

Als sie sein Blut untersuchten, stellten die Ärzte fest, daß die Leberwerte zu hoch waren. Seine Leber war derart vergrößert, daß die Internisten sie beim Abtasten schon spüren konnten. Er wurde gefragt, ob er trinke. Reinhard verneinte. Als der Stationsarzt mich hinterher dazu befragte, sagte ich ihm, daß Reinhard etwa vier Liter Bier am Tag zu sich nehme. Der Arzt sprach ihn danach nochmals darauf an, er muß es wieder verschleiert haben. Schon als wir im Auto nach Hause fuhren, gab es darüber einen heftigen Streit zwischen uns, denn ich war der Meinung, daß das Trinken gefährlich sei. Er war ansonsten ohne Diagnose entlassen worden, fühlte sich noch etwas schlapp und schwitzte. Aber nach einigen Tagen war alles vergessen, weil es ihm wieder besser ging, vom Stich war auch nichts mehr zu sehen.

Kurz danach sollte bei uns im Schlafzimmer ein neuer Teppich verlegt werden. Dazu mußten wir die Möbel abbauen. Reinhard fing, ohne mich um Hilfe zu bitten, völlig unvorbereitet und allein damit an, den Schrank auseinanderzunehmen. Als er die Seitenteile auseinanderschraubte, fiel ihm das Oberteil auf den Kopf. Wegen einer großen Platzwunde mußte er sofort wieder ins Krankenhaus. Sie behielten ihn gleich da, weil er außer der Wunde auch eine Gehirnerschütterung hatte. Er blieb einige Tage zur Beobachtung im Hünfelder Krankenhaus. Ich hatte zu der Zeit kein echtes Mitgefühl mehr, ich bekam jedesmal einen großen Schreck und tat auch meine Pflicht, aber mein Gefühl für ihn war tot, ich versorgte ihn nur noch und fand es grausam, wie er mit sich selbst umging.

Noch erschrockener war ich, weil er ab dieser Zeit mehrere merkwürdige Zusammenbrüche oder Ausfälle hatte, die ich mir nicht erklären konnte. Im August dieses Jahres 85 ging er eines Abends wie immer nach einigen Bieren zu Bett und wachte morgens einfach nicht mehr auf. Ich versuchte, ihn zu wecken, weil er zur Arbeit mußte, aber er reagierte überhaupt nicht. Das hatte es noch niemals gegeben. Ich rief sofort unseren Hausarzt an, der auch die Einweisung nach dem Insektenstich veranlaßt hatte. Er kam sofort mit einem Notarzt. Der brachte den bewußtlosen Reinhard in die Städtischen Kliniken in Fulda. Er wurde von Kopf bis Fuß untersucht, spät abends wohl kam er wieder zu Bewußtsein. Ich hatte ihn nachmittags besucht und war fassungslos wieder zu meinen Kindern gefahren, denn er war nicht ansprechbar gewesen. Eine Diagnose, was mit ihm los gewesen war, hat es nie gegeben. Nur Vermutungen: Es könnte das Parkinson-Syndrom sein. Denn seine Gangart hatte sich verlangsamt, er bewegte sich, nachdem er wieder zu sich gekommen war, merkwürdig mechanisch, ein bißchen wie ein Roboter. Als er entlassen wurde, hielt das zunächst auch noch zu Hause an. Man hatte ihm Schilddrüsentabletten verordnet, denn eine Dysfunktion war festgestellt worden. Etwa drei bis vier unterschiedliche Medikamente sollte er seitdem einnehmen. Seinen Alkoholkonsum verringerte er aber trotzdem nicht. Vom Juli bis zum Herbst 1985 war er wegen eines ähnlichen Zustandes noch mehrere Male in der Fuldaer Klinik.

Es gab noch einige Zwischenfälle, an die ich mich im einzelnen nicht mehr erinnere. Aber eines Morgens im Herbst ging er um fünf Uhr zur Frühschicht. Kurz danach klopfte meine ältere Schwester an unserer Wohnungstür. Als ich öffnete, sagte sie mir, Reinhard habe bei ihr geklingelt. Wir brachten ihn in unsere Wohnung, er wußte nicht, wo er war, und war völlig durcheinander. Wir mußten ihn regelrecht in die Wohnung bugsieren, so unfähig war er, selbst zu gehen. Ich rief den Hausarzt, der ihn sofort wieder nach Fulda bringen ließ. Diesmal aber fanden die Ärzte etwas anderes heraus: In seinem Blut befanden sich Rückstände von hohen Dosen an Beruhigungs- und Schlafmitteln. Ich konnte es nicht fassen und glaubte nicht an den Befund der Klinik.

Nach seiner Entlassung hatten wir zusammen für den Nachmittag einen Termin bei unserem Hausarzt. Er nahm auch noch einmal eine Urinprobe von Reinhard und schickte sie ins Labor. Dieser Befund bestätigte den vom Krankenhaus. Ich sprach Reinhard zu Hause auf die Tabletteneinnahme an, weil ich so schockiert war. Er fühlte sich sofort angegriffen und stritt ab, Tabletten genommen zu haben. Ich sagte ihm, wenn er depressiv sei oder sogar nicht mehr leben wolle, müßten wir miteinander sprechen und Hilfe holen. Er wehrte ab. In dieser Zeit schlug uns die Vertreterin unseres Hausarztes, die uns beide erlebte, vor, doch eine Paartherapie zu machen. Dazu sei es aber wichtig, für eine Weile auseinanderzuziehen. Sie fragte, ob mein Mann nicht solange bei seinen Eltern wohnen könne. Wir hatten beide noch nie etwas von einer solchen Paartherapie gehört. Aber ich fand den Gedanken gut. Reinhard dagegen war empört: niemals würde er ausziehen, und was das denn solle, zu seinen Eltern zurückzuziehen! Es blieb also alles beim alten.

Aber langsam wurde ich wütend, weil ich das Gefühl hatte, er fügt sich Schaden zu, damit ich sehe, wie schlecht es ihm geht. Ich fühlte mich erpreßt. Also bestand ich darauf, daß er endlich zugeben solle, Tabletten zu nehmen. Jetzt wurde er wütend: Wenn ich ihn in dieser Weise beschuldigen würde, dann könne er auch sagen, was er denke. »Was denn?« »Daß du dahintersteckst!« »Wie bitte –, was meinst du damit?« »Daß du mich vergiften willst!« »Was? Warum soll ich dich denn vergiften?« »Weiß nicht. Weil ich dir lästig bin.« Ich fragte ihn: »Reinhard, das phantasierst du doch! Wie soll ich das denn gemacht haben?« Seine Vorwürfe waren so absurd, und doch rechtfertigte ich mich. So weit waren wir schon. Ich hielt ihm vor: Morgens, wenn er zur Arbeit ging, stand ich nicht mit ihm auf. Er brühte sich seinen Tee selbst auf. Seine Brote schmierte er sich auch seit Karolas Geburt allein. Die Getränke standen für alle griffbereit im Wohnzimmer: Ich hätte meine ganze Familie vergiften müssen, wenn ich dahinein Schlafmittel hätte mischen wollen! Auch das Mittagessen nahmen wir alle aus denselben Schüsseln und Töpfen ein. Aber es beruhigte ihn nicht. Diese abgründige Idee, daß ich ihn vergiften wolle, steigerte sich zur Wahnvorstellung und ist auch so in die Polizei- und Gerichtsakten eingegangen. Aber nicht als Wahnvorstellung, sondern als Verdacht. Selbst wenn ich Nachtdienst hatte und meine Mutter für uns kochte, stellte er fest, daß sein Essen merkwürdig schmecke. Er ließ mit der Zeit sogar seine Töchter vorkosten oder fragte sie, ob sie aus dieser oder jener Flasche auch schon getrunken hätten, ehe er sich etwas einschenkte. Im nachhinein frage ich mich, warum ich bei diesen Vorwürfen nicht energischer darauf bestanden habe, daß er regelmäßig einen Arzt aufsuchte, der sein Blut analysiert hätte. Ich forderte es zwar, weil ich wissen wollte, was los war, aber er verweigerte es hartnäckig. Und dabei blieb es.

Ich hatte immer mehr das Gefühl, er wollte mich mit seinen Zuständen, seinem Schlecht-Fühlen und Immer-apathischer-Werden ganz ans Haus binden und zu seiner Krankenschwester machen, nach dem Motto: Jetzt siehst du, was du davon hast, wenn du dich mir entziehst! In mir setzte sich der Gedanke fest, daß er zwar krank ist, daß dies aber auch eine perverse

Art von Rache ist, die ich nicht ausbaden wollte. Ich wurde zunehmend rebellisch.

Ab April 1986 traute ich mich, abends mit meiner Schwester Brigitte manchmal auszugehen, um meinem häuslichen Elend zu entfliehen. Denn Reinhard wurde immer weinerlicher, zusätzlich zu seinen Wutausbrüchen. Ich hielt es nicht mehr aus. Meist schloß ich mich meiner lebenslustigen Schwester am Wochenende an, dann manchmal auch in der Woche. Sie strebte inzwischen die Scheidung an, obwohl sie noch mit ihrem Mann in unserem gemeinsamen Haus zusammenwohnte.

Jedesmal, wenn Reinhard mitbekam, daß ich Karola und Melanie zu meiner Mutter brachte und mich abends umzog, versuchte er mich festzuhalten oder versperrte mir die Wohnungstür. Es kam regelmäßig zu Rangeleien, die manchmal mit Schlägen endeten. Einmal klemmte er mir die Hand in der Tür ein. Dies alles trieb mich nur noch mehr fort. Zum Glück bekamen das meine Töchter nicht mit, weil sie dann schon bei meiner Mutter waren. Die Schläge waren inzwischen trotz seines Schwächezustandes so brutal, daß ich Blutergüsse und dicke blaue Flecken an den Armen, dem Rücken und auf der Brust hatte. Ich wurde sogar beim Arzt einmal darauf angesprochen, schämte mich aber zu sagen, wodurch es passiert war. Ich hatte den Eindruck, daß der Arzt trotzdem Bescheid wußte.

Trotz alledem dachte ich immer noch nicht ernsthaft über eine Scheidung nach, sondern flüchtete noch häufiger abends, um meinen Mann möglichst nicht zu erleben, ehe er schlafen gegangen war. Meine Mutter half mir, aber mischte sich ansonsten nicht in meine Ehe ein. Ich fraß alles in mich hinein, um keine Entscheidung fällen zu müssen. Im nachhinein kann ich mir das nur so erklären, daß ich dachte, der Zeitpunkt sei schon viel zu spät, Reinhard wirklich so krank, vielleicht auch psychisch, daß man ihm keine Scheidung und kein Alleinleben zumuten kann. Einmal habe ich ihm sogar vorgeschlagen, ein Zimmer auf dem Dachboden für sich auszubauen. Damals hatte ich selbst noch kein Schuldgefühl, aber eine Art wütendes Mitleid für ihn, Mitleid und Verachtung. Eigentlich habe ich mich auch selbst verachtet, dafür, daß ich alles so weit hatte kommen lassen. Nur ich kam nicht mehr heraus. Keiner kam mehr heraus aus seinem Käfig.

Durch meine Schwester lernte ich in Hersfeld die Diskothek »Musikparadies«, das »MP« kennen. Es war eine lockere Atmosphäre, die dort herrschte, ich konnte eintauchen in die Anonymität, denn zuerst kannte mich hier keiner. Ich fühlte mich gelöster als sonst, der Panzer, der mich zusammenhielt, fiel bei der Musik und den lässig wirkenden GIs, die hier verkehrten, von mir ab. Zuerst sah ich den Soldaten und meist sehr jungen Frauen und Mädchen nur beim Tanzen zu. Dann traute ich mich auch auf die Tanzfläche. Ich ging nicht dorthin, um einen Mann kennenzulernen. Ich wollte abschalten und mich einmal wieder jung und lebendig fühlen.

Nach etwa zwei Wochen lernte ich dort Kevin Pratt kennen. Er kam an unseren Tisch, weil er einige Amerikaner kannte, die sich zu meiner Schwester und damit auch zu mir gesetzt hatten. Brigitte kannte durch ihren Mann immer einige Soldaten aus der Kaserne. Sie unterhielt sich lieber mit ihnen als mit den deutschen Männern aus der Umgebung, weil sie sie lockerer fand und gern englisch sprach. Kevin Pratt war ein hochgewachsener, schlanker Mann mit einem jungenhaften Aussehen, der gelöst und munter wirkte und wahrscheinlich wußte, wie er auf Frauen wirkte. Ich merkte, daß ich ihm gefiel. Er kam häufiger an diesem Abend an unseren Tisch, flachste kurz und ging wieder. Er flirtete nicht aktiv, und ich sowieso nicht. Ich lachte höchstens öfter als sonst. Ich hatte ein solches Bedürfnis, einmal wieder zu lachen!

Bei meinem nächsten Besuch im »MP« sah ich Kevin wieder, ohne daß wir uns verabredet hätten. Mir gefielen seine charmante Art, sein Humor und Witz; diesmal unterhielten wir uns schon mehr zu zweit miteinander. Es lief immer mehr auf einen Flirt, von beiden Seiten ausgehend, hinaus. Von da an verabredeten wir uns häufiger zu einem Disco-Abend, auch ohne Brigitte. Am 10. Mai schliefen wir zum ersten Mal miteinander. Da wir kein Hotelzimmer mieten wollten, taten wir es im Auto, auf einem Waldweg bei Hersfeld in der Nähe seiner Kaserne. Ich fühlte mich wohl mit Kevin, auch in dieser Situation – die ich mir vorher niemals hätte vorstellen können. Kevin nahm mir meine Hemmungen, weil er so natürlich war. Es war sehr schön mit ihm, fast jedes Mal. Noch schöner als mit dem verheirateten Mann aus dem Kegelklub. Aber ich war meinem Freund nicht »hörig«, wie dies der Kripo-Leiter der Sonderkommission schon im Abschlußbericht seiner Ermittlungen behauptet hatte. Wenn ich von jemandem abhängig war – allerdings in einer verzweifelten Weise –, dann von meinem kranken Ehemann. Es war für mich immer klar, daß ich zu meiner Familie zurückkehrte. Ich sah nicht nur Kevin und mich, ich hing an meinen Töchtern und wollte mit ihm nicht in die Staaten fliehen und alles hinter mir lassen, wie im Prozeß behauptet wurde.

Das hat auch der psychiatrische Gutachter eingehend beschrieben, als er zu einer möglichen »Hörigkeit« Stellung nehmen sollte.

AUS DEM GUTACHTEN VON PROF. DR. MED. WILLI SCHUMACHER vom 7. 1. 1987:
*»Diagnostizierbar sind solche Zustände daran, daß ein in der Regel verliebter Mensch unter dem Einfluß seines Partners bzw. der Beziehung zu ihm wesentliche Züge seines bis dahin gezeigten Verhaltens ändert. (...) Die Frage ist, ob im konkreten Lebensbezug der Monika W. derartige Symptome erkenn-*

*bar sind. Die Antwort ist »nein«. Sie hat – soweit sichtbar ist – unter dem Einfluß der Beziehung zu Kevin P. ihre Lebensgewohnheiten und -orientierungen nicht wesentlich verändert. Ihre Ehe war vorher schon zerrüttet, die Beziehung zu ihrem Mann aufgegeben. Eine sexuelle Gemeinschaft zu ihm bestand – lange vor Kevin P. – nicht mehr. Auch das abendliche Weggehen von zu Hause, das Aufsuchen von Discos und dergleichen war bereits v o r ihrer Bekanntschaft mit Kevin P. vorhanden. Sie lernte ihn ja dort erst kennen. Eine stärkere Vernachlässigung der Kinder oder eine irgendwie eingreifende Änderung ihres Sozialverhaltens ist nicht ersichtlich. Im Gegenteil, es scheint ihr schwergefallen zu sein, ihre gewohnte Lebensumwelt aufzugeben. Wie Kevin P. bestätigte, bildete gerade dies einen Stein seines Anstoßes an ihrem Verhalten. Mit anderen Worten: Um eine abnorme Abhängigkeit zu Kevin P. annehmen zu können, müßten vor dem 4. 8. 1986 irgendwelche dahin weisenden Symptome oder Anzeichen erkennbar geworden sein. Soweit bis jetzt sichtbar geworden ist, (...) ist dies nicht der Fall. Hinzu kommt, daß auch ihre Persönlichkeit (s. o.) nicht jene Strukturanteile zeigt, die für die Ausbildung abnormer Abhängigkeiten im allgemeinen als disponierend angesehen werden.«*

Anfang Mai hatte Reinhard mich gefragt, ob ich eine Beziehung zu einem »Ami« habe, er habe davon gehört. Später erfuhr ich, daß der Mann meiner älteren Schwester ihm davon berichtet hatte, weil es Gesprächsthema im Werk gewesen sei. Ich antwortete meinem Mann, daß es eine Bekanntschaft sei, aber keine Liebesbeziehung. Was ja zu dem Zeitpunkt auch noch stimmte. Danach hat er mich nicht mehr darauf angesprochen. Ich glaube, er wollte es nicht wissen, und ich wollte keinen Streit oder Schlimmeres. Im Laufe des Sommers sahen auch meine Töchter Kevin immer häufiger. Das erste Mal habe ich sie mitgenommen, als ich meinen Freund von der Kaserne in seiner Nachmittagspause abholte und wir in Hersfeld bummeln gingen. Ich hatte meine beiden Töchter an der Hand, und er ging neben uns her. Er drängte sich ihnen nicht auf, aber sie merkten, daß ich ihn mochte, und deshalb kamen seine Späße bei ihnen an, sie antworteten ihm und lachten mit ihm. Bald gingen wir zusammen schwimmen, und als sie merkten, daß er gerne mit ihnen spielte und herumtobte, was sie von ihrem Vater gar nicht mehr gewohnt waren, öffneten sie sich für ihn – nicht nur, weil sie ihre Mutter gelöst mit ihm sahen. Er hatte mir von Anfang an erzählt, daß er eine geschiedene Frau und drei Kinder in den Staaten habe. Ich wollte ihn nicht sofort heiraten. Wenn er in Deutschland bliebe, so stellte ich mir vor, und wir uns länger so gut verstünden, könnte man ja vielleicht in Hersfeld mit den Kindern zusammenziehen und dann sehen, ob man irgendwann heiratete. Nach Amerika wollte ich, solange die Kinder noch klein wären, auf keinen Fall.

Die Mädchen fragten oft nach Kevin und wollten ihn wiedersehen. Meine Mutter und meine Schwestern bekamen natürlich mit, was sich abspielte – ich verheimlichte es ja nicht. Auch wenn ich meine neue Liebe nicht mit nach Hause brachte, wegen Reinhard. Brigitte fand es gut, daß ich so auflebte. Meine Mutter sagte: »Du bist alt genug, du mußt wissen, was du tust«, kritisierte mich aber nicht und nahm nachts weiterhin die Kinder, wenn ich mich mit Kevin traf.

Anfang Juli 1986 fuhren Melanie, Karola, Kevin und ich für ein verlängertes Wochenende nach Norddeutschland: in den Heidepark Soltau. Mein Mann wußte davon und konnte sich spätestens jetzt vorstellen, wie intim unser Verhältnis war. Aber er vermied es noch immer, mich darauf anzusprechen. Er verhinderte die kleine Reise auch nicht. Wir nahmen uns ein Zimmer mit Kinderbetten in einer Pension und verbrachten fröhliche, unbeschwerte Tage miteinander. Ich muß sagen, ich hatte überhaupt kein schlechtes Gewissen damals.

Es tat mir gut, und ich sah, wie es Karola und Melanie gefiel. Wir waren schon fast wie eine kleine neue Familie. Wir machten morgens Spaß zu viert in den Betten, taten das, was uns gerade einfiel. So etwas hatten wir drei lange nicht mehr erlebt.

Nach diesem Ausflug sprach ich mit Kevin über eine mögliche Zukunft zu viert. Er wollte als erstes eine Verlängerung seines Aufenthaltes bei der Army in Hersfeld beantragen. Und wir wollten später heiraten, wenn ich geschieden wäre. Jetzt nahm ich mir vor, Reinhard langsam davon zu erzählen, aber überstürzen wollte ich nichts. Ich sprach Reinhard an, daß ich mich scheiden lassen wolle, was er davon halte. »Gar nichts.« »Aber ich halte es nicht mehr aus. Und ich liebe einen anderen.« »Die Wohnung behalte ich aber.« »Dann suche ich mir eine mit den Kindern in Hersfeld. Ich kann ja noch kommen und dir die Wäsche waschen und ab und zu kochen.«

»Beide Kinder kriegst du sowieso nicht. Ich werde Karola behalten.« Jetzt wurde ich wütend: »Das schaffst du doch sowieso nicht, die kriegst du niemals zugesprochen, bei deinem Gesundheitszustand und ohne Frau! Außerdem sollen die Mädchen zusammenbleiben.«

Er sagte nichts mehr. Aber später fand ich bei ihm einen Brief von einem Fuldaer Eheinstitut und eine Einladung zu einem ersten Treffen. Mit einer Frau aus einem Nachbardorf sprach er auch über Heirat. Aus beidem ist nichts geworden. Ich selbst ging, ängstlich geworden, sofort zu einem Rechtsanwalt in Philippsthal. Ende Juli hatte ich von ihm die Bestätigung, daß ich auf jeden Fall beide Kinder zugesprochen bekommen würde. Reinhard erfuhr davon, weil er den Anwalt vom Tennisspielen her kannte. Jetzt mußte ihm bewußt geworden sein, wie ernst es mir mit der Scheidung war.

Kevin fragte mich immer häufiger nach der Scheidung. Es schien ihm sehr wichtig zu sein, daß ich schnell etwas in die

Wege leitete, aber mir war es zu schnell. Wir hatten deshalb zum ersten Mal Meinungsverschiedenheiten.

Ich begriff die Hektik nicht, für ihn schien es um einen Liebesbeweis zu gehen. Ich sagte, daß ich erst die Einschulung von Melanie im August abwarten wollte, das sei für sie ein großes Ereignis und solle nicht durch Scheidungsgespräche überschattet werden. Ich weiß heute nicht, ob ich den Termin nur deshalb hinausschob, um nicht so schnell Fakten schaffen zu müssen, denn ich bin ein langsamer Mensch.

Manchmal denke ich, mein Unterbewußtes sträubte sich dagegen, sofort wieder eine neue Familie zu gründen. Ich hatte Angst vor erneuten Enttäuschungen, auch wenn alles selbst zu viert so vielversprechend war. Da Kevin es nicht als Bedingung für unsere weitere Beziehung von mir forderte, nahm ich es nicht so ernst, zumal wir uns nach diesen Wortgefechten immer wieder versöhnten. Wir schliefen nach wie vor miteinander, meist nachts nach einem Tanzabend: immer in unserem Familienauto und immer an demselben Waldstück an einer alten Teermischanlage. Aber irgendwie war alles nicht mehr so unbeschwert wie vor unseren Gesprächen und wie ich es an unserer Beziehung so liebte.

Der Samstag des zweiten August 1986 war ein herrlicher Sommertag, manche fanden ihn schwül, ich spürte nur die Hitze und fand sie wunderbar. Ich saß mit meiner Mutter und meiner Großmutter auf einer Bank seitlich neben dem Haus. Wir sahen den Mädchen zu, die mit Nachbarkindern spielten. Nachmittags ernteten wir Bohnen im Garten und putzten sie draußen, um sie später einzukochen. Als meine Mutter aufstand, um etwas zu holen, knickte sie plötzlich um und stürzte hin, sie blutete am Ellenbogen. Ich machte ihr sofort einen Verband. Aber das reichte nicht, sie klagte so über Schmerzen, daß ich sie mit dem Auto meiner Schwester zu unserem Hausarzt fuhr. Der überwies sie ins Kreiskrankenhaus Hersfeld. Ich wollte sie auch dorthin fahren, aber meine

Schwester brauchte dringend ihren Wagen. So rief ich Reinhard bei seinem Bruder in Gethsemane an und bat ihn, zurückzukommen, weil ich das Auto für meine Mutter bräuchte. »Du findest immer eine Entschuldigung, um den Wagen für deine Vergnügungen zu haben!« war die Antwort. Als ich ihm aber entgegnete: »Mit Krankheiten mache ich keine Witze!«, begriff er und kam sofort nach Hause. In Hersfeld entfernten sie meiner Mutter den Schleimbeutel am Ellenbogen, weil er ganz zerrissen war. Sie mußte im Krankenhaus bleiben. Von dort aus fuhr ich tatsächlich ins »Musikparadies«, denn ich wußte, daß Kevin schon dort wartete. Ich erzählte ihm, was passiert sei und daß ich noch einmal nach Hause führe, die Kinder ins Bett bringen und anschließend noch Sachen für meine Mutter im Krankenhaus abgeben wolle. Danach würde ich wiederkommen. Zu Hause angekommen, packte ich zuerst die Sachen fürs Krankenhaus, dann brachte ich meine Töchter nach dem Abendbrot ins Bett und beruhigte sie, daß meine Mutter bald wieder gesund wäre. Ich verabschiedete mich mit einem Kuß von ihnen und sagte Reinhard, daß er noch einmal nach ihnen sehen solle.

Mein Mann machte an diesem Abend keine Szene, weil er davon ausging, daß ich nur noch ins Krankenhaus fahren wollte. Ich hatte ihm nicht gesagt, was ich anschließend vorhatte, weil ich eine neue Auseinandersetzung fürchtete.

Als ich um etwa 21.00 Uhr meiner Mutter ihre Sachen ins Krankenhaus gebracht hatte, stellte ich das Auto am Bahnhof ab und lief die paar Meter zum »Musikparadies«. Ich kam dort an und sah Kevin mit einem blonden Mädchen draußen an der Seite des Gebäudes stehen. Ich wollte auf sie zugehen. In dem Moment sah ich, daß sie sich küßten. Ich war ziemlich schockiert, ging sofort in die Diskothek, sah zum Glück meine Schwester Brigitte und setzte mich zu ihr an den Tisch. Ich erzählte ihr, was ich gerade gesehen hatte und war sehr aufgebracht, als Kevin hereinkam und sofort unseren Tisch ansteuerte. Ich fragte ihn wütend, was das mit dem Mädchen zu bedeuten habe. Er sagte, er habe mich schon kommen sehen, und wollte mich eifersüchtig machen. »Was?!« »Ja, ich wollte sehen, wie du reagierst, Monika!«

Ein Wort ergab das andere, und wir waren mitten in einem heftigen Streit. Ich glaubte ihm nicht, daß der Kuß nicht ernst gemeint gewesen sei. Darauf fing er wieder einmal damit an, daß er nicht glaube, daß ich mich wirklich scheiden lassen wolle. Darauf reagierte ich nicht. Er zog seine Halskette ab, die ich ihm mit seinem Namen geschenkt hatte, warf sie auf den Tisch und verließ schnurstracks das »MP«. Ich lief ihm hinterher und rief nach ihm. Erst an der Rückseite des Gebäudes fand ich ihn, auf einer Treppenstufe sitzend. Er wollte kein Gespräch führen. Er sagte, er müsse jetzt erst einmal allein sein, es wäre besser, wenn er in die Kaserne ginge. Er müsse allein damit fertig werden. Ich sah das anders, wollte ihn nicht gehen lassen und überredete ihn schließlich zum Bleiben.

Er hatte schon einige Flaschen Bier getrunken an diesem Abend, der für ihn früh begonnen hatte. Es dauerte eine Zeit, bis wir wieder ruhig miteinander sprechen konnten. Er sagte, daß es für ihn so aussähe, als ob ich die Scheidung von einer zur anderen Woche immer wieder hinauszögern würde. Er weinte. Ich versprach ihm dann, daß ich einen Anwalt aufsuchen würde, sobald Melanie Anfang August eingeschult worden sei. Wir küßten uns, schließlich beruhigte er sich, und so konnten wir versöhnt wieder ins »MP« hineingehen. An unserem Tisch band er sich die Halskette wieder um, wir tranken etwas, und dann gingen wir auf die Tanzfläche. Schließlich verlief der Abend, der so dramatisch begonnen hatte, doch noch harmonisch, und wir konnten auch wieder miteinander lachen. Irgendwann nach Mitternacht fuhren wir zu unserem Platz an der Teermischanlage. Dort hatten wir immer unsere Ruhe, denn andere Liebespaare fuhren nicht dorthin. Im Auto schmusten wir ausgiebig, verstellten schließlich die Sitze und drückten einander auch auf diese Weise aus, daß wir wieder gut miteinander waren. Wie immer setzte ich Kevin, nachdem wir noch eine Zigarette geraucht hatten, an seiner Kaserne ab und fuhr dann die 30 Kilometer nach Hause. Als ich die Wohnung betrat, schlief Reinhard bereits, wie immer, wenn ich heimkam. Ich war froh darüber, so konnte er mir keine Vorhaltungen machen. Am nächsten Morgen gab es dann nie ein Gespräch über mein Weggehen. Ich legte mich neben ihn, wie immer, und schlief ein, obwohl ich spürte, daß ich diese Situation nicht mehr lange ertragen würde.

Für den nächsten Tag, Sonntag, den 3. August, hatte ich mich mit Kevin schon für den Nachmittag verabredet, denn er hatte ab 14 Uhr frei. Wir wollten mit den Kindern schwimmen gehen. Daß wir an den See in Kirchheim fahren wollten und wann genau, besprach ich mit ihm vormittags am Telefon, als Reinhard noch schlief. Die Kinder hatten sich schon angezogen und sprangen herum in Vorfreude auf den Ausflug. Da ich meine Mutter mit den Mädchen noch vor dem Schwimmengehen besuchen wollte, kochte ich schnell für 11 Uhr das Mittagessen. Reinhard stand auf, als das Mittagessen fertig war, es gab Rouladen mit Klößen. Wir aßen zusammen, und danach sah er, daß ich einen Picknickkorb packte und auch zwei oder drei Flaschen Bier hineintat. Da ich kein Bier trinke, wußte Reinhard jetzt, daß wir etwas mit Kevin unternehmen würden. Trotzdem fragte er: »Für wen ist denn das Bier?« »Für Kevin«, antwortete ich und sagte, daß wir mit ihm an den Kirchheimer See fahren würden. Plötzlich wollte Reinhard mitfahren. »Du kannst doch gar nicht schwimmen!« »Na und? Man kann doch wohl auch mal was unternehmen wollen!« »Aber ich möchte dich nicht dabeihaben, wenn wir uns mit meinem Freund treffen!« Ich konnte es kaum glauben, daß er mitwollte. Früher hatte er den Kindern immer auf die Frage, warum er zu solch einer Unternehmung zu viert nicht mitkäme, geantwortet, er könne nicht schwimmen, nur weil er lieber allein zu Hause blieb. Das hielt ich ihm jetzt vor. Er fing an, mich durch die Wohnung zu schubsen, es kam zu einer Rangelei, wobei ich ihn mit den Fingernägeln gekratzt haben muß. Er hatte mir die Wohnungstür versperrt, und so wehrte ich mich. Diesmal konnte er mir nicht den Zündschlüssel, wie er es manchmal vorher getan hatte, wegnehmen. Ich hatte ihn schon eingesteckt. Nach dem Kratzer merkte er, daß ich mich durchsetzen würde, und ließ mich endlich gehen. Die Kinder warteten schon draußen vor dem Haus.

Bevor wir abfuhren, ging ich noch schnell zu meiner Schwester Brigitte und fragte sie, ob wir uns am See treffen wollten. Wenn sie Lust hätte, sagte sie, würde sie nachkommen. Ich war gerade mit meinen Kindern im Hausflur, als meine Großmutter aus dem Keller kam. Sie hatte Einweckgläser im Korb, um die Bohnen, die wir am Vortag geerntet hatten, einzukochen. Melanie und Karola erzählten ihr, daß wir zur Oma ins Krankenhaus fahren würden und dann zum Schwimmen. Meine Großmutter trug ihnen auf, Grüße auszurichten. Zu mir sagte sie: »Bestell' ihr, ich mach' schon die Arbeit, die ansteht. Ich koche die Bohnen ein und putze die Wohnung.« Wir verabschiedeten uns und fuhren nach Hersfeld.

Im Krankenhaus bestellten meine Töchter sofort meiner Mutter die Grüße. Ihr ging es zum Glück schon besser. Doch sie sollte noch ein paar Tage dort bleiben. Meine Kinder waren froh, sie gesehen zu haben, und verließen fröhlich mit mir die Klinik. Kurz nach 14 Uhr waren wir, wie verabredet, an der Kaserne und holten Kevin ab. Alle vier fuhren wir nun nach Kirchheim. Am See suchten wir uns ein Plätzchen im Halbschatten und breiteten eine Decke aus. Da es sehr heiß war, zogen sich Karola und Melanie sofort aus und sprangen, nachdem ich sie eingekremt hatte, in ihren Schlüpfern umher. Kevin spielte mit ihnen Ball und alberte mit ihnen herum. Ich saß auf der Decke und beobachtete sie. Sie waren so ausgelassen und quietschen vor Vergnügen. Inzwischen war auch meine Schwester gekommen, und jetzt hatten sie viel Spaß daran, uns mit einer Flasche, in die sie Wasser gefüllt hatten, zu bespritzen. Zwischen all ihren Faxen, die sie machten, wollten sie immer mal wieder auf die Decke kommen und mit uns kuscheln oder schmusen. Sie brauchten diese Körpernähe immer, in letzter Zeit hatte es noch zugenommen. Ich unterhielt mich ein bißchen mit meiner Schwester, während Kevin jetzt mit ihnen ins Wasser ging. Beide hatten Schwimmflügel an – wir nannten sie Schwimm-Muskeln – und übten, nach einigem Rumgetobe im Wasser, ein paar Schwimmstöße. Ich beobachtete sie, und es tat gut, zu sehen, wieviel Vertrauen sie zu Kevin hatten und wie selbstverständlich er mit ihnen umging. Ich war froh, daß sie trotz unserer heftigen häuslichen Streitereien so fröhlich sein konnten und keine grundsätzliche Angst vor Männern hatten. Am Ende dieses sorglosen Nachmittags fragten sie uns, ob wir »das bald mal wieder machen«. In mir zieht sich alles zusammen, wenn ich daran denke, daß es ein »Bald« nie wieder gab.

Etwa um 18 Uhr traten wir die Heimfahrt an, Karola wollte mit Brigitte nach Hause fahren. Mit Melanie brachte ich Kevin noch ans Kasernentor. Sie bekam mit, daß wir uns noch für den Abend zum Tanzen verabredeten. Sie sagte nie: »Ach, bleib doch zu Haus!« Ich glaube, sie wußte, daß ich immer wiederkam, und hat sicherlich auch Karola beruhigt, falls die einmal Angst hatte. Aber sie haben mir davon nie erzählt. Bei meiner Mutter schliefen sie immer ruhig. An diesem Abend wußte ich, ich würde sie noch einmal eine Nacht bei Reinhard lassen müssen, weil meine Mutter im Krankenhaus war. Mir war nicht wohl bei dem Gedanken, da es den Streit gegeben hatte. Andererseits war er ja nur wütend auf mich, nicht auf die Kinder gewesen. Und ich wollte diesen so friedlichen Nachmittag abends gern mit Kevin ausklingen lassen, zumal es am Abend zuvor diese Meinungsverschiedenheiten gegeben hatte. In Röhrigshof, in der Nippe angekommen, sind Melanie und ich gleich zu meiner Schwester raufgegangen, um Karola abzuholen. Sie sah aber noch eine Kindersendung, da erlaubte ich Melanie auch, sie zu sehen, und bat sie, anschließend mit ihrer Schwester zu uns herunter zu kommen. Reinhard lag vor dem Fernseher, wir redeten kein Wort miteinander. Ich packte die Picknicksachen aus, und dann kamen die Kinder auch schon wieder. Sie hatten keinen Hunger mehr, so daß ich gleich mit ihnen ins Badezimmer ging. Sie zogen sich dort aus. Ich wusch ihnen die Füße, Gesicht und Hände, und sie putzten sich die Zähne. Ich kämmte ihnen noch die Haare, Melanie wollte einen Pferdeschwanz haben, weil ihre Haare noch feucht vom Schwimmen waren, Karola bekam von mir Zöpfe geflochten. Ich fand es nicht schlimm, daß sie nichts mehr zu Abend essen wollten, denn sie hatten am Ende des Picknicks noch dicke Wurstbrote verschlungen. Außerdem wußten sie, daß sie immer an den Kühlschrank gehen konnten. Daß sie gern an den Wohnzimmerschrank mit den Keksen und Süßigkeiten gingen, wußte ich, fand es zwar nicht so gut nach dem Zähneputzen, aber man muß auch mal eine Ausnahme machen und nicht alles kontrollieren, dachte ich, als ich sie zu Reinhard ins Wohnzimmer brachte. Sie wollten mit ihm noch einen Film sehen, der nach der Tagesschau beginnen sollte. Ich suchte mir meine Sachen für die Disco zusammen, ein gelbes T-Shirt und gelbe Jeans, ging ins Bad und zog mich dort um. Ich machte meine Haare fertig, kremte mein Gesicht ein und tuschte mir die Wimpern. Dann sammelte ich im Bad die Kinderkleidung vom Badeausflug ein und legte sie, bis auf die Unterwäsche, getrennt über die Stuhllehnen im Eßzimmer, damit sie sie am nächsten Morgen noch einmal anziehen konnten. Anschließend erschien ich noch einmal im Wohnzimmer, umarmte meine Töchter und bekam einen Kuß von beiden. Ich sagte zu ihnen und Reinhard, beide sollten nach dieser Sendung bitte ins Bett gehen.

Ansonsten besprach ich mit meinem Mann nichts. »Macht noch einmal Pipi, ehe ihr ins Bett geht. Und seid lieb!« Das war der letzte Moment, an dem ich Karola und Melanie lebend sah.

## 5  Der Tod der Kinder

Ungefähr um 20.30 Uhr fuhr ich los. Es war der erste Abend seit langem, an dem es keinen Streit und keine Schläge gab, obwohl Reinhard wußte, warum ich das Haus verließ. Er lag auf der Couch vor dem Fernseher und ließ mich wortlos gehen. Erst heute, während ich es aufschreibe, fällt mir dies auf. Jetzt wundere ich mich darüber, denn sonst hatte es immer Ärger gegeben, weil er mich nicht gehen lassen wollte. Damals sah ich darin nichts Besonderes.

Ich fuhr wieder mit unserem Auto nach Hersfeld ins »Musikparadies«. In der Disco tanzte ich mit Kevin an diesem Abend ziemlich oft und ausgelassen. Wir lachten zusammen, denn für uns war es ein harmonischer Tag gewesen, wir fühlten uns sehr wohl an diesem Sonntag. Ich trank ausnahmsweise mehr als sonst, mehrere Gläser Apfelwein und ein paar Schnäpse, die die Leute an unserem Tisch ausgaben. Sie hatten keinen besonderen Anlaß, es ergab sich einfach so. Es war nach Mitternacht, als wir zu meinem Auto gegangen sind und zum Parkplatz der Teermischanlage fuhren.

Der Abend endete so schön, wie er begonnen hatte. Wir haben uns wieder geliebt, wie am Vorabend. Ich kann heute die Einzelheiten, worüber wir sprachen und was wir verabredeten für die nächste Woche, nicht mehr erinnern. Alles ist von dem, was auf mich zukommen sollte, bis heute überschattet.

Ich fuhr Kevin etwa um 3.00 Uhr zurück an den Eingang zur St. Pheeters-Kaserne. Er sagte: »Jetzt hab' ich noch zwei Stunden Schlaf bis zum Wecken.« Ich selbst bin dann schnell nach Hause gefahren.

Kurz vor halb vier Uhr morgens kam ich, müde, aber entspannt vom Zusammensein mit Kevin, in der Ausbacher

Straße an. Ich stellte den Passat vor der Haustür ab. Ich spürte etwas mehr Alkohol im Blut als sonst und merkte, daß ich ein bißchen langsamer, aber weicher in meinen Bewegungen war. Gefahren war ich trotzdem gut. Außer dem üblichen Druck in der Magengegend, wenn ich daran dachte, mich gleich ins Bett neben meinen schlafenden Mann zu legen, hatte ich keine negativen Gefühle, geschweige denn Vorahnungen in dieser Nacht. Im ganzen Haus war alles still. Als ich leise unsere Wohnungstür aufschloß, sah ich sofort, daß im Eßzimmer, das vor dem Kinderzimmer lag, Licht brannte. Immer war alles dunkel und still gewesen, wenn ich von meinen Ausfahrten nach Hause kam.

Ich bin damals gleich mit einem beklommenen Gefühl nach hinten gegangen, durchs Eßzimmer zum Kinderzimmer. Als ich es betrat, sah ich sofort Reinhard auf dem Bett von Karola sitzen, am Fußende. Er saß vornübergebeugt und heulte vor sich hin. Ich begriff nicht, was wirklich los war, aber ich ahnte sofort, daß etwas nicht stimmte. Als ich ihn fragte: »Was machst du denn hier?«, bekam ich keine Antwort. Er war überhaupt nicht ansprechbar. Da ging ich zuerst zu Melanie, faßte sie am Arm; als sie sich nicht bewegte, schüttelte ich sie, nichts geschah. Voller Panik griff ich nach Karola. Beide Kinder rührten sich nicht. Sie bewegten sich einfach nicht. Ich bekam eine abgrundtiefe Angst. Immer wenn ich abends zu Hause war, bin ich vorm Schlafengehen noch an ihre Betten gegangen, habe sie neu zugedeckt oder gestreichelt. Schon dabei haben sich beide immer sofort im Schlaf bewegt und ihre Haltung geändert. Doch in dieser Nacht reagierten sie überhaupt nicht.

Ich stand hilflos im Kinderzimmer und verstand überhaupt nichts mehr. Ich fühlte, daß Schreckliches passiert sein mußte. Aber ich verstand nichts. Ich konnte nichts zu Ende denken, mein Kopf war plötzlich ganz leer. Ich war wie betäubt, zu keiner Handlung fähig. Ich habe meinen Mann nicht angeschrien und auch nicht um Hilfe gerufen. Ich wollte nur eins: daß das alles nicht wahr sei!

Irgendwie bin ich dann in unser Schlafzimmer gegangen, nachdem ich eine Weile wie angewurzelt vor meinen Kindern gestanden hatte. Ich habe mich auf unser Ehebett gesetzt und geweint. Durch meinen Kopf schoß zwar ständig der eine Gedanke: »Was soll ich bloß tun?« Aber es kam keine Antwort. Ich versuche heute immer wieder, mich noch einmal in die damalige Situation zu versetzen. Aber es gelingt mir nicht. Ich kann es mir selbst nur so vorstellen, daß mein normales Vorstellungsvermögen ganz abgeschaltet und ich ganz in mich versunken war. Ich kam nicht auf den Gedanken, Hilfe zu holen oder die Polizei anzurufen. Ich war völlig blockiert. Auch wenn Reinhard mich jetzt hätte umbringen wollen, oder sich – mir wäre es egal gewesen.

Ich nahm nichts mehr wahr und hörte auch merkwürdigerweise in der Wohnung keine Geräusche. Aber auf einmal das Wegfahren eines Autos. Ich ahnte, daß es unser Wagen war. Aber auch da habe ich nichts unternommen. Ich wollte wohl damals nicht wissen, was weiter geschah. Ich war sogar zu gelähmt, um nach Melanie und Karola noch einmal in ihrem Zimmer zu sehen, zu schauen, ob sie noch da wären, er nur allein wegfuhr. Ich ahnte im Unterbewußtsein, daß er sie mitgenommen hatte. Ich habe ihn nicht daran gehindert, unsere Kinder wegzubringen. Ich konnte es nicht.

Es ist für mich noch heute unfaßbar und unsagbar quälend, an diese Nacht zu denken, mir selbst mein Verhalten zu erklären.

Nach einiger Zeit – wie lange kann ich nicht sagen – hörte ich deutlich unseren Passat zurückkehren. Als sich mein Mann ins Schlafzimmer schleppte, den Kopf gebeugt, erwachte ich aus meiner Starre. Ich konnte endlich aufstehen und habe ihn an seinen Schultern gefaßt. Er sah weg von mir. Ich versuchte ihn zu schütteln. Selbst niedergedrückt und völlig hilflos fragte ich ihn: »Warum hast du das getan?« Er antwortete, ohne mich anzusehen: »Jetzt kriegt keiner von uns die Kinder.«

Ich drang in ihn, wo er gewesen sei und wohin er Melanie und Karola gebracht habe. Er wich zuerst aus, aber als ich nicht locker ließ, nannte er mir den Parkplatz auf einer Landstraße Richtung Herfa hinter Wölfershausen und beschrieb mir den Weg dorthin. Er antwortete nur sehr langsam. Ich mußte immer wieder nachfragen. Ich verstand ihn so, daß beide Kinder an einer Stelle liegen würden.

Danach habe ich mich endlich noch einmal ins Kinderzimmer getraut, ich konnte es immer noch nicht glauben. Aber jetzt sah ich es: die Betten waren leer. Danach konnte ich nichts mehr tun. Ich bin wie ausgelöscht ins Schlafzimmer gegangen und habe mich mechanisch ausgezogen und ins Bett gelegt. Ich habe aber nicht richtig geschlafen, sondern nur versucht, etwas auszuruhen, um zu klareren Gedanken zu kommen. Mittlerweile war es etwa fünf Uhr. Mein Mann lag schon im Bett, als ich das Schlafzimmer betrat. Da er mir den Rücken zukehrte, weiß ich nicht, ob er die Augen offen oder geschlossen hatte.

In den Vernehmungen fragten mich Kripo-Beamte später, ob ich denn keine Angst gehabt hätte, mit meinem Mann in der Wohnung, sogar im gemeinsamen Bett zu bleiben. Ich antwortete: »Nein, mir war egal, was mit mir passierte.«

Heute weiß ich, daß ich mich schuldig an der ganzen Situation fühlte. Ich war es, die meinen Mann alleingelassen und meine Kinder bei meinem Mann gelassen hatte. Die Wut und die Trauer spürte ich erst viel später. In diesem Moment war nur ein ganz tiefsitzendes Entsetzen da, was sich Unfaßbares daraus entwickelt hatte, daß ich meinen Mann nicht mehr liebte.

Ich muß dann doch kurz weggesunken sein, in einen oberflächlichen Schlaf, aus dem ich gegen neun Uhr aufschreckte.

Ich bin dann sofort aufgestanden. Reinhard schlief noch fest neben mir. Ich habe mich gewaschen, wie immer, und angezogen. Es lief alles ganz automatisch ab. Ich fühlte meinen Körper überhaupt nicht mehr. Ich fühlte auch den Schmerz um meine Kinder noch gar nicht. Es war alles wie abgeschnitten. Ich konnte auf die vergangene Nacht überhaupt nicht reagieren, sie war so unwirklich. Ich wußte immer noch überhaupt nicht, was ich machen sollte.

So rief ich morgens meine Mutter an, die noch im Krankenhaus lag. Aber nicht, um ihr alles zu erzählen, sondern weil ich versprochen hatte, für sie Geld zu überweisen. Ich holte das Überweisungsbuch der Firma, sie hatte mir gesagt, wieviel ich einzahlen sollte. Dann nahm ich einen Brief meiner Großmutter mit, der auf dem Tisch lag, und trat nach draußen, um wegzufahren. Ich wußte nur eins: Ich wollte zu meinen Töchtern. Zum Parkplatz, den Reinhard mir beschrieben hatte. Vor dem Haus sah ich, daß das Auto meiner Schwester noch dort stand, obwohl sie damit hätte zur Arbeit weg sein müssen. Ich ging zu ihr und fragte, ob sie nicht arbeiten müsse. Sie sagte, daß sie sich nicht wohlfühle. Beim Hinausgehen traf ich auch meine Großmutter, die mir Geld gab für ihr Briefporto. Ich sprach auch mit ihnen nicht über die Nacht. Ich konnte mich niemandem anvertrauen, ich war innerlich wie tot.

Als ich in unser Auto einstieg, bemerkte ich, daß die Windschutzscheibe einen Sprung hatte. Ich wunderte mich darüber, denn ich wußte und weiß bis heute nicht, woher dieser Schaden stammte. Ich bin dann im Auto weggefahren, bin auf der Post und der Sparkasse gewesen. Anschließend suchte ich den von meinem Mann beschriebenen Parkplatz. Als ich ihn gefunden hatte, fuhr ich hinauf, stellte das Auto an der Einfahrt ab, stieg aus und suchte nach meinen Kindern. Erst bin ich die linke Seite langgegangen. Kurz vor der Ausfahrt vom Parkplatz wechselte ich auf die andere Seite. Da sah ich von

Ferne in den Brennesseln Melanie liegen. Ich erkannte sie sofort an ihren roten Haaren. Aber ich sah Karola nicht. Als ich Melanies Kopf wahrnahm – mehr konnte ich von ihr nicht erblicken – versagten meine Beine, ich konnte nicht näher herangehen. Ich hatte das Gefühl, mir wird das Herz aus der Brust gerissen.

Ich mußte zum Auto zurück, setzte mich auf den Fahrersitz und versuchte, mich wieder zu fangen. Dann fuhr ich in Richtung Ausfahrt, dorthin wo Melanie lag. Ich konnte einfach noch nicht wegfahren. Ich blieb eine Weile mit dem Auto stehen und habe in Richtung Melanie geschaut. Ich suchte nicht mehr nach Karola. Ich konnte alles immer noch nicht fassen, daß sie da lag, umgebracht – ich konnte weder aussteigen und hingehen noch mich von meiner toten Tochter trennen.

Irgendwann habe ich mich aufgerafft und bin nach Hause gefahren. Ich nahm denselben Weg, den ich hergefahren war. Ich konzentrierte mich nur auf die Straße. Alles andere war wie im Nebel. Ich bin mittags etwa um halb zwölf Uhr in der Ausbacher Straße angekommen. Das weiß unsere Nachbarin Saager noch heute.

Daß ich ihr dabei begegnet bin, wie sie später im Prozeß aussagte, habe auch ich noch vage in Erinnerung. Danach lief der Tag für mich ab wie bei einem Menschen, der unter Schock steht. Auf die anderen muß ich wie eine Marionette gewirkt haben, die nur von außen bewegt werden kann: ob es die Vermißtenmeldung bei der Polizei war, die ich mit meiner Schwester Brigitte aufgab, oder der Anruf im Schwimmbad bei Frau Saagers Tochter. Von meiner Familie und den Nachbarn wurde mir vorgeschlagen, was ich tun könnte. Ich griff es auf, obwohl ich wußte, wie absurd alles war, was jetzt geschah.

Was in den darauffolgenden Tagen genau passierte, weiß ich überwiegend nur noch aus Erzählungen. Denn ich bekam ab Dienstag von unserem Hausarzt Valium verschrieben. Ich nahm von den Tabletten, wie ich es brauchte; um die Dosierung, die mir der Doktor verordnet hatte, kümmerte ich mich nicht. Ich lebte wie unter einem Schleier, es war mir alles egal.

Wenn ich heute an die schrecklichste Nacht meines Lebens zurückdenke, steigt in mir eisige Kälte auf. Ich werde noch immer erfaßt davon. Ich kann die Lähmung wieder fühlen, die mich vollkommen ergriff. Obwohl ich längst nicht mehr die Schuldgefühle gegenüber Reinhard Weimar verstehe, die ich damals gehabt habe. Ich weiß ja jetzt, wie wir beide unsere Ehe in den Abgrund geführt haben. Aber im August 1986 dachte ich nur: »Oh Gott, was muß er alles gegrübelt haben? Was ging in ihm vor, wenn er im Bett lag oder allein vor dem Fernseher saß – und ich mich amüsiert habe?«

Seine Vorwürfe, die er mir ab 1983 wegen jeder Kleinigkeit machte, hatten sich so gesteigert, daß ich aus seiner Sicht gar nichts mehr richtig machte. Ich selbst dachte schließlich auch, daß ich alles nur verkehrt machen konnte. Von meinem alten Ich war nicht mehr viel übrig, wenn ich in seiner Nähe war. Ich spürte mich selbst nur noch, wenn ich von ihm getrennt und mit anderen zusammen war – am stärksten mit meinen Kindern oder mit Kevin.

In der Nacht, in der ich ins Kinderzimmer trat und vor dieser extremen Situation stand, konnte ich gar nichts mehr begreifen. Ich habe mich wie unter Schock verhalten, denke ich heute. In mir stürzte eine Welt zusammen. Ich bin einfach nicht auf die Idee gekommen, daß den Kindern vielleicht noch geholfen werden könnte. Ich habe deshalb auch nichts selbst unternommen, nicht geschrien und auch nicht daran gedacht, einen Arzt zu rufen. Ich sah meine Kinder nur an. Ich stand vor ihnen und habe bitterlich geweint. Ich war nicht bei ihnen, als sie mich gebraucht hätten. Ich habe Melanie und Karola nicht beschützt.

## AUS DEN PSYCHOLOGISCH-PSYCHIATRISCHEN GERICHTSGUTACHTEN:

Professor Dr. Elisabeth Müller-Luckmann:

»*Frau Weimar gibt als Motiv für ihre anfänglich falsche Darstellung im wesentlichen Schuldgefühle an, die sie motiviert hätten, ihren Mann zunächst zu decken.*

*Bei ihrer zwanghaften Struktur ist es folgerichtig, daß sie einem sogenannten Über-Ich unterliegt, das ihr Normenverstöße signalisiert, sobald die Situation nicht mehr leicht zu bewältigen ist, so daß sie sich über diese* »*Stimme des Gewissens*« *hinwegsetzen kann. Bei der Entdeckung der Leblosigkeit der Kinder, bei der von ihr beschriebenen Reaktion ihres Mannes ist es grundsätzlich psychologisch vorstellbar, daß starke Schuldgefühle aufgekommen sind. Es ist auch vorstellbar, daß dieselben sie angesichts ihrer durchgängigen Entschlußschwäche, ihrer Neigung zur Affektverdrängung, ihrer allgemeinen Rigidität gehindert haben, Handlungsalternativen zu erkennen und in Gang zu setzen und z. B. Hilfeleistungen zu versuchen oder nahestehende Personen zu benachrichtigen. Bei ihrer geringen Umstellfähigkeit ist es auch vorstellbar, daß sie in alten Gefühlsresten für ihren Mann festhing. Es ist auch denkbar, daß sie unter Alkoholeinwirkung irgendwelche irrationalen Hoffnungen im Sinne des Ungeschehenseins entwickelte. Es ist daran zu erinnern, daß sie sich ja nicht* »*konfrontiert*«, *sondern daß sie ein* »*Verdränger*« *ist. Daraus kann sich auch das Bedürfnis, die Kinder zu suchen und zu sehen, erklären. Es ist angesichts ihrer Persönlichkeitsstruktur auch vorstellbar, daß sich in der Folge daraus eine große Ambivalenz des Erlebens ergeben hat: Es mag das Bedürfnis, den Mann zu schonen, weil man sich selbst mitschuldig fühlte, nicht einhellig gewesen sein. Diese Ambivalenz kann zu dem Motiv geführt haben, einen möglichst indirekten Hinweis auf ihn zu geben. Ein direkterer Hinweis würde wohl wirklich Haß vorausgesetzt haben, für den es in der Tat an psychologischen Indizien fehlt.*

*Das von Frau Weimar beschriebene Verhalten ist also nicht von vornherein absurd, wenn man es auf dem Hintergrund ihrer Persönlichkeitsstruktur sieht. Man kann in solchen Fällen nicht mit Klischees arbeiten, die etwa ein typisch »mütterliches« Verhalten als »normal« unterstellen. Auch »Mütterlichkeit« ist vielschichtig und richtet sich nicht nach konventionellen Normierungen.*

*Um jegliches denkbare Mißverständnis zu vermeiden, wird abschließend noch einmal betont: Wenn etwas vorstellbar ist, bedeutet das selbstverständlich noch nicht, daß es so gewesen sein m u ß. Ich enthalte mich deshalb auch jeder Wahrscheinlichkeitseinschätzung in bezug auf diesen oder jenen mutmaßlichen Tathergang.«*

Professor Dr. med. Willi Schumacher:

*»Frau W. spricht mit einer merkwürdig hohen, quasi zerbrechlich klingenden Stimme. Der Sprechfluß war nicht flüssig, eher gehemmt, zeitweise stockend. Manchmal enstanden lange Pausen, während derer sie abwesend schien, so, als ob in ihrer Vorstellung alte Bilder sich wieder einstellten. Bei besonderen, gemüthaft sie belastenden Anlässen (Realisierung des endgültigen Verlustes der Kinder) begann sie zu weinen. Das Weinen erfolgte hierbei quasi in sich hinein. Sie senkte den Kopf, fast stumm flossen die Tränen. Erst durch das Unterbrechen der Redekommunikation wurde merkbar, daß sie weinte. Sie versuchte ersichtlich, sich zu sammeln, um im Gespräch fortzufahren. Es wurde deutlich, daß das Weinen keinen appellativen und keinen darstellenden Charakter hatte.*

*Eher schien es ihr unangenehm zu sein, bei einer Emotion gesehen zu werden, was auch in ihre sonstige, gefühlshaft eher kühle, zurückhaltende und affektverdrängende Art hineinpaßte. Gerade die Beobachtung der Ausdrucksphänomene, die spürbar werdenden gefühlshaft-emotionalen Regungen im Kontext der Übertragungs- und Gegenübertragungsreaktionen, ließen die Feststellung zu, daß hysterische Persönlichkeitsanteile, d. h. auf Darstellung, Beeindruckung und Faszination abzielende Tendenzen, weitgehend fehlten. Es war im Gegenteil eher eine Affektscheu, eine Neigung zu Affektverdrängung oder -abspaltung sichtbar, jedenfalls eine Beherrschung von Gefühlsregungen bzw. deren Fernhaltung vom bewußten Erleben. Dies belegt sich auch durch ihr Verhalten in Zusammenhang mit der Tat, und zwar gleichgültig von welcher Tatversion bzw. von wessen Täterschaft man objektiv ausgehen will. Auch wenn man ihren Angaben folgt, muß tatsituativ eine Art Affektstupor in ihr Platz gegriffen haben, eine enorme Abspaltung von Gefühlen bis zur Unempfindlichkeit und Totalverleugnung. Anders wären ihre Reaktionen und Verhaltensweisen beim Ansichtigwerden der toten Kinder und dem, was dann als Verhalten ihrerseits folgte, nicht vorstellbar. (...)«*

# 6  Die Ermittlungen

Die Ermordung meiner Töchter Melanie und Karola war 1986 für die Medien ein wichtiges Thema. Über den »Fall Weimar« wurde zum Beispiel monatelang regelmäßig in der Sendung »Hessenschau« berichtet.
Natürlich verfolgte auch die »Hersfelder Zeitung« jeden Ermittlungstag. In den Wochen nach dem Tod meiner Kinder und bis zu meiner Verhaftung am 27. Oktober 86 ist viel auch in der überregionalen Presse geschrieben worden: viel Falsches, viele Verleumdungen, aber auch Richtiges.
Richtig ist, daß ich, nachdem ich am 4. August mittags völlig fertig vom Parkplatz in Wölfershausen nach Hause kam, mit Reinhard Weimar zusammen zum Schein nach den Kindern gesucht habe und daß ich, als Reinhard mit dem Auto in der Nachbarschaft suchte, mit meiner Schwester Brigitte die Polizei anrief, um die Kinder als vermißt zu melden. Dieses erste Rufen und Fragen nach den Kindern lief von mir aus merkwürdig automatisch, wie bei einer aufgezogenen Puppe ab. Ich spürte und wußte nicht wirklich, was ich tat. Es ist mir heute schwer begreiflich, wie man so etwas machen kann; aber ich weiß inzwischen, daß es unter Schock solche Reaktionen gibt. Richtig ist auch, daß ich, als die Suchaktion im großen Stil ausgelöst wurde, mit Hubschraubern und Bundesgrenzschutz, hilflos vor dem Haus saß und mich nicht mehr an der Suche beteiligt habe. Ich traute mich jedoch einfach nicht einzugestehen, daß ich sie fälschlicherweise ausgelöst hatte, daß ich zumindest wußte, daß Melanie tot war und auf dem Parkplatz lag.
Ich weiß, daß dieses Verhalten mir später erst als unbegreiflich unbeteiligt vorgeworfen wurde, noch später, als bekannt wurde, daß ich vom Tod der Kinder wußte, als »perfide Inszenierung«. Beides war es nicht. In mir war eine Ohnmacht und

Leere und immer noch das Entsetzen über den Anblick meiner Tochter Melanie, die ich in den Brennesseln hatte liegen sehen. Ich war völlig mit mir selbst beschäftigt. Und ich konnte doch nichts hinausschreien, weil ich mir vorgenommen hatte, meinen Mann nicht anzuzeigen. Es war eine so unerträgliche Situation, daß ich mich völlig abkapselte.

Ich habe nur ganz am Anfang mit meinem Mann am Spielplatz die Kinder gerufen und dann eine Nachbarin nach ihnen befragt. Mit Reinhard zusammen habe ich dann nichts mehr unternommen. Wir haben nichts besprochen und schon gar nichts direkt abgesprochen in den drei Tagen, ehe am Donnerstag die Leichen der Kinder gefunden wurden. Ich habe ihn auch nicht mehr gefragt, wie sie zu Tode gekommen waren, das konnte ich einfach nicht. Später habe ich es aus den Berichten der Presse erfahren. Aus dem Eheschlafzimmer bin ich seit dem Tag nach dem Mord ausgezogen und habe auf der Couch im Wohnzimmer geschlafen, weil ich es neben Reinhard nicht mehr aushalten konnte. Vor meiner Familie habe ich es mit möglichen Nachtanrufen begründet. Heute weiß ich, daß ich sofort hätte ausziehen müssen. Aber ich habe es damals nicht geschafft. Bis zum 28. August habe ich niemandem, auch nicht Kevin und meinen Familienangehörigen, etwas von dem Mord an den Kindern durch meinen damaligen Mann gesagt. Ich behielt alles für mich, weil ich, auch wenn das kaum einer begreift, nicht diejenige sein wollte, die – wenn sie ihn aus seiner Sicht schon dahin gebracht hatte – ihn auch noch ausliefert. Aber zu tun haben wollte ich mit ihm nichts mehr. Wir haben auch nicht über die Polizeiverhöre miteinander gesprochen. Seine Verhöre habe ich jetzt für die Arbeit am Buch und das Wiederaufnahmeverfahren zum ersten Mal gelesen.

Richtig ist, daß ich in den meisten meiner Befragungen durch die Kriminalpolizei – genau wie Reinhard Weimar übrigens, wovon nie die Rede ist – gelogen habe. Aber ich habe von Anfang an ausgesagt, daß unsere Ehe tot war und ich mich scheiden lassen wollte. Ich habe dann auch erzählt, daß ich von ihm körperlich angegriffen wurde, daß er mich der Vergiftung verdächtigte und daß er seine Wut oft handgreiflich an den Kindern ausließ. Ich habe sogar mitgeteilt, daß ich von einem Arbeitskollegen oder Nachbarn gehört hatte, Reinhard habe kurz vor der Tat am Kneipentisch geäußert: »Bevor der Ami die Kinder kriegt, bring ich sie um!«

Es hat niemanden stutzig gemacht und in seine Richtung forschen lassen. Es wurde eher gegen mich verwendet: als wollte ich mich auch noch von den Kindern befreien, um meine neue Liebe auszuleben. Dabei standen sie meiner Liebe doch nie im Wege! Im Prozeß hieß es dann vom Staatsanwalt tatsächlich auch noch, ich habe meinen Mann wahrscheinlich vergiften wollen.

Dabei habe ich über unsere Ehe vor der Kripo, bis auf den Tathergang – die Nacht und den nächsten Morgen –, alles ehrlich geschildert. Obwohl die Polizisten, bis auf eine Beamtin alles Männer, es mir mit ihrem Vorurteil gegen Frauen, die mit amerikanischen Soldaten befreundet sind, absolut nicht leicht gemacht haben. Sie sagten zu mir damals: »Warum mußt du denn in solchen Schuppen verkehren? Wenn du dich ein bißchen hübsch machst und nicht so fertig bist wie jetzt, hast du doch ganz andere Chancen als bei den Amis!« Ich spürte, daß sie mich für ein Flittchen hielten. Da traute ich mich nicht mehr, mein Verhältnis mit dem Kegelfreund als intim zu bezeichnen. Zu dieser Beziehung habe ich tatsächlich nicht die ganze Wahrheit gesagt; auch wenn man mir das vielleicht nicht glauben wird: ich wollte das Ehepaar, das wieder zusammengefunden hatte, schützen.

Ansonsten verwickelte ich mich natürlich, was den 4. und 5. August betraf, immer mehr in Widersprüche, weil ich ja nicht sagen wollte, daß ich auf dem Parkplatz gewesen war.

Ich mußte Zeitlücken füllen, um den Aufenthalt dort, als ich mich von meiner toten Tochter Melanie nicht trennen konnte, zu verdecken. Denn sonst hätte ich schnell von der Nacht davor, von Reinhard berichten müssen, um nicht selbst als Täterin verdächtigt zu werden.

Ich schrieb zwei anonyme Briefe, als ich merkte, meine Hinweise auf unsere kaputte Ehe und Reinhards Krankheiten lassen die Kriminalbeamten nicht bei ihm weiterforschen. Ich zögerte lange, dann schrieb ich, was mir vom Gefühl her einfiel. Der Wortlaut meines ersten Briefes war so:

»*Das ist die Strafe. Es tut mir leid um die Kinder, aber es mußte sein.*«

Der zweite: »*Erst die Kinder zur Qual. Jetzt bist du bald dran. Von wem der Auftrag, kannst du dir wohl denken.*«

Ich habe, so wird mir heute klar, damals Reinhard Weimar in den Mund gelegt, was ich fühlte: daß er mich mit dem Mord an den Mädchen bestrafen wollte. Daß er aus Verzweiflung damit auch alles für sich zerstörte, kann ich jetzt manchmal so sehen. Aber in mir ist immer noch eine große Wut neben der Trauer, und beides ist größer als irgendein Verständnis. Mir wurde später, als ich zugab, daß ich beide Briefe geschrieben habe, vorgeworfen, meine Schrift verstellt zu haben. Das tat ich nicht, obwohl mir damals keiner glaubte. Sie war nur zittrig, weil ich seit dem 5. August, genau wie Reinhard Weimar, von unserem Hausarzt starke Beruhigungsmittel bekam. Ich hätte doch mit einer Schreibmaschine tippen können! Aber ich wollte, daß die Kriminalbeamten erkennen, daß die Briefe von mir geschrieben sind. Ich wußte damals keinen anderen Weg. Ich wollte dadurch gezwungen werden, endlich die Wahrheit zu sagen, wenn sie es nicht anders herausfinden sollten.

Es stimmt: Ich bin erst spät mit der Wahrheit herausgekommen. Das wurde gegen mich verwandt, weil man sagte, sie merkt, daß man ihr auf die Spur kommt. Aber so war es nicht, obwohl es nahe lag, durch mein gefährliches Stillhalten. Es gehörte viel Kraft dazu, die anfänglichen Lügen und Widersprüche zuzugeben. Ich konnte es erst, als ich begriffen hatte, daß so alles nur noch viel schlimmer werden würde. Ich habe mir und der Wahrheitsfindung dadurch geschadet, vielleicht verhindert, daß je die Wahrheit ans Tageslicht kommen wird. Damals ahnte ich nur, daß jetzt kein Verschleiern von Reinhards Tat mehr etwas nützte. Ich würde mich nur immer mehr in Widersprüche verstricken. Aber zudem wollte ich natürlich auch endlich die Wahrheit sagen, als ich sah, daß alle Spurenermittlungen nur einseitig verliefen, nämlich gegen mich. Schon damals fand ich es empörend, daß von mir 27 Kleidungsstücke beschlagnahmt wurden, von Reinhard nur drei – und die erst nach meiner Aussage am 29. August, frisch gewaschen, und nicht einmal die, die er zuletzt getragen hatte.

Ich mußte erleben, wie unsere Nachbarin Nordheim den Busch, der nicht nur nach meiner Auffassung ihre Sicht erheblich behindert hatte, absägen ließ. Sie konnte so später vor Gericht immer wieder und immer genauer behaupten, daß sie meine Kinder noch am Morgen nach der Todesnacht auf dem Haus-Spielplatz gesehen habe. Die Bettwäsche der Kinder, die noch lange nach der Nacht aufgezogen blieb, die aber die Spuren der Tageskleidung von Melanie und Karola, vielleicht auch Tatspuren hätte nachweisen können, wurde von mir gemeinsam mit einem Kripobeamten erst Wochen nach dem Tod der beiden abgezogen, ausgeschüttelt und zusammengelegt. Daß auch die Fasergutachten von meiner und der Kinderkleidung, die mich als Täterin überführt haben sollten, dürftig oder falsch waren, kam erst durch Rechtsanwalt Strates Bemühungen um eine Wiederaufnahme mit einem neuen Gutachten heraus. Zu diesem Zeitpunkt wurde auch klar, daß es die entscheidenden Kleidungsstücke von Reinhard Weimar nicht beim Gericht gab, man sie also nie mehr als Tatkleidung wird überprüfen können.

In allen Verhören bei der Polizei bin ich nicht einmal danach gefragt worden, ob ich mir vorstellen könnte, daß mein Mann der Täter sei. Sie haben mir keinerlei Brücke gebaut, die Wahrheit zu sagen. Im Gegenteil, sie sind nur am Anfang freundlich gewesen, als sie mich duzten und mir sagten: »Komm, Mädchen, gib's zu, dann können wir dir helfen! Es wird schon nicht so schlimm für dich.« Als ich darauf nicht einging und später auch auf Anschreien und scharfe Vorhaltungen hin kein Geständnis ablegte, sondern widersprach oder schwieg, haben sie mir deutlich gemacht, daß sie mir kein Wort glauben.

Wenn ich heute die Verhöre lese, sehe ich, daß man den Eindruck gewinnen kann, als habe es eine rege Frage- und Antwortkette gegeben. Keine Pausen, kein mehrmaliges Nachfragen und Vorhalten sind darin vermerkt. Und dabei gab es sehr viele Momente, wo ich widersprach oder mich verweigerte. Die Protokolle strotzen von Redewendungen, die ich nie gebraucht habe, sogar von Zugeständnissen, die ich nie gemacht habe. (Allerdings habe ich sie unterschrieben, und dazu werde ich später noch etwas erklären.)

Zum Beispiel: »*Mir ist dann sofort aufgefallen, daß sie ihre normale Bekleidung (Höschen und T-Shirts) anhatten und nicht ihre Schlafanzüge.*«

Ich habe nie von T-Shirts und Höschen gesprochen, denn die Höschen habe ich nicht sehen können, weil – wie ich den Beamten auch sagte – die Mädchen bis zur Taille etwa zugedeckt auf dem Rücken lagen. Daraus ist später konstruiert worden, daß ich die Kinder getötet haben mußte, weil ich wußte, was sie anhatten.

Zu den anonymen Briefen heißt es im Protokoll:
»*Wir wollten mit diesen Maßnahmen erreichen, daß die Familienangehörigen, die Nachbarschaft und auch die Polizei*

*davon ausgehen, daß die Kinder tatsächlich vermißt sind und sie durch einen Fremden mitgenommen sein könnten. Weiterhin haben wir gehofft, daß durch eine Suchaktion die Kinder schnell gefunden werden.«... »Mit dem zweiten Brief vom 15. 8. 86 (»...«) wollte ich schon auf meinen Ehemann als Täter in der Tötungssache zum Nachteil meiner Kinder hinweisen. Die Angelegenheit hat mich sehr stark beschäftigt. Ich konnte mich aber doch nicht durchringen, offen die Angelegenheit zu schildern und meinen Mann zu belasten.«*

Erstens ist nicht richtig, daß ich im Fall des ersten Briefes von WIR sprach, denn, wie ich schon sagte, habe ich mit Reinhard Weimar fast nichts mehr besprochen und schon gar nichts abgesprochen. Ich habe beide Briefe allein und vom Gefühl geleitet geschrieben. Und außerdem wird hier besonders deutlich, daß das im Protokoll nicht meine Sprache ist. Den Tod meiner Kinder, die Tötung als »Angelegenheit« zu bezeichnen, die mich »sehr stark beschäftigt hat«, kommt mir noch im Rückblick wie Zynismus, ehrlich gesagt: wie ein Schlag ins Gesicht durch die vernehmenden Beamten vor. Was sollte damit ausgedrückt werden, und wie wurde ich damit gekennzeichnet? Aus diesen Verhören mußten sich doch die Richter ein Bild von mir und meiner Haltung zum Tod meiner Kinder machen, noch ehe sie mich im Gericht kennenlernten! Eine wichtige Stelle in meinem letzten Verhör, als ich mit der Wahrheit herauskam, ist mir noch aufgefallen, weil sie später zu dem angeblichen Motiv für mich wurde.

Zu Kevin Pratt und mir steht im Polizeiprotokoll:
*»In diesem Zusammenhang machte er mir erhebliche Vorhaltungen betreffend meiner noch nicht stattgefundenen Scheidung. Ich muß dazu ehrlich sagen, daß ich ihn seit Juli des Jahres immer wieder von Woche zu Woche mit der Einreichung der Scheidung vertröstete. Er hat mir dann auch das*

*Ultimatum gestellt: ›Wenn du dich nicht nächste Woche scheiden läßt, dann siehst du mich nicht wieder.‹ Ich habe ihm dann erklärt, daß ich zuerst einmal die Einschulung der Melanie in Heimboldshausen abwarten wollte und daß ich dann sofort danach die Scheidung einreichen wolle.«*

Von einem Ultimatum habe ich nie geredet, aber es wurde später in der Anklage und im Urteil zu einem möglichen Tatmotiv. In dem Verhör ist auch nicht vermerkt, daß Kevin sich mit dem Hinweis auf Melanies Einschulung beruhigen ließ und wir uns wieder versöhnten, daß wir vor dem Tod der Kinder mit ihnen und nachts ohne sie einen besonders harmonischen Tag verbrachten.

Das Verhör ging an dieser Stelle wie folgt weiter:

*»Was hat die Scheidung mit der Einschulung der Melanie zu tun?«*
*»Ich wollte nun mal erst, daß die Melanie eingeschult wird, weil ich nicht so recht wußte, was mit dem Sorgerecht und allem dann passiert.«*
*»Hat das Ultimatum Sie in eine Zwangslage gebracht?«*
*»Nein, ich glaube nicht. Wenn, dann hätte ich mich für die Kinder entschieden.«*

Wenn ich diese Passage heute lese, kann ich nur sagen: sie stimmt nicht. Ich wußte, wie das Sorgerecht in unserem Fall aussehen würde. Ich hatte mich ja schon im Juli beim Anwalt erkundigt, und Reinhard hatte durch diesen erfahren, daß es positiv für mich aussieht, für beide Kinder. Ich kann das nicht gesagt haben. Aber im Zweifelsfall steht Aussage gegen Aussage, weil ich alles unterschrieben und zum Schluß gar nicht mehr gegengelesen habe. Ich habe dem Begriff »Ultimatum« nicht ausdrücklich widersprochen, weil ich seine Tragweite gar nicht begriffen habe. Und ich habe nicht gemerkt, daß sie daraus, daß ich Kevin nicht verlieren wollte, später eine »sexuelle

Hörigkeit« machten. Dieser Begriff tauchte zum ersten Mal, wie ich jetzt gelesen habe, im Abschlußbericht an den Staatsanwalt auf, den der Leiter der »Sonderkommission Weimar« geschrieben hatte. Er war der Vorgesetzte jener Beamten, die mich – wie oben beschrieben – befragten und meine Aussagen in ihrer Sprache wiedergaben. All diese Äußerungen und noch andere, die ich teilweise, als ich noch wach genug war, beim Lesen damals korrigiert haben wollte, ergaben später das Material für das Gericht, ein Motiv für mich als Mörderin zu konstruieren. Ich habe den Vernehmungsbeamten damals gesagt, daß ich unter starken Beruhigungsmitteln stünde; trotzdem haben sie mich stundenlang teilweise in grober Art befragt und angeschrien. Tatsache war, daß ich seit dem 5. August von unserem Hausarzt Valium 10 verschrieben bekommen hatte und nach meiner Erinnerung je nach Bedarf danach griff.

Erst waren die Beamten noch höflich, kamen in unsere Wohnung und fragten dort, ohne sofort schriftlich etwas niederzulegen und abzeichnen zu lassen. Ab dem 8. August holten sie mich zur Befragung in die Baracken, die bei der ehemaligen Zollstation Philippsthal extra für die Mord-Sonderkommission eingerichtet worden waren. Und später fuhren sie mich auf ihr Revier in Bad Hersfeld, wo sie ihre ständigen Büros hatten. Offiziell, das weiß ich seit der Wiederaufnahme-Verhandlung, wurde ich immer nur als Zeugin vernommen und ensprechend aufgeklärt. Aber ich spürte, daß sie mich längst der Tat verdächtigten, sie hielten mir das ja auch vor.

Als ich bei den Vernehmungen vor dem 28. August darauf bestand, daß einige Textstellen in den Protokollen geändert werden müßten, da es sonst nicht meine Aussage und teilweise sinnentstellend sei, weigerten sich die Kripo-Beamten, dies zu tun. Sie sagten mir damals, das ändere nichts an der Aussage und würde schon richtig verstanden. So unterschrieb ich, müde und resigniert, jede einzelne Seite, ohne sie gegenzulesen, damit ich, am Rande meiner Kräfte, endlich meine Ruhe hatte.

Das letzte Verhör – in dem ich endlich die Wahrheit sagte, weil ich merkte, wenn ich jetzt Reinhard weiter schone, verhaften sie mich – ging von morgens etwa 8.30 Uhr an, als sie mich abholten, bis nachts um 23.00 Uhr. Am nächsten Morgen ging es um 8.15 Uhr weiter. Im Protokoll steht dann immer als Vermerk:

*»Frau Weimar kann der Vernehmung noch folgen. Ihr wurden Kaffee und Brote gereicht.«*

Es steht auch vermerkt, daß ich erst am nächsten Morgen wegen Müdigkeit das Protokoll gegenlesen solle. Das klingt alles sehr menschlich. Aber ich habe öfter, nicht nur damals, gesagt, ich könne nicht mehr und ich stünde unter Valium.

Nach diesem Marathon-Verhör am 28. August, dessen Länge ich ja im nachhinein einsehen kann, weil es um meine Verhaftung ging, wurde ich in die Polizei-Arrestzelle gelegt. Sie haben mir Papier und Stift gegeben und gesagt, ich solle in der Nacht aufschreiben, was ich wüßte. Das habe ich nicht getan. Ich hatte es ihnen ja gerade alles erzählt. Trotzdem konnte ich nicht schlafen und habe morgens natürlich nicht ausgeruht und mit klarem Kopf das seitenlange Protokoll vom Vortag unterschrieben; allein zum aufmerksamen Durchlesen hätte ich eine Stunde gebraucht. Daß man die Unterschrift verweigern, sogar eigene Beweiserhebungen fordern kann, wie mir der Anwalt später sagte, wußte ich damals nicht. Ich war ja zu dem Zeitpunkt ohne jeden Anwalt und kannte mich nicht aus.

Das schlimmste Erlebnis war der Moment, als ich im Auto vor der Kripo in Hersfeld demonstrieren mußte, wie ich im Passat mit Kevin geschlafen hatte und dabei eventuell die Windschutzscheibe kaputtgetreten habe. Ich wußte nicht, wie der Sprung in die Scheibe gekommen war, hatte es Reinhard nach meiner Vormittagsfahrt zum Parkplatz, wo ich die Kinder suchte, gesagt, weil ich es erst am Morgen bemerkt hatte. Daraufhin hatte er mich angefahren, er wisse auch nicht, wie das passiert sei, und ich solle mir »was einfallen lassen«, sonst würde er sagen, daß ich eine Stunde später wiedergekommen sei. Das hätte den Verdacht auf mich gelenkt, weil ich mehr Zeit für ein Umbringen meiner Kinder gehabt hätte. Dieser Streit ist sogar von unserer Nachbarin Saager mitgehört worden, weil unser Fenster offenstand. Sie betonte dies vor dem Fuldaer Gericht und sagte auch in Gießen aus, daß sie auf den Streit hin in unsere Wohnung gekommen sei und zu Reinhard gesagt habe: »Das stimmt nicht. Sie ist um halb zwölf nach Hause gekommen, ich habe da doch mit ihr gesprochen!«

Ich log also vor der Polizei und sagte, ich hätte meinem Mann erzählt, ein Lastwagen habe einen Stein gegen meine Windschutzscheibe geschleudert. Dies bestätigte mein Mann bei seinen Befragungen, gab aber gleichzeitig immer an, es sei völlig absurd, weil ich eine sehr schnelle Fahrerin sei und den Lastwagen auf der Landstraße bestimmt überholt hätte.

Ich selbst wußte nicht, ob es ihm in der Nacht mit unseren toten Kindern oder mir in den Stunden davor mit Kevin passiert sein konnte. Da ich ihn anfangs decken wollte, erfand ich die Lastwagengeschichte. Später, als klar wurde, daß die Beschädigung von innen passiert sein mußte, gab ich deshalb zu, was mir sehr peinlich war und vielleicht gar nicht stimmte, daß es beim Liebesakt mit meinem Freund passiert sein müsse. Weil sie mir das nicht glaubten, fragten sie, ob ich es an einem Passat zeigen könnte. Ich ging nicht davon aus, daß ich es vorführen müßte. Ich war dazu bereit, weil ich nicht ahnte, daß ich es liegend, die Situation nachahmend, im Auto demonstrieren sollte, und dabei noch fotografiert wurde. Als ich mich dagegen wehrte, sagten die Kriminalpolizisten, mehrere Männer, die um mich herumstanden und die Szene dokumentieren ließen, ich könne mir ja ein Tuch über den Kopf legen.

Im Polizeiprotokoll steht dazu:

»*Die Vernehmung wird unterbrochen. Mir wurde soeben erklärt, daß ein VW-Passat beschafft würde und ich in diesem demonstrieren soll, wie es zur Beschädigung der Scheibe durch mich gekommen ist. Ich bin damit einverstanden, dies in Anwesenheit des Staatsanwaltes und der vernehmenden Beamten zu zeigen. Ich tue dies freiwillig und empfinde es auch nicht als entwürdigend. Zeit: 11.00 Uhr.*«

Daß dieses extra ins Protokoll hineingeschrieben wurde, zeigt ja nur, daß sich die Beamten der Entwürdigung bewußt waren und sich absichern wollten für spätere Nachfragen. Ich habe mich so gedemütigt gefühlt und so vor all den Männern geschämt, als ich im Auto lag! Ich konnte meine Zusage aber nicht mehr rückgängig machen. Und als ich wenigstens die Fotos zu verhindern versuchte, haben sie das mit dem Tuch gesagt.

Es stimmt, daß ich mich durch meine Entscheidung, nicht die Wahrheit zu sagen, bis es keinen anderen Weg zur Enthüllung der Tat als durch mich gab, in eine Lage hineinmanövriert habe, die mich immer neue Lügen erfinden lassen mußte. Ich log, um die aufkommenden Widersprüche zwischen meinen und den Aussagen von Zeugen zunächst zu vertuschen. Aber als ich sah, es geht nicht mehr so weiter, habe ich nur noch erzählt, wie alles wirklich war und kein Mal etwas ausgeschmückt oder mir selbst widersprochen – wobei ich dabei absolut in keinem guten Licht dastand, wenn man an die Nacht der Ermordung meiner Kinder denkt.

Aus heutiger Sicht, nach zehn Jahren, muß ich sagen: Hätte ich damals meinen Mann gleich angezeigt, wäre ich wahrscheinlich gar nicht verdächtigt worden, und vielleicht hätte dann die Polizei auch anders ermitteln können. Aber damals stand ich der Situation allein und hilflos gegenüber. Reinhard Weimar schaffte es, trotz seiner Schuld, sich als Opfer darzustellen. Ich war seiner Ansicht nach die Schuldige, die ihn, wie schon in seine Krankheiten, so auch in diese furchtbare Situation hineingetrieben hatte, und so sollte ich sie auch ausbaden.

Ich hatte immer für meine Kinder und mehr und mehr auch für meine Freiheit in der Ehe gekämpft. Jetzt gab es nichts mehr zu erkämpfen. Ich war völlig gelähmt. Erst als ich sah, er bleibt völlig unbehelligt, und ich soll jetzt nicht nur mit dem Tod meiner Töchter, sondern auch noch mit dem Gefängnis bestraft werden – für nichts anderes, als dafür, daß ich ihn betrogen und vernachlässigt hatte, was ich als meine Schuld empfand –, konnte ich nicht mehr.

Ich konnte nicht mehr stillhalten, das Geheimnis der Tat nicht mehr für mich behalten, ihn nicht länger decken. Es stimmt nicht, daß ich ihn aus Haß oder Rache oder, um mich reinzuwaschen, in dem Moment beschuldigte, als es mir an den Kragen gehen sollte – wie es einige Publizisten und eine Buchautorin darstellten. Es wurde mir allerdings unter dem Druck der Befragungen klar, daß ich schon viel zu lange geschwiegen hatte.

Die schlimmsten Tage im August waren aber nicht die Verhöre, sondern der Donnerstag, drei Tage nach Beginn der Suchaktion, an dem sie Melanie fanden, kurz danach Karola, und der Sonntag der Beerdigung. Ich weiß nur durch meine Mutter – in mir selbst ist für diese Tage ein dunkles Loch –, daß ich mich schreiend an den Beamten klammerte, der uns die Nachricht überbrachte, daß man Melanie gefunden hatte. Sie sagt, ich soll geschrien haben: »Ich will zu ihr, ich will mein Kind sehen!« Als man abends im Fernsehen die Nachricht vom Auffinden unserer Karola brachte, muß ich zusammengebrochen sein und geschluchzt haben: »Ich will meine Kinder wiederhaben!« Ich sah die Bilder, als Reinhard vor dem

Fernseher saß. Ich weiß nur noch, daß er mir an diesem Abend, ich weiß nicht mit welchem Gefühl, sagte: »Wir können doch wieder ein Kind haben.« Ich bekam einen Schreianfall. Ich schrie ihn an, für mich gäbe es keine Gemeinsamkeiten mehr mit ihm, gar keine.

Vor der Beerdigung, drei Tage später, bekam ich von unserem Hausarzt eine Ampulle Valium in die Vene. Ich habe nur noch das Bild vor Augen, wie die beiden weißen Kindersärge in die Erde gelassen wurden. Gestützt wurde ich von meinem Schwager. Ich fühlte weder meine Beine noch meinen übrigen Körper. Ich erinnere mich an Reinhard Weimar, wie er mich krampfhaft am Arm festhielt, ich war wie von einer Zange umklammert. Gedanken und Gefühle waren in mir ausgelöscht während der Zeremonie, die Leute, die Rede des Pfarrers, auch daß Reinhards Mutter mich beschimpft haben soll, ich weiß alles nur aus späteren Erzählungen. Nur das Bild der weißen Särge von Melanie und Karola blieb in mir.

Wenn ich heute die Todesanzeige lese mit dem Text:

>»Vater, wenn die Mutter fragt:
>›Wo sind unsere Kinder hin?‹,
>dann sage ihr, daß wir im Himmel sind.«

dann kommt sie mir völlig unerklärlich vor. Ich habe sie damals überhaupt nicht richtig gelesen. Ich begreife sie nicht. Wir haben sie nicht gemeinsam aufgegeben, Reinhard und ich, und meine Familie auch nicht.

Ich habe vor kurzem noch einmal meine Mutter danach gefragt, sie wußte auch nicht, wer sie in die Zeitung gesetzt hatte, es muß demnach wohl Reinhard Weimars Familie getan haben. Merkwürdig, der Text, fragen alle, die ich kenne: Ist er als Schuldeingeständnis oder als Beschuldigung zu lesen? Oder sollte er auf einen Dritten hinweisen?

Zur Beerdigung und der anschließenden Zusammenkunft in der Ausbacher Straße, dem sogenannten »Leid«, wie es bei uns in der Gegend heißt, war auch Kevin Pratt gekommen, denn er hatte die Kinder geliebt. Als Reinhard ihn bei uns zu Hause sah, machte er auf dem Absatz kehrt. Unser Hausarzt hatte uns beiden nach der Beerdigung empfohlen, nicht allein zu bleiben, wir seien »selbstmordgefährdet«.

So ging Reinhard zu seinem Bruder ins Dorf Gethsemane, wo er ab dann blieb, und ich zog zu meiner Mutter ins Stockwerk über unserer Wohnung. Ich hatte sowieso so viele bedrohliche anonyme Anrufe in den Tagen davor bekommen, daß ich nicht mehr ans Telefon gehen wollte, und ich hielt es in der Wohnung, in der die Kinder umgekommen waren, überhaupt nicht mehr aus.

Ich ging nur noch zum Kleiderwechseln runter und an dem Wochenende, als ich die anonymen Briefe schrieb. Die Nachbarn sprachen alle nicht mehr mit mir, die Leute in den Läden hörten auf zu reden, wenn ich auftauchte. Ich wollte aber auch gar keinen Kontakt. Ich hielt alles nur durch die Beruhigungsmittel aus, auch die Tatsache, daß ich meiner Familie nichts davon sagen konnte, was ich wußte. Aber sie fragten mich auch nicht. Erst nach dem langen Polizeiverhör am 28. August, als meine Mutter spät abends auf die Wache geholt wurde, fiel ich meiner Mutter in die Arme und versicherte ihr weinend, daß ich meine Kinder nicht umgebracht hätte. Sie hatte in dieser Nacht besondere Angst um mich.

Kevin Pratt hielt in den ersten Wochen nach dem Tod der Kinder zu mir. Während der Vernehmungen durch die Kripo hatte ich erfahren, daß er noch verheiratet und nicht bereits geschieden war, wie er mir imer gesagt hatte. Und eine Aufenthaltsverlängerung hatte er auch nicht beantragt. Aber ich verzieh ihm. Obwohl ich ihn so oft wie möglich sehen wollte, hatte ich auch ihm gegenüber bis zum 28. August nicht die

Wahrheit gesagt. Durch die Gegenüberstellung beim Staatsanwalt wurde sie ihm dann bekannt. Eine Zeitlang war er ab und an in unserer Wohnung gewesen, oder wir trafen uns in Bad Hersfeld und telefonierten häufig – bis die Army den Kontakt mit mir untersagte und er auf dem Gelände der Kaserne bleiben mußte. Ich wollte ihn trotzdem noch sehen, weil ich ihn noch liebte. Wir trafen uns dann heimlich noch ein paarmal am Zaun der St. Pheeters-Anlage, an einer unbeobachteten Stelle, und telefonierten um so mehr.

Am 30. 8. wurde ich vom Haftrichter und vom Staatsanwalt Sauter in Bad Hersfeld verhört. Es war das erste Mal, daß ich mich als Mensch behandelt fühlte, daß man mich ausreden ließ und einfühlsam fragte. Ich konnte die Nacht zum 4. August und den Tag danach noch einmal ausführlich schildern. Auch Reinhard Weimar wurde am selben Tag bis in die Nacht hinein noch einmal neu verhört. Ich glaube, am Tag darauf fand mit mir und Reinhard Weimar, der durch meine Aussagen festgenommen worden war, eine Tatrekonstruktion im Kinderzimmer unserer Wohnung statt, nach meinen Angaben. Ich zeigte den Beamten, wie er damals gesessen hatte und ich gestanden, und was geschehen war, was wir sprachen. Reinhard ließ alles mit sich geschehen und sagte nichts. Für mich war die Situation grausam. Ich war völlig verkrampft, weil wir mein Herz so weh tat und es mir sehr schwerfiel, die Situation zu rekonstruieren.

Am 20. 10. erschien in einer Beilage der »Hersfelder Zeitung« eine Anzeigencollage zu dem damals gerade gezeigten Film »Staatsanwälte küßt man nicht«. Man hatte die Köpfe der Filmstars durch meinen und den vom Staatsanwalt Sauter ersetzt. Es kursierten Gerüchte, ich hätte früher mit ihm zusammen Tennis gespielt, was ich überhaupt nicht konnte.

Raimund Sauter wurde am 20. Oktober vom Fall Weimar abgezogen. Die Kripo hatte gegen ihn beim Oberstaatsanwalt interveniert. Eine Woche nach seiner Ablösung wurde ich verhaftet und des Mordes an meinen beiden Töchtern beschuldigt. Obwohl Reinhard Weimar laut Protokoll folgendes ausgesagt hatte:

## Aus der Vernehmung Reinhard Weimars vom 30. 8. 96

**Frage:**
*Herr Weimar, können Sie uns sagen, warum Sie, nach Ihrer Meinung, als Täter völlig ausscheiden?*
**Antwort:**
*Ich kann mich nicht erinnern, so eine Tat begangen zu haben.*
**Frage:**
*Herr Weimar, ich weiß aus früheren Unterhaltungen mit Ihnen, daß Sie zur stationären Behandlung in Hünfeld und Fulda waren, weil Sie zeitweise Ausfälle hatten und hinterher nicht mehr wußten, was in der Zwischenzeit alles geschehen war?*
**Antwort:**
*Es stimmt, daß ich zweimal umgefallen bin und dann hinterher nicht mehr im einzelnen wußte, was vorgefallen war.*
**Frage:**
*Könnte es sein, daß Sie auch im vorliegenden Falle irgendwelche Ausfallerscheinungen hatten, weil Sie mir in einer der vorigen Fragen geantwortet haben, daß Sie sich nicht erinnren können, eine solche Tat begangen zu haben?*
**Antwort:**
*Ich kann mir das nicht vorstellen.*
**Frage:**
*Herr Weimar, warum haben Sie eigentlich nach dem Verschwundensein Ihrer beiden Töchter nicht mehr in dem gemeinsamen Schlafzimmer geschlafen?*
**Antwort:**
*Meine Erklärung weiß ich nicht. Warum meine Frau auf der Couch geschlafen hat, wahrscheinlich wegen dem Telefon.*

Pause

**Reinhard Weimar:**
*Ich habe mir meine bisherige Vernehmung bis einschließlich Blatt 17 durchgelesen. Hinsichtlich der Frage, ob im vorliegenden Falle bei mir nicht eventuell irgendwelche Ausfallerscheinungen vorgelegen haben können, möchte ich an dieser Stelle noch ergänzen, daß dann, wenn ich tatsächlich etwas damit zu tun haben sollte, Ausfälle bei mir gewesen sein könnten.*

*Ich habe aber die Kinder nicht weggebracht. Ich kann mir nicht vorstellen, bei klarem Verstand überhaupt etwas mit dem Verschwinden der Kinder zu tun zu haben. Ich bin auch gerne bereit, mich nach neuesten wissenschaftlichen Erkenntnissen einer Untersuchung zu unterziehen.*

*Wenn ich überhaupt als Täter in Betracht kommen sollte, so kann ich es mir persönlich nur so erklären, daß ich die Tat nicht im Vollbesitz meiner geistigen Kräfte ausgeführt haben kann. Ich bin aber fast sicher, daß ich für einen derartigen Fall den Abtransport der toten Mädchen nicht selbst durchgeführt habe. Ich bin auch der Meinung, daß ich mit der Tat nichts zu tun habe, weil ich mir nicht vorstellen kann, in der Nacht im Kinderzimmer gewesen zu sein.*
*(...)*

**Frage:**
*Herr Weimar, hat Ihre Frau in dem Zeitraum, als die beiden Kinder noch als vermißt galten, Ihnen dahingehend Vorwürfe gemacht, daß Sie die Kinder umgebracht hätten?*
**Antwort:**
*Nein, zu dieser Zeit nicht. Erst am Sonntag, dem 10. 8. 1986. Sie sagte mir, ich hätte die Melanie getötet. Ich habe meiner Frau keine Antwort gegeben.*
**Frage:**
*Herr Weimar, wie können Sie es sich erklären, daß die Brigitte*

ausgesagt hat, daß bereits vor Auffinden der beiden Kinder ein diesbezügliches Gespräch zwischen Ihnen und Ihrer Frau gewesen sein soll? Ihre Frau soll Ihnen dahingehend Vorhalte gemacht haben, daß Sie die beiden Kinder umgebracht hätten. Sie sollen daraufhin geantwortet haben: »Ich oder was? Oder warst du es?«
**Antwort:**
*Das weiß ich nicht genau.*
*(...)*
**Frage:**
*Herr Weimar, Ihre Schwägerin Brigitte gibt ferner an, daß sie zu keiner Zeit eines der Kinder so laut habe schreien hören wie in der Nacht zum 4. 8. 86. Die Schreie sollen so laut gewesen sein, daß die Melanie, die im gleichen Zimmer lag, mit absoluter Sicherheit hätte wach werden müssen. Auch Sie hätten bei Tiefschlaf diese Schreie hören müssen. Wie können Sie sich erklären, daß weder die Melanie noch Sie selbst etwas gehört haben?*
**Antwort:**
*Ich habe nichts gehört. Und warum die Melanie nicht wach geworden ist, kann ich mir nicht erklären.*
**Frage:**
*Kann es nicht gewesen sein, daß die Melanie bereits tot war, als die Karola geschrien hat?*
**Antwort:**
*Nein.*
**Frage:**
*Die Brigitte Elliott gibt ferner an, daß der Schlüpfer der Karola total naß war, obwohl in dem Bett keine Nässe feststellbar war. Was schließen Sie daraus?*
**Antwort:**
*Dazu habe ich keine Erklärung. (zuckt mit den Schultern)*
**Frage:**
*Die Brigitte Elliot gibt weiterhin an, daß sie den Eindruck*

hatte, daß die Karola Angst hatte. Was könnte die Ursache gewesen sein?
**Antwort:**
Ich kann mich nicht erinnern.
**Frage:**
Könnte es sein, daß die Karola deshalb Angst hatte, weil sie gesehen hat, wie ihre Schwester Melanie mit einem Kissen erstickt wurde?
**Antwort:**
Das weiß ich nicht.
**Frage:**
Herr Weimar, haben Sie die Karola nur deshalb umgebracht, weil sie mit angesehen hat, wie Sie zuvor die Melanie mit einem Kissen erstickt haben?
**Antwort:**
Nein. Wenn es wirklich so war, dann muß es ein Blackout gewesen sein. Ich weiß nicht, wann der Blackout angefangen hat. Ich kann mich auch an nichts mehr erinnern.
**Frage:**
Herr Weimar, was verstehen Sie unter einem Blackout?
**Antwort**
Ich kann mir nicht vorstellen, meine Kinder getötet zu haben. Das, was wir gestern schon mal besprochen hatten. (Der Beschuldigte wird aufgefordert, eine derartige Situation »Blackout« mit seinen eigenen Worten zu umschreiben.)
**Frage:**
Herr Weimar, beschreiben Sie einmal, was Sie unter einem solchen Blackout verstehen?
**Antwort:**
Daß man sich nicht mehr erinnern kann.
**Frage:**
Herr Weimar, worauf könnte ein solcher Blackout, wie Sie ihn meinen, zurückzuführen sein?
**Antwort:**

(Der Beschuldigte zuckt mit den Schultern.) *So, wie wir gestern schon mal besprochen haben, Ausfallerscheinungen und so.* (Der Beschuldigte reibt sich bei dieser Antwort seine Hände auf den Knien.)

Später erfuhr ich, daß die Vernehmung an diesem Punkt abgebrochen wurde, weil die Beamten Mitleid mit Reinhard Weimar hatten.

# 7 Die Untersuchungshaft

Nachdem Staatsanwalt Sauter von dem »Fall Weimar« abgezogen worden war, war nun Staatsanwalt Hans Wachter zuständig. Am 27. Oktober erging Haftbefehl gegen mich. Als die Kripo vor unserem Haus vorfuhr, telefonierte ich gerade mit der Gehilfin vom Anwaltsbüro Schultze. Es klingelte stürmisch an der Wohnungstür, meine Mutter kam zu mir gerannt und rief: »Die Polizei hat das Haus umstellt!« Hinter unserem Haus vor dem Schlafzimmerfenster, vor dem Wohnzimmerfenster und an der Eingangstür standen die Kripo-Beamten verteilt. Ich telefonierte weiter und sagte zu meiner Mutter, sie solle bitte die Haustür öffnen. Sie stürmten in die Wohnung, der eine Kommissar fragte, mit wem ich spräche, und übernahm das Telefonat. Er sagte der Anwaltsgehilfin, daß er einen Haftbefehl habe und sie mich nach Fulda zum Haftrichter fahren würden. Dann bekam ich den Hörer wieder zurück. Die Mitarbeiterin informierte mich, daß mein Anwalt gerade in Fulda beim Gericht zu tun habe und sie ihn sofort benachrichtigen werde, damit er mir beistehen könne, wenn ich dem Haftrichter vorgeführt würde. Jetzt mußte ich das Telefongespräch beenden.

Ein Polizist legte mir den Haftbefehl vor und sagte, daß ich einige Kleidungsstücke einpacken solle. Eine Beamtin kam mit mir ins Schlafzimmer, ich mußte mich nackt ausziehen, und sie nahm an Ort und Stelle, was mich sehr demütigte, eine Körperkontrolle vor. Anschließend wurde ich auf Schritt und Tritt bewacht. Inzwischen waren auch meine Schwestern in meine Wohnung gekommen. Sie standen bei meiner Mutter in unserem Eßzimmer. Der Abschied von ihr war das Schlimmste. Meine Mutter stand weinend im Türrahmen und versuchte, ihre Tränen zu verbergen. Wir umarmten uns wortlos, aber ganz fest, wir konnten uns kaum trennen. Die

Trennung übernahm dann die Kriminalpolizei, denn bevor wir die Wohnung verließen, sagte einer der Beamten, daß sie mir Handschellen anlegen müßten, zu ihrer und zu meiner Sicherheit.

Was sie damit meinten, weiß ich bis heute nicht, ich fragte auch nicht danach. Ich schaute nur meine Mutter an, ich hätte losheulen können, wie verlassen und hilflos sie in der Tür stand. Aber ich schluckte meine Tränen hinunter, denn vor der Kripo wollte auch ich nicht zeigen, wie verzweifelt ich war. Als wir zu den Polizeiautos gingen, standen schon zwei Journalisten vor unserem Haus. Sie fotografierten sofort drauflos und sprachen mich an, wie ich mich fühle. Ich war völlig verzweifelt und antwortete nicht. Die Beamten setzten mich mit meinen Handschellen ins Auto und stiegen auch ein. Hinter uns fuhr das zweite vollbesetzte Auto. Ich beobachtete die ganze Zeit über den Fahrer im Rückspiegel, seine Miene schien völlig unbeteiligt. Keiner sprach mit mir ein Wort, auch untereinander sprachen die Polizisten kaum.

In Fulda angekommen, erschien sofort mein Rechtsanwalt im Zimmer des Haftrichters, nachdem ich dort hingesetzt worden war. Der Haftrichter las mir im Beisein des Staatsanwalts Wachter die Begründung meiner Verhaftung vor. Ich erinnere nicht mehr die einzelnen Punkte. Auf alle Fälle stand ich unter Mordverdacht. Ich durfte dazu Stellung nehmen und wiederholte meine Aussagen, die ich Ende August vor der Kripo, Staatsanwalt Sauter und dem Richter Tuchow gemacht hatte. Ich versuchte dem Haftrichter zu erklären, warum ich nicht um Hilfe gerufen und Reinhard Weimar nicht angezeigt hatte. Ich sagte ihm etwas von meinen furchtbaren Schuldgefühlen. Aber ich merkte, daß er mir nicht glaubte.

Anschließend durfte ich noch einige Zeit mit meinem Verteidiger allein sprechen. Herr Schultze erklärte mir, daß ich in Untersuchungshaft nach Frankfurt-Preungesheim ins Frauengefängnis gebracht werden würde. Er werde in den nächsten Tagen dorthinkommen und versuchen, mich so schnell wie möglich wieder herauszubekommen.

Dann wurde die Fahrt mit den zwei Kripo-Autos fortgesetzt, in Handschellen nach Preungesheim. Wieder folgte uns das zweite Auto. Wie eine Terroristin kam ich mir vor, so kannte ich es aus dem Fernsehen und der Presse. Während der Fahrt nach Frankfurt sah ich aus dem Fenster, um mir die Landschaft und die herbstlichen Farben einzuprägen. Meine Gedanken rasten durcheinander: an meine Mutter, an den schrecklichen Abschied von ihr, an das, was auf mich zukommen würde. Ich kannte keine Haftanstalt von irgendwelchen Besuchen, ich kannte nur Horror-Gefängnisse aus Filmen. Ich hatte Angst, und der Gedanke daran war grausam. Als sich das große Tor der Frankfurter Haftanstalt automatisch öffnete und die Wagen der Kripo in den Vorhof fuhren, hohe Mauern rings um mich herum, dachte ich, jetzt ist alles zu Ende. Das Tor schloß sich hinter uns, ich sah, daß die Mauern mit Stacheldraht gesichert waren, und hatte das Gefühl, daß ich hier nie wieder herauskommen würde. Ich konnte kaum atmen, alles war eng zusammengepreßt in meiner Brust. Die Kripo-Wagen fuhren zum nächsten Tor, das auch wieder unsichtbar geöffnet und geschlossen wurde. Danach ging es zu Fuß zum Eingang des Hauses, in dem die Aufnahmeabteilung untergebracht ist. Man übergab mich dem Personal der Anstalt, die Beamten aus Hersfeld gingen zurück zu ihren Autos, für sie war die Arbeit ausgeführt. Für mich begann der erste Tag von 3687 Tagen, die ich in der Frankfurter Haftanstalt verbringen sollte.

Es fing damit an, daß meine Personalien aufgenommen wurden und ich einige Papiere und Formulare unterschreiben mußte. Ich tat es wieder völlig abwesend, ohne sie gegenzulesen, denn ab jetzt war mir gleichgültig, was passierte. Ich hatte das Gefühl, ich kann sowieso nichts mehr beeinflussen, sie haben mich dort, wo sie mich haben wollten. Die hohen Stacheldrahtmauern und die automatischen Tore hatten mich vollkommen verängstigt und deprimiert.

Nach der Aufnahme wurde ich eine Treppe hinuntergebracht, zur sogenannten Kleiderkammer. Dort mußte ich meine Tasche und alle privaten Sachen abgeben. Alles wurde durchgesehen und in eine Kartei eingetragen: von Kleidung über Schmuck zum Personalausweis, der Inhalt meiner Handtasche – einfach alles. Das Geld, das ich in meinem Portemonnaie hatte, wurde an der Kasse eingezahlt. Als alle persönlichen Sachen kontrolliert und eingetragen worden waren, mußte ich in eine Kabine. Im Beisein einer Beamtin sollte ich mich ausziehen, bekam nach der erneuten Körperkontrolle einen Bademantel und Badeschlappen. Als ich dann zur Dusche gebracht wurde, sagte ich: »Ich habe heute morgen erst geduscht.« Aber es mußte trotzdem sein, das wird von jeder Frau verlangt, die neu in Haft kommt. Das war eine der vielen Gefängnis-Bestimmungen, wie ich von da an begreifen mußte. In dem Raum, in dem sich die Dusche befand, war es kahl und leer. Ich drehte das Wasser auf und setzte mich im Trockenen auf die einzige Bank, die sich im Raum befand. Dort konnte ich dann endlich weinen. Ich saß eine Weile beim Fließen des Wassers allein in diesem Raum, bis ich die Dusche zudrehte und wieder nach vorn zu den Beamtinnen in den Raum ging. Sie gaben mir einen Trainingsanzug und Turnschuhe. Ich zog diese Kleidung an, und man brachte mich ins Anstaltskrankenhaus zur sogenannten Zugangsuntersuchung. Ich wurde nach Krankheiten gefragt, man wog mich und nahm mir Blut ab, und der Blutdruck wurde gemessen.

Dann wurde ich wieder in die Kleiderkammer zurückgebracht. Die Bediensteten dort boten mir Kaffee an, ich durfte auch rauchen. Ich saß auf einem Stuhl und wartete, was als nächstes kommen würde. Ich wartete dort einige Stunden. Monate später erfuhr ich, daß überlegt worden war, ob man mich ins Anstaltskrankenhaus legen oder in die Zelle bringen solle. Wahrscheinlich machte ich einen sehr angeschlagenen Eindruck, so entmutigt, wie ich war. Gegen Abend endlich wurde ich in eine Zelle des Untersuchungsgefängnisses geführt. Mehrere Frauen vom Wachpersonal waren als Begleitung dabei. Unterwäsche, Bettwäsche, Handtücher und Kleidung, die jede Gefangene, wenn sie eingeliefert wird, bekommt – alles war in Plastiksäcken verstaut, die von den Frauen getragen wurden. Sie stellten die Säcke in meine Zelle.

Dann war ich allein. Ich setzte mich völlig ausgelaugt auf den einzigen Stuhl und schaute um mich. Außer dem Stuhl war in der Zelle ein Eisenbett, ein Tisch, der an der Wand befestigt war, und ein Hängeschrank, unter dem noch ein kleiner Schrank untergebracht war. In einer Ecke stand ein schmaler Eisenschrank für Wäsche. In der anderen Ecke schräg gegenüber war eine Toilette eingelassen und davor ein Waschbecken. Das Fenster war sehr klein; wenn ich rausschauen wollte, mußte ich mich auf einen Stuhl stellen. Eine Neonröhre war an der Wand über dem Tisch angebracht. Die Tür aus Eisen, mit dem Spion drin, hatte natürlich nur von außen ein Schloß.

Als ich eine Weile allein in der Zelle gesessen hatte – wie lange, kann ich nicht sagen, denn jedes Zeitgefühl war mir entschwunden –, kam eine der Beamtinnen und erklärte mir, wo ich was finden würde: die kleine Küche zum Beispiel am Ende des Ganges, in der eine Kochplatte stand und ein Brotvorrat für alle Gefangenen dieser Station. Sie erklärte mir die Duschzeiten, wann es zum Mittagessen in die Kantine ginge, wann Ein- und wann Aufschlußzeit sei. Ich konnte von all dem nichts aufnehmen, es kam mir so vor, als wenn sie an mir vorbei zu jemand anderem sprechen würde, nur da war kein anderer, ich war allein in einer Einzelzelle. Kurz danach – immer um 20.15 Uhr wurden die Zellen geschlossen – begann meine erste einsame Nacht. Die Plastiksäcke mit der Wäsche blieben in der Ecke stehen, ich nahm nur die Bettwäsche heraus und überzog mein Bett. Ich setzte mich darauf und brach plötzlich in Tränen aus. Warum glaubte keiner, daß ich unschuldig war?! Irgendwann war ich dann so müde, daß ich mich ins Bett legte. Doch schlafen konnte ich nicht richtig, denn das Neonlicht in der Zelle brannte die ganze Nacht über. Ich wurde durch den Spion in regelmäßigen Abständen beobachtet. Man hielt mich für selbstmordgefährdet, erfuhr ich später.

Am nächsten Morgen hörte ich um 6.30 Uhr laute Schlüsselgeräusche, jede Zelle wurde aufgesperrt. Ich holte mir warmes Wasser zum Waschen in die Zelle, denn duschen durfte man, wenn man nicht arbeitete, nur dreimal in der Woche: montags, mittwochs und freitags.

In den Vormittagsstunden des ersten langen Hafttages kam ein Sozialarbeiter in meine Zelle und sprach mit mir. Er informierte mich darüber, daß ich von seinem Büro aus meinen Anwalt anrufen könne. Ich dürfe zu jeder Zeit auch mit ihm selbst Gespräche führen und Fragen stellen. Er sei nur als Vertretung auf dieser Station, die zuständige Kollegin sei in Urlaub. Er hat mir dann einige Gespräche mit meinem Anwalt vermittelt. Ansonsten habe ich mehr mit seiner Kollegin gesprochen, die offen auf mich zukam, auch mit Fragen zu meiner Situation.

Zum Glück bekam ich bald den ersten Besuch von meiner Mutter, und auch mein Anwalt besuchte mich mehrmals außerhalb der offiziellen Besuchszeiten. Das waren meine einzigen Kontakte. Denn die ersten Wochen nach meiner Festnahme verbrachte ich ausschließlich in meiner Zelle. Ich verließ sie nur, wenn ich mir in der Flurküche heißes Wasser holte für Kaffee oder Tee. Ich hielt es nicht aus, andere Frauen zu sehen oder gar mit ihnen zu sprechen, denn ich mußte erst einmal mit mir selbst zurechtkommen. Die Tagesabläufe, die ganze Gefängnisorganisation, die Lautstärke der Frauenstimmen, das Schlüsselgeklapper, alles war fremd und bedrohlich. Morgens das Wecken, aber auch wichtige Mitteilungen kamen über das Mikrophon der diensthabenden Beamten im großen Glaskasten, der zur Kontrolle in der Mitte des Flures stand. In unseren Zellen war jeweils eine Sprechanlage installiert, durch die die Durchsagen kamen: Aufforderungen zum Duschen, zum Hofgang, zur Arbeit, aber auch Freizeitveranstaltungen wie Sport- oder Schreibmaschinenkurse wurden auf diese Weise durchgegeben.

Dreimal fragte mich eine Mitarbeiterin des Gefängnisses, ob ich nicht in der Kleiderkammer mitarbeiten wolle. Sie war der Meinung, daß es besser für mich sei, wenn ich etwas abgelenkt würde. Ich konnte mich erst nicht entscheiden, weil es mir zu schnell ging und ich mir noch gar keine Gedanken zu einer möglichen Arbeit gemacht hatte. Beim dritten Besuch der Beamtin sagte ich zu, Mitte November fing ich mit meiner Arbeit an. Auf diese Weise kam ich unter Menschen. In der Kleiderkammer arbeitete ich mit zwei Gefängnisangestellten und drei anderen Gefangenen. Wir gaben die Hauswäsche aus und sorgten für die Kleidung, die Frauen bei Urlauben, Ausführungen oder Gerichtsverhandlungen trugen, hatten mit den »Neuzugängen« und »Entlassungen« zu tun, wie es in der Gefängnissprache heißt.

Ich lernte eine ganz neue Sprache kennen, alle offiziellen Wörter für den Haftalltag. Unsere jeweilige Zellenabteilung hieß »Station«, es erinnerte mich ans Krankenhaus und klang nicht so hart wie »Trakt«, ich gebrauchte immer diesen Ausdruck für den Ort, an dem ich jetzt untergebracht war. Die Wächterinnen nannten wir »Bedienstete«. In der Kleiderkammer versuchte ich so freundlich zu den Gefangenen zu sein, wie man zu mir bei meiner Aufnahme dort gewesen war, denn ich wußte ja noch, welchen Schock diese erste Begegnung mit einem Gefängnis auslöst. Oft gab ich den neu eingelieferten Frauen von meinen selbstgedrehten Zigaretten, denn selten hatten sie genug bei sich, wenn sie verhaftet worden waren. Ich merkte schnell, daß es ein Privileg war, daß ich keinen Arbeitsantrag hatte stellen müssen. Einige Frauen verbrachten die Untersuchungshaft, die Zeit bis zum Prozeß, untätig. Anfangs hatte ich einen schweren Stand unter den Häftlingen. Allerdings nicht nur wegen dieses Privilegs, sondern auch wegen der mir vorgeworfenen Tat. Die ersten zwei bis drei Wochen wurde ich überhaupt nicht angesprochen und geschnitten, wenn ich etwas fragte. »Die Hure bringt wegen einem Ami ihre Kinder um!« hieß es damals über mich. Das wurde mir nicht ins Gesicht gesagt, sondern laut im Beisein von anderen Frauen, wenn ich mich in den Gruppenraum setzte. Wenn sie sahen, daß ich dort fernsah, unterhielten sie sich in der anderen Ecke des Raumes so laut über mich, daß ich es hören mußte. Damals konnte ich mich überhaupt noch nicht wehren und reagierte nicht anders auf diese Demütigungen, als daß ich den Raum wortlos verließ. Ich ging dann in meine Zelle und wollte allein sein. Ich fand es schrecklich verletzend, daß keine von den Frauen mich einzeln ansprach und fragte, daß sie sich ihr Urteil bildeten nach dem, was sie in den Klatschblättern gelesen hatten, obwohl sie fast alle aus eigener Erfahrung wußten, wie solche Berichte zustandekamen. Nur in der Gruppe fühlten sich diese Frauen stark.

Als ich im Dezember endlich in einer Gruppe von fünf bis sechs Frauen aufgenommen worden war, kamen einige von ihnen einzeln auf mich zu und sprachen mich an. Eine sagte erstaunt: »Du bist ja gar nicht so!« Ich verstand erst nicht, was sie meinte, und fragte nach. Da sagte sie: »Du bist gar nicht so, wie sie dich in den Zeitschriften beschreiben.« Da war mir klar, daß viele meinen Fall aus der Presse genau kannten und daß er wahrscheinlich Gesprächsthema gewesen war, schon ehe ich eingeliefert worden war. Ich fragte die Frauen nicht, warum sie denn hier seien, denn dazu war ich viel zu sehr mit mir selbst beschäftigt, und sie erzählten mir damals auch noch nicht von sich aus davon. Ich sprach damals zum ersten Mal, natürlich noch mißtrauisch und sehr vorsichtig, über die Gründe, warum ich verhaftet worden war, und über meinen Mann. Die Frauen dieser Gruppe, die zueinander schon ein gewachsenes Vertrauen hatten, halfen mir dann über die furchtbare Zeit der Verunsicherung hinweg, die Anfangszeit meiner Haft. Sie bekamen mit, wie mich andere behandelten, versuchten, mir Mut zu machen, das zu ignorieren oder mich zu wehren, wenn es zu massiv kam. »Hör einfach nicht drauf, die sollen sich erst mal um ihren eigenen Dreck kümmern!« war ihr Rat.

Ich war zufrieden mit der Arbeit in der Kleiderkammer. Ich hatte sieben Stunden am Tag dort zu tun, eine Woche Frühschicht ab 7.00 und eine Woche ab 14.00 Uhr, immer im Wechsel. Einmal in der Woche war für alle Gefangenen Wäschetausch, die getragene Wäsche wurde abgegeben und neue an die Frauen ausgeteilt. Wir mußten die Kleidungssäcke für »Neuzugänge« richten, die schmutzige Wäsche in Säcke packen und in die Waschküche fahren. Gewaschene Wäsche mußte aus der Waschküche geholt, zusammengelegt und in die Fächer sortiert werden. Bis zum Beginn meines Prozesses im März 1987 arbeitete ich dort, dann wurde es mir durch die Gerichtstermine zuviel, und ich hörte damit auf.

Die gesamte Zeit der Untersuchungshaft war sehr unruhig, denn es lebten natürlich nur Frauen hier, die auf ihren Prozeß warteten. Durch die Ungewißheit, wann ihr Prozeß stattfinden und wie er ausgehen würde, waren alle Gefangenen nervös, hektisch, unaufmerksam und manchmal sehr laut. Entweder war ihre Stimmung in einem Tief, bei manchen aggressiv oder aber hektisch überdreht. Das Schlimme war, daß man sich nur bedingt gegenseitig helfen konnte, weil sich alle in einer so ungewissen Situation befanden.

Die Besuche von meinem Anwalt Schultze machten mir immer Mut. Er kam, wenn ich nicht mehr weiter wußte und

Angst verspürte, nie mehr aus der Anstalt herauszukommen. Er legte als erstes Beschwerde gegen den Haftbefehl ein, mit der er aber nicht durchkam, weil angeblich Fluchtgefahr bestünde. Diese Nachricht war die erste negative in einer langen Kette von niederschmetternden Entscheidungen, die ich während meiner Haftzeit verarbeiten mußte. Ich war am Boden zerstört. Doch Herr Schultze vermittelte mir die Gewißheit, daß ich nach meinem Prozeß ein freier Mensch sein würde. Das gab mir, die ich gar keine Ahnung von Gerichten hatte, wieder Hoffnung und neuen Mut.

Der erste Besuch meiner Mutter im November war einerseits sehr wohltuend, weil sie von Anfang an zu mir hielt und von meiner Unschuld überzeugt war, andererseits tat es mir sehr weh. Sie war sehr blaß und sah unglaublich mitgenommen aus. Die Zeit verging außerdem so schnell: Sie durfte nur eine halbe Stunde im Besucherraum bleiben. Während der gesamten Zeit saß ein Beamter mit im Raum, der unser Gespräch überwachte, denn es darf bei Untersuchungsgefangenen nicht über die Tat oder den Prozeß gesprochen werden. Die dreißig Minuten lang, die meine Mutter bei mir war, versuchte ich mir nicht anmerken zu lassen, wie es mir ging, denn ich wollte es ihr nicht noch schwerer machen.

Als ich wieder auf meine Station gebracht wurde, zog ich mich schnell in meine Zelle zurück und weinte. Es ging mir miserabel, der Abschied tat mir sehr weh, am liebsten wäre ich einfach mit nach Hause gegangen. Meine Mutter kam von da an jede zweite Woche zu Besuch. Sie ahnte, wie es mir ging, und konnte, wie sie mir später sagte, nicht fassen, daß zur Trauer um den Tod meiner Kinder noch der falsche Verdacht gegen mich und die Verhaftung kam.

In den Wochen nach dem ersten Besuch wurden vom Gericht in Fulda längere Besuchszeiten genehmigt. Manchmal kamen dann auch meine Schwestern mit, aber es klappte nur selten, weil die Besuchszeit nur an Werktagen von 8.30 bis

15.30 Uhr möglich war. Aber eine bis eineinhalb Stunden konnte ich so immerhin alle zwei Wochen mit jemandem aus meiner Familie sprechen. Ab und an gab es Sondergenehmigungen von zwei Stunden, die ich schon aufgrund der langen Fahrtstrecke für meine Mutter menschlicher fand. Aber alle Telefonate nach Hause, die nur mit Genehmigung des untersuchenden Gerichtes erlaubt werden konnten, wurden auf acht Minuten begrenzt und, durch eine Zeituhr gestoppt, danach abgebrochen. Ich telefonierte mit meiner Familie erst nach meinem Urteil, denn ab da konnte ich ein wenig besser mit den festgesetzten Zeiten umgehen. Vorher habe ich es nicht übers Herz gebracht, nur acht Minuten mit meiner Mutter zu sprechen.

Im Laufe der nächsten Monate lernte ich durch die Frauen, die mich in ihren Kreis aufgenommen hatten, die Abläufe eines Gefängnisalltags besser kennen. Sie erklärten mir die Vorschriften, die man sonst nur knapp vorgetragen bekam, wenn man etwas falsch gemacht hatte oder etwas zu tun hatte. Man durfte eine gewisse Anzahl privater Kleidungsstücke haben, die bei Kontrollen übersichtlich im Schrank verstaut sein mußten. Daneben war es erlaubt, Süßigkeiten, Briefpapier und einige Nahrungsmittel in der Zelle zu haben, alles vom selbstverdienten Geld im Gefängnisladen gekauft. Man durfte nicht mehr als zwei Paar Schuhe und ein Paar Hausschuhe besitzen. Im Winter kamen für den Hofgang ein eigenes Paar Handschuhe, ein Schal und eine dickere Jacke hinzu. Die Kleidung durfte keine Schulterpolster und keine doppelten Nähte haben, aus Sicherheitsgründen, man hätte ja darin etwas Unerlaubtes schmuggeln können. Privater Kleidertausch war im April für den Sommer und im Oktober für den Winter. Dafür mußte ein Antrag gestellt werden, den man bei der Kleiderabgabe auf dem Paket anbringen mußte, sonst wurde es nicht abgenommen.

Meine Privatsachen, die meine Mutter für mich zusammenstellte, waren für mich sehr wichtig, denn sie waren ein Teil von zu Hause, ein Teil meiner Persönlichkeit.

Ziemlich bald nach meiner Einlieferung fing ich an, Tagebuch zu schreiben, weil ich keinen vertrauten Gesprächspartner mehr hatte, meine Gedanken und Gefühle aber irgendwo äußern mußte.

Tagebuch: Freitag, den 19. 12. 86
*Ich fühle mich nicht gut, habe keinen Hunger, wahnsinnige Kopfschmerzen. Ich bin wieder mal an einem Tiefpunkt angekommen. Diese Aussichtslosigkeit macht mich noch verrückt! Ein paar Tage, dann ist Weihnachten. Ich bin so hilflos in dieser ganzen Situation hier. Ich fühle mich so leer, spüre nichts mehr von meinem Körper. Nur die Gedanken an Melanie und Karola sind immer in meinem Kopf lebendig: Die Frage, warum das alles passieren mußte. Ich finde keine Antwort darauf. Ich sehe gerade Melanie so oft vor mir, wie lustig und fröhlich sie mit ihrem Ranzen an ihrem siebten Geburtstag herumlief. Sie hat sich so sehr auf die Schule gefreut! Als der Aufnahmetest im Juni in der Schule war, machte ihr das alles Riesenspaß. Sie waren beide so selbständig und verständnisvoll ... Ich werde sie nie mehr in den Armen halten können. Ich habe nur noch Bilder von meinen Kindern, und in meinem Herzen kann ich sie fühlen. Ich fühle mich durch die Geburt immer noch fest mit ihnen verbunden. Es war ein wunderbares Gefühl, als ich nach der Entbindung mit ihnen nach Hause kam. (...) Irgendwann werde ich auch bei ihnen sein, bei meinen zwei süßen Mädchen.*

Weihnachten bekam ich ein Paket von meiner Mutter, worüber ich mich natürlich sehr freute. Aber wir mußten es im Beisein einer Beamtin öffnen, einzelne kleine Päckchen wurden aufgerissen, Stichproben von Lebensmitteln entnommen.

So war es auch bei zwei weiteren Paketen, die ich an den drei dafür festgesetzten Tagen im ersten Jahr empfing. Ich war darüber sehr traurig, weil alles jetzt so lieblos aussah und meine Mutter immer alles so besonders schön verpackte. Als später nicht nur Stichproben die Regel waren, sondern vorschriftsmäßig jedes kleine Päckchen im Paket geöffnet und kontrolliert werden mußte, ließ ich mir lieber gar keine Pakete mehr schicken. Ich konnte mir ab dann das Geld für diese Pakete überweisen lassen und kaufte mir dafür Sachen im Gefängnisladen.

Je länger ich in Haft war, desto weniger kam ich mit all den Vorschriften, die den Alltag enorm einschränken, zurecht. Ich konnte manche Vorschrift, die mit der Sicherheit und Ordnung begründet wurde, überhaupt nicht verstehen. Es gibt viele Gefangene, die sich mit der Zeit völlig daran gewöhnen, ich gewöhnte mich nie daran.

## 8  Der Prozeß in Fulda

Als am 2. März 1987, einem Montag, meine Zellentür geöffnet wurde und eine Beamtin mich zur Bereichsaufsicht führte, wußte ich: es ist soweit. Die mitgefangenen Frauen hatten mich auf eine viel längere Wartezeit vorbereitet. Wenn ich nicht arbeitete, dämmerte ich vor mich hin. Mit einem Mal war ich hellwach, es war vormittags, mein Herz klopfte. Ich bekam einen Stapel Papiere in die Hand gedrückt: die Anklageschrift, als Anhang die Prozeßtermine. In drei Wochen sollte alles beginnen. In meiner Zelle las ich ganz allein mit weichen Knien auf dem Bett die Anklageschrift – 36 Seiten. Ich bekam nichts davon in den Kopf hinein. Es zog mich in Windeseile ganz tief hinab, mir wurde schwindlig, ich spürte nur noch, daß es jetzt ganz gefährlich wird, daß ich Hilfe brauche. Aber ich konnte mich niemandem gegenüber im Gefängnis öffnen.

Heute betrachte ich es als Fehler, daß ich damals keine psychologische Hilfe angenommen habe. Aber alle anderen Untersuchungsgefangenen, mit denen ich sprach, hatten mich vor dem Gefängnispsychologen gewarnt: Er arbeite mit der Leitung zusammen. Das hieß für mich damals nichts Gutes, ich hatte ein Mißtrauen allen Behörden gegenüber seit den Erfahrungen mit der Kriminalpolizei. Ich hatte Angst, jemandem, der im Gefängnis angestellt war, mein Innerstes preiszugeben, Angst, daß es gegen mich verwendet werden könnte. Daß auch ein solcher Psychologe der Schweigepflicht unterlag, wußte ich zu der Zeit nicht, mich hatte auch niemand darüber aufgeklärt.

Ein paar Tage später kam mein Anwalt aus Hersfeld ins Gefängnis. Er war immer noch optimistisch und sprach mir Mut zu, sagte, ich würde niemals verurteilt werden. Auf die Idee, nachzufragen, was auf mich im Gericht zukäme, welche

Rolle jeder dort spielen würde, kam ich nicht. Und so war ich darauf auch nicht vorbereitet. Im Gefängnis war mein einziger Halt damals die Sozialarbeiterin, mit der ich oft meine Haftprobleme besprach. Aber über meine Prozeß-Ängste redete ich auch mit ihr nicht.

Tagebuch, 9. März 87:
*Am 23. März beginnt mein Prozeß. Bis zum 7. August haben sie erst mal Termine geplant. 23 Verhandlungstage: Ich habe Angst, denn ich weiß nicht, was auf mich zukommen wird. Bis zum Tod meiner Kinder hatte ich noch nie etwas mit Polizei oder Justiz zu tun. Meine Gedanken kreisen nur noch um den ersten Verhandlungstag. Ich bin nervös, angsterfüllt, voller Sorge. Ich weiß nicht, ob ich so einem Prozeß gewachsen bin. Seit ich erfahren habe, wann alles losgeht, bekomme ich Beruhigungsmittel von der Gefängnisärztin. Obwohl ich versuche, kleinere Mahlzeiten einzuhalten, spielt mein Magen verrückt, so daß mir oft übel ist und ich mich immer wieder übergebe. Ich wiege nur noch 48 Kilo.*

Zwei Wochen später, am Wochenende vor Prozeßbeginn, war ich plötzlich ganz ruhig, es machte mir richtig Angst. Ich war nicht mehr aufgeregt; ich hatte gar keine Gefühle mehr. Das kam wahrscheinlich von den Beruhigungsmitteln. Ich bekam nach drei Monaten Pause wiederum Valium. Mir war damals nicht klar, daß ich intensiver auf meine Gesundheit hätte achten müssen. Ich wollte einfach nur meine Nerven beruhigen und vertraute den Ärzten im Gefängnis. Ich wußte nicht, wie stark es mich während der Verhandlungen geistig einschränken würde. Ich hätte Yoga oder autogenes Training gebraucht, wie ich es später im Gefängnis kennenlernte.

Am Abend vor meinem ersten Verhandlungstag ging ich gegen 22.00 Uhr zu Bett, doch ich konnte schlecht einschlafen, wurde von stechenden Kopfschmerzen geplagt. Durch die nächtliche Kontrolle bekam ich keinerlei Ruhe und schon gar keinen Tiefschlaf. Ich stand im Nachtkontrollbuch, das heißt, jede Stunde kamen Vollzugsbeamte, schalteten das Licht an und guckten durch den Spion. Jedesmal, wenn das Licht der Neonröhre aufflackerte, war ich hellwach. Ich versuchte zwar, wieder einzuschlafen, aber bis ich soweit war, kam schon die nächste Kontrolle. Sie hielten mich für selbstmordgefährdet. Ich war es damals aber noch nicht.

So war ich schon völlig zermürbt, bevor wir losfuhren. Um 5.15 Uhr wurde ich geweckt, um 6.50 holte mich die Polizei ab, um mich zum Landgericht Fulda zu bringen. Die Fahrt dorthin dauerte ungefähr eine Stunde. Die ganze Zeit über hatte ich Magenschmerzen, quälende Kopfschmerzen, mein Kreislauf flatterte, und meine Nerven waren bis zum Äußersten gespannt.

Als wir vor dem Gerichtsgebäude anhielten, wartete schon eine Schar von Reportern auf mich. Von allen Seiten trafen mich ihre Blitzlichter, als ich aus dem Polizeiwagen stieg, die Auslösergeräusche schwirrten mir um die Ohren. Sie drängten alle so dicht um mich herum in den Gerichtssaal, daß sie mich beinahe erdrückt hätten. Als ich zur Anklagebank geführt wurde, wäre ich am liebsten im Erdboden versunken, so elend war mir zumute nach dieser Konfrontation mit all den Schaulustigen. Beim Blick auf die Zuschauerbänke nahm ich eine graue Ansammlung von Menschen wahr, hauptsächlich ältere Frauen, wie mir schien.

Sie verrenkten ihre Hälse nach mir. Als ich saß, schaute ich sie nicht mehr an. Auf der Anklagebank mußte ich noch einmal einen Ansturm der Reporter über mich ergehen lassen, die nach mir in den Saal gelassen worden waren. Sie stürmten von allen Seiten ganz nah an mich heran, fotografierten und filmten mich. Als ich nicht mehr konnte, hielt ich mir den Umschlag mit meinen Prozeßunterlagen vors Gesicht. Erst nach einer ganzen Weile verbot der Vorsitzende Richter weitere Aufnahmen.

Niemals zuvor habe ich eine solche Schutzlosigkeit erlebt. Noch bevor der Prozeß eröffnet wurde, beantragten meine Anwälte eine Pause, weil sie sahen, wie es mir ging. Herr Schultze hatte einen Kollegen aus seiner Kanzlei, Ulrich Dähn, hinzugezogen. Sie saßen beide vor mir und waren den gesamten Prozeß über sehr einfühlsam und, soweit sie es konnten, beschützend mir gegenüber. Ich war an diesem ersten Verhandlungstag einem Zusammenbruch nahe, alles war mir zuviel geworden. Trotz der Beruhigungsmittel konnte ich mich nicht mehr zusammenreißen. Ich wäre am liebsten schreiend davongelaufen.

Von diesem Moment an begann ich, eine seelische Schutzwand um mich herum aufzubauen, sie schützte mich, aber sie ließ auch niemanden mehr an mich heran, ich wollte nicht noch mehr verletzt werden. In der Pause, die ich mit meinen Verteidigern Dähn und Schultze in einem Nebenraum verbringen durfte, hörte ich zwar, daß sie mich beruhigen wollten, aber mich erreichte nichts. Es war der Beginn einer großen Einsamkeit, aus der ich nur manchmal auftauchte. Etwa dreißig Minuten später begann der erste Verhandlungstag.

Ich weiß nicht mehr, wie die Anklage von Staatsanwalt Hans Wachter vorgetragen wurde. Ich war damals immer noch damit beschäftigt, mich selbst zu beruhigen, um nicht abzubauen. Ich hatte solche Kopfschmerzen, daß ich dachte, jeden Moment platzt mein Kopf auseinander. Als ich dies meinen Verteidigern sagte, bekam ich Kopfschmerztabletten, Professor Schumacher, einer der psychiatrischen Gutachter, gab sie mir. Meine Anwälte beantragten daraufhin die Verschiebung der Verhandlung auf den nächsten Tag. Es wurde bewilligt. Von diesem Tag an wußte ich, daß mir eine schwere Zeit bevorstand.

Die Polizisten, die mich nach Preungesheim zurückbrachten, behandelten mich sehr höflich, sie hielten mir die Wagentür auf, beobachteten mich nicht einmal versteckt im Rückspiegel. Besonders sympathisch war mir die junge Polizistin, die auch auf Pressefotos immer zu sehen war, weil sie stets an meiner Seite war. Sie war sehr hübsch, völlig uneitel und sehr warmherzig. Sie gab mir das Gefühl, ein Mensch zu sein. So sprach sie mir Mut zu und hat mich am Arm genommen, wenn ich vor den Presseleuten bei Ortsterminen später zusammenzuckte und nicht mehr weitergehen mochte. Sie war, bis auf ihre Urlaubstage, immer zu meinen Prozeßterminen eingeteilt. Diese Gewißheit tat mir gut.

Eine Woche später war der nächste Verhandlungstermin, der 1. April 1987. Reinhard Weimar war als Zeuge geladen: das erste Zusammentreffen mit ihm seit August 1986. Bei manchen Antworten, die er widerwillig auf Befragung des Vorsitzenden Richters Klaus Bormuth gab, stieg in mir sofort ein enormer Zorn auf. Ich erinnere mich noch genau, daß er sagte: »Es hat eben mal ein paar Rangeleien gegeben, ein bißchen blaue Flecke, eigentlich normal.« Ansonsten sei unsere Ehe, bis ich ihm mit dem Amerikaner untreu wurde, gut gewesen. Wie konnte er die Schläge, die Melanie und ich von ihm bekamen, als Nichtigkeiten abtun? Gehörte das zu seinem Leben einfach dazu? Noch nie hatte ich für einen Menschen so viel Verachtung gespürt wie jetzt vor Gericht für ihn. All die angestaute, aber auch die neugewachsene Verachtung kam in mir hoch. Ich wünschte mir nichts sehnlicher, als endlich von diesem Mann geschieden zu werden. Dies hatte ich auch schon im September beantragt. Die Vorgänge dauern aber länger, wenn man im Gefängnis ist. Als er sich ereiferte: »Grund oder nicht Grund, ein Kind bekommt eben mal einen Klaps!«, brach es aus mir heraus. Er hatte gerade erzählt, daß es für ihn auch normal gewesen sei, daß er Melanie die Lippe blutig geschlagen hatte, so daß sich ein Zahn lockerte, und genauso normal, daß er nach ihr trat, weil sie vor dem Fernseher störte. Was dann an Vorwürfen im Gerichtssaal aus mir herausbrach, tat er als Kleinigkeiten ab. Ich dramatisiere, »alles nur Show«, sagte er mürrisch. Und sah dabei an die Decke: »Ich habe mich nie rumgetrieben!«

Reinhard hat sich nicht getraut, mich vor Gericht der Tat zu bezichtigen, obwohl er als Nebenkläger auftrat oder sich durch seinen Anwalt vertreten ließ. Aber ich sagte gleich am ersten Tag, an dem er geladen war, vor allen Anwesenden: »Ich werde keine Ruhe geben, bis du bestraft wirst!« Das war das einzige, was ich ihm mit auf den Weg geben wollte, ehe er an diesem Tag wieder verschwand.

Durch mein damaliges Tagebuch merke ich inzwischen, daß ich einzelne Termine und Zeugen gar nicht richtig mitbekommen habe. Ich denke, es kam durch das Valium, das ich an den Prozeßtagen einnahm. Die Polizeibeamtin, die mich immer begleitete, bekam jedesmal vom Gefängnispersonal einen Umschlag überreicht, bevor wir in Preungesheim abfuhren. Vor meiner ersten Tabletteneinnahme hatte sie den Vorsitzenden Richter gefragt, ob dies in Ordnung sei. Da er nichts dagegen einzuwenden hatte, konnte ich während des gesamten Prozesses diese Beruhigungsmittel schlucken. Auch meine Anwälte fanden daran nichts Problematisches. Vielleicht ist ihnen entgangen, wieviel ich schluckte. Ich nahm die Tabletten entweder während einer Gerichtspause oder kurz vor Ende eines Termins. Ich merkte zwar, daß dadurch meine Gefühle ganz weg waren, daß ich die Menschen im Saal gar nicht richtig wahrnehmen konnte, daß ich auch nicht immer verstand, was gerade gesagt wurde, aber ich empfand es als Schutz.

Wenngleich ich auch manchmal darüber beunruhigt war, daß ich mir selbst so fremd wurde.

An die meisten Autritte der Zeugen kann ich mich deshalb nach neun Jahren Haft kaum noch erinnern. Nur die Menschen, die mir auch vorher wichtig waren, sind mir von der Gerichtsstation her im Gedächtnis geblieben: meine Mutter, meine Großmutter, Kevin Pratt, Reinhard Weimar. Selbst an unsere langjährige Nachbarin, Frau Nordheim, die mich schwer belastete, kann ich mich besser bei einem Ortstermin, der später vor ihrem Haus stattfand, erinnern als vor Gericht. Ich habe mich während der Verhandlung wohl mehr mit meinen eigenen Gedanken beschäftigt. Manchmal gingen sie zu den Autoritäten des Gerichts: So fragte ich mich eines Tages, was für ein Mensch wohl der Staatsanwalt ist? Er war kleiner als ich; wenn er neben mich trat, mußte er leicht zu mir aufblicken, das passiert mir selten mit meinen 1,68 Metern Körpergröße. Ich empfand ihn als sehr arrogant mir gegenüber. Das Schlimmste war, daß er so unberechenbar war: mal freundlich zu Zeugen, die ihm gefielen, mal wütend und aufgeregt mit rotem Gesicht, wenn er aus dem Konzept gebracht wurde, und nicht das kam, was er erwartet hatte. Ich saß zwar in einem Mordprozeß auf der Anklagebank, aber mein Kopf war so voll von anderen Problemen und Sorgen: Ich dachte an meine Mutter, die ich jetzt wieder häufiger sah, wie würde sie diese Situation wohl durchstehen? Wie ausgeliefert sie denjenigen war, die ihr im Dorf jetzt feindlich gegenüberstanden! Ich konnte sie in meiner hilflosen Lage überhaupt nicht unterstützen, ja, ich hatte damals das Gefühl, ich habe sie da hineingebracht. Dem augenblicklichen Geschehen konnte ich kaum folgen. Wenn ich nicht an der Vergangenheit herumgrübelte, flogen meine Gedanken in die Zukunft: Was wohl nach diesem Prozeß sein würde? Oder ich dachte über die Menschen nach, die mein Schicksal, den »Fall Weimar« so gierig aufsogen.

Am 21. April 87 fand der erste Ortstermin statt. Mein Elternhaus sollte besichtigt werden. Das Gericht wollte sich einen Eindruck verschaffen, wie wir mit den Kindern dort gelebt hatten. Auf der Fahrt zu meinem Heimatort wurde mir – trotz des Anlasses – wehmütig ums Herz. Ich sah die Umgebung, die mir so vertraut war, in der ich aufgewachsen bin und gelebt hatte. Die Landstraße aus Hersfeld schlängelt sich an dem Weiher, den Feldern, den kleinen Wäldchen vorbei, dann kommen die einzelnen Häuser an der Straße, der Ortsteil Heimboldshausen und schließlich, allein gelegen, unser Weiler mit der großen Wiese davor. Vor unserem Haus holte mich die Realität wieder ein.

Dichtgedrängt warteten die Reporter, und Schaulustige, die uns direkt aus dem Gerichtsgebäude gefolgt waren, standen auf unserem Grundstück. Als ich aus dem Polizeiauto stieg, hängte ich mir ein Tuch über den Kopf, das ich zum Sehen hochhob, das aber verhinderte, daß mein Gesicht länger als nötig betrachtet und abgelichtet werden konnte.

Das hatte ich mit der Sozialarbeiterin im Gefängnis so besprochen. Meinen Gesichtsausdruck, meine Gefühle wollte ich diesen Menschen nicht preisgeben.

Mit den Richtern, dem Staatsanwalt, den Anwälten und Gutachtern sind wir in die unbewohnten Räume unserer Wohnung gegangen. Reinhard Weimar war ja nach der Beerdigung unserer Kinder ausgezogen und wohnte inzwischen bei seinen Eltern, wie er es vor Gericht ausdrückte: wieder im »Irrenhaus«.

Die Spielsachen von Melanie und Karola lagen noch in der Wohnung, aufgeräumt in Spielkisten. Im Eßzimmer standen ihre Stühlchen und ein kleiner Tisch, an dem sie immer gemalt und gebastelt hatten. Bei diesem Anblick mußte ich weinen, die Begleiter waren ganz weit weg für mich. Es war plötzlich so, als habe ich noch gestern hier mit ihnen gelebt.

Die Mittagspause, in der die Prozeßbeteiligten essen gingen, durfte ich in der Wohnung meiner Mutter verbringen. Meine Großmutter und meine beiden Schwestern waren auch gekommen, und wir setzten uns zusammen, um etwas zu essen. Es war völlig gespenstisch – aber auch schön. Die Stimmung war traurig, ich konnte kaum einen Bissen hinunterkriegen, alle versuchten, mich nicht mit Fragen zu quälen, sondern eher zu beruhigen. Es tat alles so weh: Ich war zu Hause, aber nicht in Freiheit – ich gehörte nur innerlich zu meiner Familie. Nach dieser angespannten Pause fuhren wir zum Kindergarten. Dort sollte ich Fragen zu den Kindern beantworten. Ich habe heute nur noch Bilder dazu im Kopf: wie gern meine Töchter dort gebastelt haben, wie gern sie morgens hingingen. An die genauen Fragen kann ich mich nicht mehr erinnern. Wir kamen auf dem Weg zum Kindergarten am Friedhof vorbei. Ich wäre so gern zu Karola und Melanie gegangen, aber mit dieser Schar im Nacken wagte ich nicht, darum zu bitten. Außerdem hätten sie mich alle am Grab angestarrt und ihre Bilder geschossen. Ich hätte meine Gefühle wieder unterdrücken müssen. Das hätte ich nicht ausgehalten.

Direkt nach diesem Ortstermin brachte mich die Polizei zurück nach Preungesheim. Im Auto unterhielten sich die Beamten über Alltäglichkeiten miteinander. In meinem Kopf liefen nicht die Erinnerungen an die Orte, die ich gerade gesehen hatte, und die mit ihnen verbundenen Erlebnisse ab, sondern Gerichtsbilder: Reinhard Weimar mit gesenktem Kopf, oder wie er den Kopf zur Decke wandte, wenn er mir antwortete. Meine Mutter, wie sie vom Staatsanwalt angefahren wurde, als sie erzählte, die Zeugin Nordheim, unsere Nachbarin, habe gesagt: »Ich kann jetzt nicht mehr von meiner Aussage runter. Wie stehe ich denn sonst da?« Meine Mutter muß weinen, Reinhard stottert und reibt sich die Hände auf den Knien. Mein Verteidiger schaut so sorgenvoll und der Staatsanwalt streng. Die Landschaft fliegt am Fenster vorbei, ich sehe sie nicht, ich sehe immer noch nicht die Orte in mir, die ich gerade besichtigen mußte. Weggelöscht sind sie, alles, was an meinen Schmerz erinnert, ist wieder weggeschlossen. Nur meine Kinder sehe ich vor mir, lebendig, es ist, als wenn sie bei mir wären. Dann bin ich eingeschlafen beim Gemurmel der Männerstimmen im vorderen Teil des grünen Autos.

Am 22. April 87 wurde als erster an diesem Tag geladener Zeuge Kevin Pratt aufgerufen. Er sah aus wie immer, so wie ich ihn monatelang sehr begehrenswert fand: groß, sportlich, mit Jeans und Hemd lässig, aber ordentlich angezogen, in den Bewegungen locker, selbstbewußt. Er nahm die Sonnenbrille ab, als er den Raum betrat. Er hat sich nicht vor meinem Anblick gedrückt, er suchte mich, und wir sahen uns einen kurzen Moment lang an. Ich sah ihn neutral. Alles schien so lange her zu sein. Meine Liebe war erloschen. Seit ich bei der Kripo erfahren hatte, daß er mir nicht immer die Wahrheit gesagt hatte, war ich schon mißtrauischer geworden und hatte auch daran zu zweifeln begonnen, ob er mich überhaupt richtig liebte. Obwohl ich ihn bis zu seiner Abreise immer noch sehen wollte, kam ich mir irgendwie benutzt vor, und dadurch bauten sich meine Gefühle langsam ab. Nach meiner Verhaftung hat er mir nie ins Gefängnis geschrieben. Das war das absolute Ende unserer Verbindung.

Jetzt war er mir nicht mehr wichtig. Die guten Zeiten mit ihm hatte ich zur Zeit des Prozesses schon völlig aus meinem Gefühl verbannt, obwohl er meine Kinder und mich wie seine Familie gesehen hatte. Er sagte nun auch vor Gericht aus, wie sehr ich Melanie und Karola liebte und wie sehr auch er sie liebgehabt habe. Er betonte, daß meine Kinder uns nie im Wege gestanden hätten, daß er nur verletzt war, daß ich mich nicht so schnell zur Scheidung durchringen konnte.

Tagebuch, Juni 1987:
*Etliche Verhandlungstage liegen jetzt hinter mir, an denen auch die Leute von der Kripo geladen waren. Die Aussagen*

*der Männer, die mich vernommen hatten, hörten sich alle gleich an, höchstwahrscheinlich konnten sie sich absprechen. Der Vorsitzende Richter hat sie gefragt, woher sie wüßten, in welcher Sprache ich am Telefon mit Kevin redete. Durch ihre Antwort erfuhr ich, daß unser Telefon abgehört worden war. Jetzt weiß ich, daß sie so auch erfahren haben, wie meine Meinung über sie war.*

Teilweise hatte ich am Telefon über die Kriminalbeamten geschimpft und Kevin erzählt, wie voreingenommen sie sich bei meinen Vernehmungen verhalten hätten. Vor Gericht stellten sie sich als unfehlbar dar. Lückenlos deuteten für sie alle Spuren auf mich als Täterin hin. Der Kommissar, der erst vierzehn Tage nach dem Tod der Kinder die Bettwäsche von Melanie und Karola abholte, beschrieb dem Gericht, wie sorgfältig er vorgegangen sei. Er erklärte, daß er jedes Teil der Bettwäsche einzeln in Säcke verpackt habe. Jetzt mußte ich etwas sagen: »Nein, so war es nicht! Ich habe ihm damals dabei geholfen. Und wir haben immer mehrere Stücke in einen Sack gepackt.« Der Richter erlaubte mir, weiterzusprechen. »Ich zog nämlich damals eines der Kinderbetten genau so ab, wie ich es immer getan hatte, ich legte alles miteinander zusammen und wie er in einen Plastiksack. Er gab mir keine besonderen Anweisungen!« Man hielt mich wieder für unglaubwürdig. Daß nur minimale Fasern der Tageskleidung der Kinder am Bettzeug entdeckt werden konnten, galt dem Gericht später im Urteil als Beweis, daß an meiner »Nachtversion«, wie sie es nannten, nichts Wahres sein könnte. Denn ich hätte ja die Kinder in T-Shirts im Bett gesehen. Man hätte demnach mehr Fasern am Bettzeug finden müssen. Heute kann aufgrund der unsachgemäßen Spurensicherung der Bettwäsche diese Tatsache nie mehr nachgewiesen oder widerlegt werden. Wie voreingenommen auch das Gericht gegen mich war, nicht nur die Kripo und der Staatsanwalt, das habe ich allerdings erst viel später erfahren. Während der Verhandlung erlebte ich den geduldig auftretenden Richter Klaus Bormuth zunächst als neutral, sogar väterlich mir gegenüber. Er konnte einfühlsam fragen und zuhören. Erst gegen Ende des Prozesses, als die Widersprüche der Zeugenaussagen und der Fachleute immer verwirrender wurden, ließ seine Geduld nach.

Nach einer vierwöchigen Gerichtspause fand am 17. Juli ein Kurztermin ohne Zeugen statt, eine Formalie. Für mich aber war es ein wichtiger Tag. Meine Mutter war nach Fulda gekommen, und ich durfte mit ihr sprechen, denn ich hatte noch Zeit bis zur Rückfahrt. Es war eine geglückte Überraschung, denn ich wußte vorher nicht, daß sie zu dem Termin überhaupt kommen wollte. Wir durften uns im Wachtmeisterzimmer des Gerichts treffen. Der körperliche Kontakt bei unserer Umarmung, die plötzliche Geborgenheit, die ich dabei fühlte, erschütterten mich. Ich wollte es ihr nicht schwer machen, aber ich konnte mich kaum von ihr lösen.

Ende Juli erfuhr ich, daß sich mein Prozeß noch bis zum Oktober hinziehen würde. Ich war deprimiert, denn ich konnte die Ungewißheit kaum noch ertragen. Sie würde weiter andauern. Ob es positiv oder negativ für mich ausgehen würde, konnte niemand voraussagen. Ich empfand es damals nur als Psychoterror. Ich hatte große Angst, daß ich verurteilt werden würde, obwohl meine Anwälte weiter zuversichtlich waren. Ich spürte, die Zeugen, die zu meinen Gunsten aussagten, wurden nicht so intensiv befragt wie die mich belastenden Zeugen. Das sah ich als schlechtes Omen.

Tagebuch, Juli 1987:
*Allmählich fange ich an zu zweifeln, ob es überhaupt Gerechtigkeit gibt. Ich bin mir nicht mehr sicher, wie zu Anfang des Prozesses, daß sie überhaupt herausfinden wollen, ob ich schuldig oder unschuldig bin. Die brauchen jemanden, den sie*

*verurteilen können. Und gegen Reinhard haben sie nicht weiter ermittelt. Er tritt jetzt als Nebenkläger auf. Ich bin die Schuldige, ich soll meine Kinder ermordet haben. Und das, obwohl ich sie wie nichts anderes auf der Welt liebte.*

Aus heutiger Sicht und im Rückblick auf die gesamte Verhandlung bin ich mir sicher, daß das Gericht sein Urteil zu dieser Zeit schon gefällt hatte. Für mich war es nur ein Hinauszögern, um der Form Genüge zu tun, damit sie später nicht angegriffen werden könnten.

Für den 1. September war eigentlich nur eine kurze Verhandlung anberaumt. Als ich in Fulda ankam, wurde ich davon überrascht, daß ein weiterer Ortstermin stattfinden sollte. Ich wurde wieder zu unserem Haus nach Röhrigshof gebracht, wieder verfolgt von einer großen Anzahl Journalisten. Ich wurde zum Spielplatz links vom Haus unserer Nachbarin, der Belastungszeugin Nordheim, geführt. Sie hatte immer wieder behauptet, meine Töchter noch am Morgen nach ihrem Tod am Sandkasten gesehen zu haben. Ich mache mir heute Vorwürfe, daß ich mich nicht gegen Frau Nordheim vor Gericht und bei diesem Ortstermin gewehrt habe. Aber ich dachte immer, ihre Zeitkorrekturen und die von der Polizei mitgeschnittenen Telefonate mit Reinhard Weimar, in denen sie ihm versprach, zu ihm zu halten, würden ihr genug schaden. Daß der Busch, der vor ihrem Küchenfenster gestanden hatte, mit Erlaubnis der Polizei abgeholzt worden war, empörte anscheinend nur meine Anwälte. Frau Nordheim hatte damals angegeben, daß sie Angst um ihre Enkel habe, weil sich eventuell Kinderschänder herumtrieben und sie so den Spielplatz besser im Auge habe. Der Platz, an dem der große Busch gestanden hatte, wurde nun in Augenschein genommen, gemessen und diskutiert, wie die Äste hingen, welche Ausmaße sie hatten, ob sie denn überhaupt den Blick auf den Spielplatz hätten behindert haben können. Das war für mich ein großer Hohn. Denn wer den Busch vorher gesehen hatte, wußte, daß man von der Hausecke der Nordheims aus den Platz nicht überblicken konnte. Erst recht nicht von dem Fenster, aus dem unsere Nachbarin die Kinder angeblich hatte spielen sehen. Frau Nordheim hatte an diesem Ortstermin sogar eine Bordüre aus ihrem Nähkasten vom Fenster zum Sandkasten gespannt, um ihren Blickwinkel zu demonstrieren. Erst wollte sie nur den Vorsitzenden Richter und den Anwalt von Reinhard Weimar zu sich in die Küche lassen, andere kämen da nicht rein, sagte sie. Wollte sie mit all den Aktionen verhindern, daß man nachweisen konnte, wie wenig sie gesehen haben konnte? Zu dem Zeitpunkt, den Frau Nordheim immer genauer mit fünf Minuten vor 11.00 Uhr angab, hatte ein anderer Zeuge einen weißen Passat, also unser Auto, am Parkplatz Wölfershausen gesehen. Das hieß, ich konnte gar nicht bei den Kindern gewesen sein, wenn sie zu Hause gewesen wären. Und der Postbote sagte auch aus, daß er um 11 Uhr herum gar keine Kinder am Haus habe spielen sehen.

Meine Kinder waren damals schon tot. Das glaubte mir jedoch das Gericht nach wie vor nicht.

An diesem Tag fuhr man mich anschließend noch an den Parkplatz, an dem man Melanie gefunden und mich gesehen hatte. Ich wurde gefragt, in welcher Weise ich an den Parkplatz herangefahren sei, in welcher Höhe ich das Auto geparkt hätte, wo genau ich entlang gegangen sei, wie weit entfernt ich vom Bordstein gestanden habe. Die Richter überzeugten sich davon, daß die Straße ständig befahren war. Wie hätte ich da unbemerkt von Passanten meine Kinder am hellichten Tag umbringen und ins Gebüsch werfen können? In zehn Minuten soll ich beides getan haben. Gut eine halbe Stunde gab man mir später im Urteil für die gesamte angenommene Tat. Soweit ich in der Lage dazu war, beantwortete ich die Fragen des Richters Bormuth. Ich sprach und bewegte mich fast schlafwandlerisch bei diesem Ortstermin. Ich wunderte mich, daß sich mein Körper überhaupt rührte. Gerade an diesem Ort, der mich wie kein anderer erschütterte, fühlte ich mich durch die vielen Menschen, die dabei waren, durch Reporter, Richter, Schöffen, Gutachter und Kriminalbeamte, äußerst bedrängt. Meine Gedanken zu den gestellten Fragen paßten sich nur schwer dem Tempo der Fragesteller an. Als alles vorbei war, ich mich kaum noch aufrecht halten konnte, stützte mich die freundliche Polizeibeamtin beim Auto, während die Richter noch etwas mit der Kriminalpolizei am Parkplatz diskutierten. Später hörte ich, daß es darum ging, ob ich meine 25 Kilo schwere siebenjährige Tochter fünf Meter weit tragen und über das fast ein Meter hohe Brennesselgestrüpp hätte werfen können. Das Gericht begründete dies im Urteil später damit, daß ich als Krankenpflegerin schwere Menschen hatte heben müssen.

Einigermaßen durchatmen konnte ich erst wieder, als wir anschließend ein zweites Mal unsere ehemalige Wohnung betraten, hier hinein konnten jedenfalls die Reporter nicht kommen. Ich mußte noch einige Fragen zu den Schlafgewohnheiten meiner Kinder beantworten und demonstrieren, wo ihre Kleider gelegen hatten. Es ging darum, daß sie sonst immer seitlich zusammengerollt schliefen und ich sie beide in der Nacht mit Reinhard am Bett auf dem Rücken liegend vorgefunden hatte. Ich erzählte dies und auch, daß ich abends immer ihre Kleidung, wenn sie noch sauber war, über die Eßzimmerstühle legte. Daß ich, wenn ich die Sachen beider Kinder auf einmal trug, sie auch an die Brust gedrückt habe. Auf einmal merkte ich, wie mich die Kraft verließ. In meinem Kopf drehte sich alles, ich fing an zu weinen, und dann konnte ich mich gerade noch am Türrahmen festhalten, bevor meine Beine versagten. Man brachte mich in unser Wohnzimmer, dort legte man mich auf die Couch. Professor Schumacher, der psychiatrische Gutachter, maß mir den Puls und prüfte den Blutdruck. Er war zu hoch, der Pulsschlag unregelmäßig. Daraufhin erklärte er mich für verhandlungsunfähig. Eine kurze Zeit durfte ich mich noch ausruhen, dann brachte mich die Polizei zurück ins Untersuchungsgefängnis nach Frankfurt.

In den Tagen nach dem Ortstermin am Parkplatz habe ich mich ganz schrecklich erniedrigt gefühlt. Ich bin an einem Ort vorgeführt und angestarrt worden, an dem mein ganzes Entsetzen und meine Trauer hochkamen. Aber danach wurde nicht gefragt. Man wollte mich der Lüge überführen. Man glaubte mir nicht, daß ich nicht als Mörderin hiergewesen war, sondern um meine von Reinhard Weimar umgebrachten Kinder noch einmal zu sehen. Ich wünsche niemandem, daß er je in einer solchen Situation ist und dann auch noch rational erklären soll, warum er das oder das damals getan hat.

Die anderen Untersuchungsgefangenen haben mich bei Aufschluß weiterhin in ihrem Kreis aufgenommen. Keine stellte mehr bohrende Fragen. Ich saß bei ihnen, bekam allerdings kaum etwas von ihren Gesprächen mit und sagte selbst kein Wort. Meine Starre ließ mich auch schweigen, als ich mitbekam, daß hinter meinem Rücken natürlich getuschelt wurde: War sie's nicht doch oder war sie's wirklich nicht? Ich hatte in der Zeit nicht die Kraft, jemanden darauf anzusprechen.

Nur wenn ich in meiner Zelle allein war, brach alles aus mir heraus, und ich konnte weinen. Ich konnte mich auf meinem Bett auch tagsüber meinen Gedanken überlassen, meiner Angst, meinem Gefühl, völlig ohne Halt zu sein. Hauptsächlich durch die Besuche meiner Mutter schöpfte ich in dieser Zeit Kraft. Und die vielen Briefe, die ich besonders jetzt bekam, richteten mich immer wieder auf.

Die nächste Gerichtspause bis zum 14. September 87 war dringend nötig. Einfach Ruhe zu haben ließ mich entspannen. Ich mußte nicht arbeiten. Ich konnte allein sein, wann immer ich wollte. Auch tagsüber auf dem Bett liegen war erlaubt.

Nach der Gerichtspause stellte am 17. September 87 der Anwalt von Reinhard einen Antrag auf Anhörung der Kindergärtnerin von Melanie und Karola. Als ich seine Begründung für den Antrag erfuhr – im Kindergarten sei aufgefallen, daß meine Töchter unter Medikamenteneinfluß gestanden hätten – dachte ich, ich höre nicht richtig. Ich war fassungslos, und gleichzeitig kam so viel Haß gegen Reinhard Weimar mit seinen Vergiftungsphantasien hoch, daß ich an meinen Gefühlen fast erstickte und es mir die Sprache verschlug. Das war das Schlimmste: Ich merkte, wie ich mich in der Ehe schon an alle Vorwürfe gewöhnt hatte, über sie hinwegging oder sie teilweise anzunehmen begann. Und hier in der Öffentlichkeit, als mir so vieles klar wurde, schaffte ich es nicht einmal jetzt, meine Wut herauszulassen.

Beim nächsten Termin, am 28. September, sagte die Kindergärtnerin aus. Sie hat Reinhard Weimars Aussage nicht bestätigt. Während der Zeit, in der die Mädchen im Kindergarten waren, sei ihr nicht aufgefallen, daß sich beide verändert hätten. Von da an kam ich zu der Überzeugung, daß mein Ex-Mann Reinhard Weimar nicht ganz klar im Kopf sein konnte. Ich hatte mich schon seit 1985 gefragt, ob er unter Verfolgungswahn leide. Sein Anwalt verhinderte, daß er sich einem Gutachter stellte, und als ich ihn vor Gericht fragte, warum er sich nicht auch untersuchen lasse, herrschte er mich an: »Ich bin hier nicht angeklagt!« Als der später abgelöste Staatsanwalt Sauter mich schon im Oktober 1986 gefragt hatte, ob ich mich freiwillig einer psychiatrischen Untersuchung stellen würde, war ich damals sofort damit einverstanden. Für einige Tage war ich dazu damals in Braunschweig zur Begutachtung bei der Psychologin Frau Professor Müller-Luckmann gewesen. Ich hatte keine Bedenken, auf ihre Fragen zu antworten, sie half mir durch einfühlsame Fragen, über meine

Ehe, den Tod meiner Kinder und auch die Zeit danach zu sprechen. Doch als sie später ihr Gutachten vor Gericht vortrug, fühlte ich schon, daß die Richter an ihren Worten zweifelten.

Im Oktober 87 bekam ich die weiteren Prozeßtermine ins Gefängnis geschickt. Daß mein Prozeß noch eine Zeit weitergehen würde, hatte ich fast kommen sehen, aber daß er sich noch so lange hinziehen würde, bis zum 4. Januar 1988, deprimierte mich. Ich wußte nicht, ob ich das durchhalten würde.

Einen anderen wichtigen Termin gab es zwischendurch: Am 26. Oktober wurde in Bad Hersfeld vor einem Amtsgericht meine Scheidung vollzogen. Innerhalb von dreißig Minuten war sie rechtskräftig. Ich fühlte mich nach all den Monaten zum ersten Mal befreit, ein inneres Gefängnis war aufgebrochen. Reinhard verkaufte die Wohnung und zahlte meinen Anteil an meinen Anwalt aus. Von meiner Mutter erfuhr ich bei einem Gefängnisbesuch, daß er die Möbel, die er haben wollte, mit seinem Anwalt ausgeräumt hatte. Ich wollte nichts anderes haben als ein paar Andenken an meine Kinder, besonders Fotos und ihre gemalten Bilder, die meine Mutter rettete. Sie hob dann aber auch Haushaltsgegenstände auf dem Dachboden auf, für meine spätere Entlassung. Am schlimmsten war der Tag, an dem der Polizist, der die Leichen meiner Kinder an den Fundorten untersucht hat, vor Gericht schilderte, wie er sie fand. Er konnte eine ganze Zeitlang nicht weitersprechen, und dann sah er mich an. Ich glaube, er war nicht der Meinung, daß ich die Mädchen umgebracht habe. Seine Schilderungen waren ebenso entsetzlich für mich wie die des medizinischen Sachverständigen, der erklärte, wie Karola und Melanie getötet worden sein mußten. Die Ausführungen dieses Gutachters wurden immer länger, ich hielt es kaum noch aus und war einem Zusammenbruch nahe, als er vom Ersticken und Erwürgen, eben davon sprach, wie sie zu

Tode gekommen sind. Ich bekam einen Weinkrampf. Von da an erinnere ich die weiteren Prozeßtage im Herbst nicht mehr.

Im Dezember hielt der Staatsanwalt sein Plädoyer. Nach der Schilderung der Tat aus seiner Sicht forderte er als Strafe »Lebenslänglich«. Ich fühlte mich, als wenn mein Kopf zertrümmert und gleichzeitig mein Herz aus der Brust gerissen würde. In Sekundenschnelle fiel ich innerlich in einen tiefen Abgrund. Ich rutschte wortlos auf meinen Platz zurück. Auch meine Anwälte, die mich beruhigen wollten, konnten mich nicht mehr erreichen. In den letzten Wochen hatte sich eine unermeßliche Angst in mir ausgebreitet. Ich war nicht so optimistisch wie manche Journalisten inzwischen – und meine Schrift wird kleiner!? Immer öfter hatte ich das unbestimmte Gefühl, daß ich aus der Haft nicht mehr herauskäme. Die Richter hatten mir nicht geglaubt, sooft ich meine Unschuld auch beteuert hatte. Sie sahen mich als kalte, berechnende Lügnerin an, die ihren Mann fertiggemacht und ihre Kinder getötet hatte. Ich ahnte eher, was in diesen Köpfen vor sich ging, als es meine Anwälte wahrhaben wollten. Ich hatte gefühlsmäßig mitbekommen, daß das Gericht nur die Zeugen ernstnahm, die gegen mich ausgesagt hatten. Daß im gesamten Prozeß kein Motiv für meine angebliche Tat gefunden wurde, daß Reinhard Weimar viel eher eines gehabt haben konnte, schien niemanden außer meine Anwälte und einige Journalisten zu stören. Oder hatte sich, weil sie ein Motiv suchten, der Prozeß immer weiter hinausgezogen? Das Plädoyer von Staatsanwalt Wachter war absolut schockierend, und trotzdem bestätigte es nur all meine Befürchtungen. Meine Verteidiger versuchten mir zu erklären, daß der Staatsanwalt nicht der Richter sei, aber ich glaubte rein instinktiv nicht, daß die Richter sich anders verhalten würden.

Als ich dachte, jetzt ist alles aus, war der Moment gekommen, daß meine Anwälte ihr Plädoyer vortragen konnten. Sie hielten dem Gericht noch einmal die einseitigen Ermittlungen der Kriminalpolizei vor, die Widersprüche der Zeugenaussagen, die Dürftigkeit der Fasergutachten. Sie hoben hervor, daß es überhaupt kein Motiv gäbe und ich monatelang keinerlei Nachbesserungen in meiner Aussage geliefert hätte, die meine Schilderung der Nacht, in der ich die toten Kinder fand, nachvollziehbarer gemacht hätte, um besser dazustehen. Sie sagten: Wenn die Version von mir ausgedacht sei, um fälschlicherweise meinen Mann zu beschuldigen, hätte ich auch geschickter lügen können. Meine Anwälte faßten auch noch einmal die Zeugenaussagen zusammen, die mich entlasteten. Besonders zitierten sie die Nachbarin, die gehört hatte, daß Reinhard mich kurz nach der Vermißtenmeldung der Kinder bei offenem Fenster angeschrien habe, ich sei an allem schuld und ich solle sehen, wie ich aus der Situation rauskäme: »Laß dir was einfallen, sonst setze ich dir die Zeit zurück!« Rechtsanwalt Schultze betonte noch einmal ausdrücklich, daß dem Tatverdacht gegen Reinhard Weimar nach dessen Aussagen Ende August, als er von seinem »Blackout« redete, in keiner Weise mehr nachgegangen worden sei. Im Gegenteil, die Kripo habe spätestens von diesem Moment an gegen den früheren Staatsanwalt intrigiert, der Reinhard Weimar für mordverdächtig hielt und der dann ja auch von seinem Posten abgezogen wurde.

Nach diesen Worten ging es mir etwas besser, ich fühlte mich und den Tod meiner Kinder wieder richtig dargestellt. In dem Schlußwort, das ich im Anschluß daran halten durfte, habe ich noch einmal gesagt: »Ich habe meine Kinder nicht getötet. Ich habe sie geliebt und wollte mit ihnen nach der Trennung von meinem Mann zur Not auch allein leben, meine Mutter und meine Schwestern hätten mir dabei geholfen.« Ich habe, so gut ich das damals konnte, noch einmal meine Gefühle zu meinem Mann, zu Kevin und zu der Nacht, als ich zum letzten Mal aus der Diskothek nach Hause kam und meinen Mann am Bett der toten Kinder fand, geschildert.

Ich habe auch gesagt, daß ich nach einem Jahr Untersuchungshaft nicht mehr wisse, warum ich keine Hilfe in der Nacht geholt und meinen Mann gedeckt hätte. »Ich habe viele Fehler gemacht, die mich nicht zur Ruhe kommen lassen«, habe ich sinngemäß gesagt. Danach schöpfte ich wieder etwas Hoffnung, als mich die Beamten zum Polizeiauto führten. Aber die Ungewißheit bis zum 8. Januar, wie nun die Richter entscheiden würden, machte mir die nächsten zwei Wochen zur Hölle.

Nach Einschluß – um 20.15 Uhr wurden die Zellentüren verschlossen – konnte ich meinem Kummer freien Lauf lassen. Tagsüber, solange ich vom Wachpersonal beobachtet wurde, versuchte ich mir nicht anmerken zu lassen, in welcher Verfassung ich wirklich war. Inzwischen wußte ich: die kleinste Auffälligkeit in meinem Auftreten, und ich würde wieder ins Nachtkontrollbuch eingetragen. Beobachtet, ständig unter Kontrolle zu sein, machte meine Situation noch unerträglicher. Das wollte ich einfach nicht noch einmal erleben, deshalb habe ich tagsüber fast alles hinuntergeschluckt.

Tagebuch, 23. 12. 87:
*Weihnachten steht vor der Tür, ein Tag vor Heiligabend. Noch zwölf Tage bis zum Urteilsspruch. Es ist kein Weihnachten für mich. In mir ist nur Trauer, Verzweiflung und Trostlosigkeit. Ich kann überhaupt nicht daran denken, daß andere Weihnachten feiern. Das zweite Fest schon ohne meine Kinder und ohne meine Familie. Wenn ich wenigstens zu meiner Familie könnte – ich fühle mich so allein und leer.*

Der 8. Januar, ein Tag wie in mich eingebrannt: Ich war morgens wie gerädert aufgestanden, hatte nicht wirklich geschlafen, sondern nur kurze Ruhephasen erlebt. Der Termin war erst um 14.00 Uhr angesetzt, die Stunden bis dahin wollten nicht vergehen. Ich versuchte, nicht allein zu sein, rauchte und trank Kaffee mit den anderen Gefangenen. Ich konnte keinen klaren Gedanken fassen oder mich wirklich unterhalten. Ich blickte aus dem Fenster, das Wetter war trüb und grau. Gegen 11.15 Uhr brachte man mich in die Kleiderkammer. Wie vor jedem Gerichtstermin mußte ich mich vor einer Beamtin nackt ausziehen und Ausgangskleidung anlegen. Die Frau, die an dem Tag Dienst hatte, war sehr nett und wünschte mir Glück. Das tat auch jede Mitgefangene, die mir an diesem Morgen begegnete.

Am 8. Januar konnten wir nicht den Hauptausgang des Gefängnisses benutzen wie sonst immer. Wir fuhren durch den Seitenausgang, weil vor dem anderen schon die Reporter in Scharen standen, wie man mir im Polizeiauto sagte. Im Auto fühlte ich mich, als ob ich unter elektrischem Strom stünde, mein Kopf drohte zu zerspringen. Etwa zwanzig Minuten von Fulda entfernt riß kurz der Himmel auf, für einige Minuten strahlte die Sonne – so, als ob sie mir Mut machen wollte. Doch sie konnte sich an diesem Tag nicht durchsetzen, es begann gleich wieder zu regnen. Merkwürdig meine Vorahnung: Ich wußte in dem Moment, daß für mich das Urteil »Lebenslänglich« lauten würde.

Als wir in Fulda ankamen, standen vor dem Gerichtsgebäude schon Massen von Menschen: Presseleute, Kamerateams, ständige Gerichtsbesucher, neue Schaulustige, es war wie in einem Horrorfilm. Bis ich im Gerichtssaal ankam, zitterte ich am ganzen Körper. An Einzelheiten des letzten Prozeßtages kann ich mich nicht mehr genau erinnern, denn ich merkte allmählich, daß das Beruhigungsmittel wirkte, das sie mir für diesen Tag in extra hoher Dosierung im Gefängnis gegeben hatten. Ich fühlte mich dadurch erleichtert und nahm alles um mich herum nicht mehr so deutlich wahr.

Die Richter kamen aus dem Nebenraum, stellten sich an ihre Plätze, ich mußte mich, wie alle anderen auch, erheben.

»Im Namen des Volkes ergeht folgendes Urteil ...« In wenigen Minuten hatten sie mein ganzes Leben zerstört. An den genauen Wortlaut der Verurteilung kann ich mich nicht mehr erinnern.

Viel später las ich:
*»Nach dem festgestellten Sachverhalt hat sich die Angeklagte des Mordes gemäß § 211 Abs.2 StGB schuldig gemacht, indem sie sowohl ihre ältere Tochter Melanie als auch die jüngere Tochter Karola heimtückisch getötet hat. Diese von der gesetzlichen Bestimmung dem niedrigen Beweggrund gleichgestellte Begehungsweise der Tötung besteht in der Ausnutzung der Arg- und Wehrlosigkeit der Opfer durch den Täter.«*

Ich hörte damals nur das »Lebenslänglich«, und in diesem Moment sank ich auf den Platz zurück. Ich hätte am liebsten losgeschrien, aber noch nicht einmal dazu war ich fähig. In mir wurde es eiskalt, ich zitterte jetzt vor Kälte. Gleichzeitig hörte ich die Zuschauermassen kurz aufjubeln, ich hörte besonders Frauenstimmen heraus.

Ich nahm aber alles nur wie in Trance wahr, denn ich fühlte mich wie hinter einer Nebelwand. Eine ganze Weile konnte ich nichts denken, meine Gedanken waren ausgelöscht, mein Körper blockiert. Dieses Urteil konnte doch nicht wahr sein! Ich hielt mich krampfhaft an der Sitzbank fest. Wie lange es dauerte, bis meine Gedanken allmählich wieder arbeiteten, kann ich nicht sagen. Ich hörte, daß der Vorsitzende Richter immer noch die Urteilsbegründung vorlas, ich bekam eigentlich davon nur mit, daß er sich ab und an versprach. Mein Körper fing an zu schmerzen, die Gedanken gingen zu meiner Mutter, und alles zog sich in mir zusammen. Aber weinen konnte ich nicht. So gelähmt vor Schmerz hatte ich mich nur am Bett meiner toten Kinder gefühlt. Ich konnte das »Lebenslänglich«, obwohl ich es mir ja so oft schon vorgestellt hatte, überhaupt nicht verstehen, nicht auf mich beziehen: für welche Tat – warum ich?

Ich blickte den Staatsanwalt an, der schweigend mir gegenübersaß. Er schaute nicht zurück, schrieb in seinen Papieren. Mein Blick ging weiter zu den Richtern und Schöffen. Keiner dieser Männer hatte mir geglaubt, keiner konnte mir jetzt in die Augen sehen, jeder war mit sich selbst beschäftigt. Warum interessiert es keinen, wie ich reagiere? Ich fragte mich, wie lange der Vorsitzende noch sprechen wird, denn für mich war es nicht mehr wichtig, was er sagte. Ich wollte nur noch von den Schaulustigen befreit werden.

Den Weg zum Ausgang und ins Polizeiauto habe ich nicht bewußt miterlebt. Nachdem meine Anwälte mir hilflos und voller Entsetzen gegenübergestanden hatten, brachten mich die Polizisten hinaus. Erst viel später, als ein Film über meinen Fall im Fernsehen gezeigt wurde, sah ich, wie die Masse sich verhalten hat, als ich ins Auto gesetzt und mit Sirene umgehend abtransportiert wurde. Sie johlten und pfiffen: »Recht so! – Gleich erschießen! – Da ist sie, die Hexe!« Sie trommmelten sogar mit Fäusten auf das Polizeiauto, als ich weggefahren wurde.

Als ich nach dem Urteil in Preungesheim ankam, sah ich als erste die Bedienstete, mit der ich ein paar Monate in der Kleiderkammer gearbeitet hatte. Spontan und für mich völlig unerwartet nahm sie mich in den Arm, und in diesem Moment konnte ich endlich weinen. Meine ganze Hilflosigkeit über das Urteil, der Schmerz, der meinen gesamten Körper verkrampft hatte, alles brach aus mir heraus: Ich fühlte mich wie niedergetrampelt und weggeworfen. Eigentlich war mein Leben an diesem Tag ausgelöscht worden.

Wie und wann ich auf meine Station kam, wie ich die Nacht in meiner Zelle verbrachte, das ist wie ein Filmriß.

In den Tagen nach dem Urteil bekam ich weiter Beruhigungsmittel, nachts wurde ich kontrolliert. Ich nahm es hin, so wie ich alles über mich hatte ergehen lassen in den vergangenen Monaten. Kraft hatte ich keine mehr, gegen irgend etwas anzugehen. Auf der Station nahm ich nichts wahr. Die Tage verliefen völlig mechanisch. Ich stand zwar morgens auf, habe mich gewaschen und angezogen, aber das war auch schon meine ganze Tätigkeit des Tages, denn Interesse für irgend etwas hatte ich nicht. Entweder saß ich auf dem Bett, in Gedanken versunken, was jetzt überhaupt noch werden solle, oder ich lag apathisch da und schaute die Zellendecke an.

Tagebuch, Januar 1988:
*Die Tage des Januars vergehen eintönig, jeder Tag ist im selben Rhythmus abgelaufen. Immer wieder die Frage, was soll ich jetzt noch tun? Ich sehe keine Zukunft mehr. Weinen kann ich auch nicht, denn es kommen keine Tränen mehr. Ich lasse mich immer tiefer sinken, so daß ich nur noch vor mich hinvegetiere.*

Ab Mitte Januar kamen Gedanken auf, mir das Leben zu nehmen. Ich sah keinen Sinn mehr darin, noch länger auf der Welt zu bleiben. Meine beiden Mädchen hatte ich verloren, das Fehlurteil war gesprochen worden, ich war nur noch eine Ruine und hatte nichts mehr zu erwarten. Deshalb war ich immer mehr entschlossen, mich umzubringen. Ich wollte einfach nichts mehr, keinen Schmerz, keine Trauer, keine Ungewißheit mehr ertragen müssen. Ich stand kurz davor, tatsächlich einen Schlußstrich zu ziehen. Dann fragten mich einzelne Haftbeamtinnen direkt, ob ich Selbstmordabsichten habe. Wahrscheinlich war mir anzusehen, daß ich schon alles aufgegeben hatte. Ich antwortete: ja. Ab da redeten sie oft mit mir, sagten, daß das keine Lösung sei.

Ich machte es mir nicht leicht, überdachte meine ausweglose Situation, der Prozeß lief noch einmal in meinem Kopf ab. An meine Familie dachte ich, die in gewisser Weise mitverurteilt worden war. Denn jetzt waren sie für das ganze Dorf die Angehörigen einer Mörderin. Ich nahm noch einmal die vielen Briefe, die mir seit dem Urteil geschrieben worden waren, aus dem Ordner, und las sie durch. Es gab sehr viele Menschen, die mit mir fühlten, die das Urteil ebensowenig verstanden wie ich. Der Inhalt der Briefe gab mir tatsächlich Kraft. Diese Menschen, die mich gar nicht kannten, zeigten mir, daß sie auf ihre Weise für mich da seien. Manche schrieben, daß die Entscheidung »Im Namen des Volkes« nicht in ihrem Namen gefallen sei.

Ganz langsam baute ich wieder Energie in mir auf und kam zur Vernunft, wie ich es heute sehe. Ich sagte mir: Wenn ich mir das Leben nehme, werden sich die Richter in ihrem Urteil bestätigt fühlen. Das wollte ich ganz und gar nicht. So beschloß ich tatsächlich, am Leben zu bleiben, und fing an, mich allmählich wieder zu fangen. In Gesprächen mit meinem Anwalt Schultze, der nicht lockerließ, überlegten wir beide, welcher Schritt der nächste sein könnte. Zuerst ein Antrag auf Revision. Das hieß, daß man Formfehler finden mußte. Herr Schultze meinte, das könne nicht schwer sein, er habe selbst schon viele Notizen gemacht, und er gab mir Adressen von verschiedenen guten Revisionsspezialisten. Ende Februar war er mit zwei Anwälten aus Hamburg bei mir im Gefängnis, Gerhard Strate und Johann Schwenn. Wir sprachen miteinander, und sie erklärten mir, was es bedeuten würde, einen solchen Antrag zu stellen, Ungewißheit und Warten ... Und ich dachte daran, was das alles kosten würde. Trotzdem willigte ich ein, und sie übernahmen mein Mandat. Von der Zeit an wußte ich, daß es wieder Monate des Abwartens und der Unklarheit geben würde, aber auch Hoffnung. Ich mußte mich in Geduld üben, und die Rechtsanwälte mußten sehr viel Arbeit auf sich nehmen. Ich erfuhr von ihnen, daß eine Entscheidung beim Bundesgerichtshof bis zu einem Jahr dauern könnte. Ich mußte es schaffen, mich auf diese Dauer einzustellen, denn nun hatte ich mich entschieden, den Kampf aufzunehmen.

Tagebuch, März 1988:
*Seit März habe ich wenigstens wieder angefangen, Briefe zu beantworten. Ansonsten lasse ich die Tage verstreichen, ohne sinnvolle Beschäftigung. Ich bin immer froh, wenn die Wochenenden vorbei sind, denn samstags und sonntags gibt es überhaupt keine Abwechslung. Besuche für Untersuchungsgefangene, und das bin ich ja wieder, sind nur während der Wochentage erlaubt. Auch Anwälte kommen nur dann, und die Post genauso.*

Untersuchungsgefangene, die nicht arbeiten, werden an den Wochentagen von 8.00 bis 11.00 Uhr und von 13.00 bis 16.00 Uhr in ihrer Zelle eingeschlossen. Nach meiner Verurteilung hat mir das nichts ausgemacht, es war mir ganz recht, wenn ich allein sein konnte. Doch nachdem ich mich dazu entschieden hatte weiterzuleben und dadurch wieder nach vorn sah, wurde das Nichtstun zur Quälerei. Ich stellte einen Antrag bei der Arbeitsverwaltung und bat darum, mich wieder zur Arbeit einzuteilen. Es dauerte einige Tage, bis ich die Zusage bekam, daß ich ab Montag, den 28. 3. 1988 wieder in der Kleiderkammer eingesetzt werden würde.

Tagebuch, 14. 4. 88:
*Gestern bin ich 30 Jahre alt geworden. Ich hätte mir früher nie vorgestellt, daß ich einen Geburtstag im Gefängnis erleben würde. Ich war den Tränen nahe. Als ich von der Arbeit auf meine Station kam, hatten die Frauen meiner Gruppe den Tisch gedeckt, Kaffee gekocht und Kuchen gebacken. Ich bekam sogar kleine Geschenke, welche Überraschung! Ich war so gerührt, denn ich hatte überhaupt nicht damit gerechnet, weil ich niemandem meinen Geburtstag verraten hatte.*

*Aber wie soll es anders sein: die Zeitungen sorgten dafür. So wußten auch die Menschen in Freiheit, daß ich ein Jahr älter werde. Ich bekam viele Briefe mit Glückwünschen und Beschwörungen, daß ich nicht aufgeben soll; sie schickten mir Briefpapier mit, Marken und selbstgemalte Bilder. Auch Blumensträuße kamen an. Es war ein schönes Gefühl, zu wissen, daß so viele Menschen zu mir stehen.*

Durch meinen Anwalt Schultze erfuhr ich in Gesprächen von der Urteilsbegründung. Am 6. Mai erst bekam ich durch die Sicherheitsbeamtin das schriftliche Urteil, es dauert alles immer so lange. Als ich die vielen Seiten aus dem Umschlag nahm, fühlte ich wieder die Kälte in mir hochsteigen wie am 8. Januar, dem Urteilstag. Ich las nur »Im Namen des Volkes« und mußte es zur Seite legen. Ich versuchte es später noch einmal, aber es gelang mir einfach nicht, es zu lesen. Ich konnte nicht weiterlesen, was sie mir zutrauten und wie sie es begründeten. Ich wollte damals nicht noch einmal in die Gefühle, die mich an den Prozeß erinnerten, zurückgeholt werden. Ich wollte weiter um eine Revision kämpfen und in die Zukunft sehen. Ich vertraute meinen Anwälten, den alten und den neuen zusätzlichen. Beim nächsten Besuch von Herrn Schultze gab ich ihm das Urteil ungelesen mit. Ich wollte es nicht einmal dabehalten, und auseinandersetzen konnte ich mich in der nächsten Zeit damit erst recht nicht. Herr Schultze verstand es und nahm es an sich. So las ich mein schriftliches Urteil erst 1994, als es um das Wiederaufnahmegesuch von Gerhard Strate ging. Ich konnte es nicht fassen, wie sie die Tat und mich als Täterin darin schilderten.

AUS DEM URTEIL:
*»Die Beweisaufnahme hat nach alledem zur Überzeugung der Kammer ergeben, daß die Kinder Melanie und Karola Weimar nicht schon in der Nacht, sondern erst am Tage getötet*

*worden sind. Unter diesen Umständen kommt nach Auffassung der Kammer aber nur die Angeklagte als Täterin in Betracht. Warum sollte sie sonst der Wahrheit zuwider behaupten, die Kinder seien in der Nacht getötet worden, und zwar unter Umständen, die nur den Schluß zulassen, ihr Ehemann sei der Täter gewesen? Es ist unter den gegebenen Voraussetzungen keine andere Erklärung für dieses Verhalten denkbar als die, daß die Angeklagte mit dieser erfundenen Geschichte den Verdacht von sich selbst ablenken wollte, und dies kann nur bedeuten, daß sie auch die Täterin gewesen ist. Irgendwelche Hinweise darauf, daß eine dritte Person als Täter oder Mittäter in Betracht kommen könnte, hat die Beweisaufnahme nicht ergeben.« (S. 144)*

*»Richtig ist zwar, daß das Motiv, das die Angeklagte zur Tatbegehung veranlaßte, nicht eindeutig geklärt werden konnte. Die Kammer glaubt aber, daß es zumindest auch in der Beziehung zu Kevin Pratt zu sehen ist. Man macht es sich zu einfach, wenn man lediglich darauf verweist, die Beziehung zu Kevin Pratt sei befriedigend und diesem seien deren Kinder doch willkommen gewesen. Dabei wird zu Unrecht außer acht gelassen, daß Kevin Pratt die Angeklagte doch recht ungeduldig zur Scheidung gedrängt hat und an jenem Samstagabend (2. 8. 86) zumindest während der geschilderten Auseinandersetzung sogar das Fortbestehen des Verhältnisses von der umgehenden Einreichung der Scheidung in der drauffolgenden Woche abhängig gemacht und der Angeklagten durch sein offen gezeigtes Interesse für ein anderes Mädchen und dem Vorfall mit dem Halskettchen gewollt oder ungewollt demonstriert hat, wie schnell er gegebenenfalls zu handeln bereit war...« (S. 145)*

*»Sie muß unter diesen Umständen ihre Lage als sehr kritisch eingeschätzt haben, möglicherweise sogar kritischer, als sie*

*objektiv war. Gleichzeitig müssen ihr ihre widerstreitenden Gefühle schwer zu schaffen gemacht haben und zu einer wachsenden streßerzeugenden Belastung geworden sein. Diese muß dann aber bei ihr zu der Vorstellung geführt haben, sie könne sich mit ihren Taten auch ihrer Schwierigkeiten entledigen ...« (S.146)*

*»Unabhängig davon, wie die Motive der Angeklagten nun beschaffen gewesen sein mögen, kann festgestellt werden, daß die Angeklagte mit der Tötung ihrer Kinder jedenfalls nicht zu deren Besten hat handeln wollen. Für ein solches lediglich als Folge einer krankhaften Verblendung vorstellbares Tun der Angeklagten sind keinerlei Anhaltspunkte ersichtlich. Der Sachverständige Prof. Schumacher hat in seinem Gutachten zur Überzeugung der Kammer die Angeklagte als gesund bezeichnet und weiter ausgeführt, er habe bei ihr weder geistige Krankheiten festgestellt noch Hinweise auf entsprechende anderweitige Störungen zur Tatzeit gefunden.« (S.148)*

*»Die Angeklagte hat auch bewußt und zielgerichtet und somit vorsätzlich gehandelt. Sie hat die Tat mit Überlegung ausgeführt .... Es haben sich keine Anhaltspunkte für einen plötzlichen, aufgrund einer inneren Erregung hervorgerufenen Entschluß der Angeklagten zur Tötung der Kinder an jenem Montagvormittag ergeben.*

*Die Angeklagte war somit gemäß § 211 Abs. 1 StGB für jede der beiden Taten als Mörderin mit lebenslanger Freiheitsstrafe zu bestrafen.« (S. 151)*

# 9   In Strafhaft

Am 17. Februar 1989 wurde ich mittags in das Büro der Sicherheitsbeamtin gerufen. Sie teilte mir mit, daß die Revision abgelehnt worden war. Die beiden schwersten Formfehler, die die Anwälte aufgeführt hatten, das Valium bei den Prozeßterminen und die Gegenwart der Journalisten bei den Ortsterminen, hatte der Bundesgerichtshof nicht gelten lassen. Ich fing an zu weinen und schrie: »Das kann nicht wahr sein!« Kurz danach rief auch schon mein Anwalt Schultze direkt aus Karlsruhe an; er sprach mit meiner Sozialarbeiterin. Sie kam sofort zu mir, nachdem ich in meine Zelle zurückgebracht worden war, sie wollte mich trösten. Aber das konnte niemand mehr. Ich bekam daraufhin Beruhigungsmittel und schlief irgendwann ein.

Während der nächsten Tage sah immer jemand vom Gefängnispersonal nach mir, tagsüber und nachts. Ich war so niedergeschlagen und verzweifelt, daß ich nicht einmal Tagebuch schreiben konnte in dieser Zeit.

Ich hatte nun endgültig das Gefühl, daß ich auf unabsehbare Zeit hinter verschlossenen Türen würde leben müssen. Weiter so leben wie seit zweieinhalb Jahren ... Ich konnte es einfach nicht akzeptieren, daß ich mich als unschuldig Verurteilte zu fügen hatte, weiter hinter Gittern zu bleiben.

Ab Mitte Januar 1988 hatte ich zum Glück Gespräche mit einem Gefängnispsychologen zu führen begonnen, die mir sehr gut taten. Der Mann war älter als ich, ein sehr einfühlsamer Mensch. Er brachte viel Verständnis auf und war tolerant. Die Gefängnisärztin hatte ihn mir vermittelt. Wir sprachen über meine jetzige Haftsituation, aber auch über die Vergangenheit, meine Ehe, meine Kinder. Es war nicht so, daß er meinen Verhaltensweisen in Vergangenheit und Gegenwart immer nur zustimmte. Es gab auch Stunden, in denen wir uns sehr ernsthaft auseinandersetzten. Mit ihm verarbeitete ich langsam die Ablehnung des Revisionsbegehrens und befreite meinen Kopf für Gedanken, die in die Zukunft führten. Ich wußte von den Rechtsanwälten, daß der nächste Schritt der Antrag auf Wiederaufnahme sein würde, wenn ich dies wollte. Ich ging in mich und beschloß, weiter zu kämpfen.

Tagebuch, Juli 1989:
*Wie ich das alles durchstehe und verkrafte, kann ich noch nicht sagen. Vielleicht habe ich Kräfte in mir, von denen ich selbst noch nichts weiß. Durch die Gespräche mit meinem Psychologen lerne ich mich besser kennen. Nach diesen Gesprächen mache ich mir Gedanken und fühle, da ist mehr in mir, als ich bisher ahnte. Nur, was genau, kann ich noch nicht sagen.*

Ab jetzt setzte sich Gerhard Strate ohne Rechtsanwalt Schwenn, zunächst mit Hilfe meines ersten Rechtsanwalts Schultze, später dann allein für mich ein. Ich stellte mich auf eine lange Wartezeit ein, denn ich wußte inzwischen, wie viele Aktenordner über meinen Fall existieren. Bis Herr Strate die alle gelesen hätte, würden Monate vergehen.

Ich arbeitete erst einmal weiter in der Kleiderkammer. Dort gab es Bedienstete, die offen sagten, daß sie weder das Urteil von Fulda verstünden noch begriffen, warum die Revision abgelehnt worden sei. Sie sahen sehr schnell, wenn ich wieder einmal einen Tiefpunkt hatte, und versuchten, mich dann aufzurichten, indem sie mir sagten: »Sie haben die Kraft zu kämpfen, behalten Sie Ihren Mut. Es wird alles gut werden, wenn Sie stark bleiben!« Ich beantwortete jetzt auch wieder Briefe, freute mich über neue und hatte Bücher bekommen, die mein Selbstbewußtsein stärkten. Es waren Titel wie »Die Kunst, ein Egoist zu sein«, »Denke positiv« und einige andere esoterische Bücher. Sie haben mir sehr geholfen. Auch Texte, in denen Menschen beschrieben, wie sie ihr Leid annahmen und überwanden, taten mir gut. In einigen fand ich mich wieder, durch andere konnte ich mein eigenes Schicksal etwas relativieren.

Was mir nach den ersten harten Monaten in der Untersuchungshaft, als einige Frauen mich als »Kindsmörderin« vollkommen ablehnten, guttat – die Gruppenzugehörigkeit –, sollte sich später auch als Problem entpuppen. Solange ich nur ein eingeschüchtertes Opfer war, setzten sich sogar Frauen des ganzen Gefängnisses für mich ein. Nach der Ablehnung der Revision wurden 1989 Unterschriften von ihnen für ein Gnadengesuch gesammelt, ohne daß ich davon wußte – viele Häftlinge unterschrieben. Viele im Frauengefängnis waren mittlerweile von meiner Unschuld überzeugt. Ich war relativ beliebt, weil ich nicht danach ging, aufgrund welcher Straftat jemand verurteilt war, und auch nie nach der Geschichte der einzelnen fragte, wenn die Frau sie mir nicht von sich aus erzählte. Dann allerdings hörte ich intensiv zu und fragte nach. Ich wußte ja noch sehr genau, wie es ist, wenn einem auch in Haft Vorurteile entgegenschlagen.

Aber ab etwa 1990 fing ich an, mich zu verändern. Denn gerade in der Haft muß man nicht nur zuhören können, man muß auch lernen zu kämpfen, man darf sich auch von Mithäftlingen nicht alles gefallen lassen. Zu Anfang war es sehr schwierig, das, was ich langsam begriffen hatte, auch umzusetzen. Ich mußte viel an mir arbeiten, denn früher wollte ich am liebsten immer nur Harmonie. Das durfte nicht länger mein Grundbestreben sein, denn so konnte man untergehen. Und das wollte ich nicht.

Nachdem ich am Anfang durch die Mitgefangenen gelernt hatte, mich gegen Bösartigkeiten einzelner Frauen zur Wehr zu setzen, lernte ich später besonders durch meinen Psychologen, mich auch aus Gruppenzwängen und Bevormundungsversuchen durch erfahrenere Gefangene zu befreien. Denn es bildeten sich unter den Frauen kleine Gruppen, die sich nicht immer mit den anderen Gruppen verstanden. Es wurde streng darauf geachtet, daß die Frauen der jeweiligen Gruppen gegen die anderen zusammenhielten. Manchmal wurde regelrecht gegeneinander gehetzt, und so entstand viel Streit. Ich konnte dies überhaupt nicht einsehen, hatte auch gar keine Probleme mit den Frauen außerhalb meiner Gruppe, traute mich aber anfangs nicht auszubrechen. Ich merkte aber, daß sich alles in mir gegen diese Form der Unterordnung sträubte. Ich wollte mir nicht vorschreiben lassen, mit welchen Frauen ich reden durfte und mit welchen nicht. Je mehr ich das sagte, desto mehr löste ich mich aus der Gruppe heraus und hatte nur noch individuelle Kontakte zu einzelnen Frauen, die ich mochte. Ich sortierte, je länger ich in Haft war, immer mehr danach, wer mir guttat und wer nicht. Ich konnte auch gut allein sein, deshalb hatte ich keine Angst vor Gruppendruck. Das machte mich stärker. Jetzt kam Neid und Eifersucht bei Frauen auf, die das nicht so gut konnten oder die ihren Einfluß auf mich verloren. Ich beschäftigte mich mit meinen Englischstudien, meinen Briefen und später der Friseurarbeit, so daß diese Konflikte mich nicht zu sehr erreichten. Und ich konnte es in meinen psychologischen Sitzungen ansprechen. Daß meine Haltung letztlich richtig war, zeigte sich darin, wie viele Frauen sich über meine Entlassung freuten und daß noch heute einige in Briefkontakt mit mir stehen.

Am 1. August 1989 fand meine erste »Vollzugsplanung« statt. Das hieß, mein Leben in Haft wurde für ein Jahr geplant: zum Beispiel, in welchem Arbeitsbereich ich eingesetzt werde, ob eine Ausbildung möglich ist, ab wann »Ausführungen« erlaubt werden können und wie viele im Jahr genehmigt werden. Beim ersten meiner solchen Planungstreffen hatte ich das Gefühl, wieder vor Gericht zu stehen: Anstaltsleitung, Psychologe, Sozialarbeiterin, Ausbildungsleiterin und die Beamten, die auf unserer Station arbeiteten, waren in einem Konferenzraum zur Diskussion meiner Haftregulierung versammelt. Als sie sich einig geworden waren, wurde ich nach einer guten Stunde, die ich auf dem Flur verbracht hatte, in den Konferenzraum geholt. Nun wurde ich darüber informiert, wie mein nächstes Jahr aussehen würde. Es war sehr aufregend für mich. Die ersten »Ausführungen« waren erst für 1991 vorgesehen. Aber daß es sie überhaupt in Zukunft geben würde, beflügelte schon meine Phantasie. Meine Familie jenseits der Mauern wiederzusehen, das war etwas, wovon man träumen konnte, wenn es einem besonders schlecht ging.

Nachdem ich eine Allergie bei der Arbeit in der Kleiderkammer bekommen hatte, arbeitete ich zweimal die Woche etwa sechs Stunden lang bei der Friseurin, die ins Gefängnis kam. Die Arbeit machte mir Spaß. Als Ausbildung lernte ich in meiner Zelle jeden Tag allein ein paar Stunden lang für einen Fernkurs in Englisch, mit Kursheften und Tonkassetten. Ausgefüllte Bögen wurden für die Prüfung eingeschickt, sie wurden benotet zurückgegeben. Ich stand immer um 6.30 Uhr auf, morgens tranken wir Kaffee mit mehreren Frauen unserer Station rund um einen Tisch, mittags gingen wir zum Essen in die Kantine, anschließend gab es eine Stunde Hofgang, im Sommer an den Wochenenden zwei Stunden lang. Fast immer beteiligte ich mich daran, denn ich war süchtig nach frischer Luft. Doch manchmal tat es mir weh, diese halbe Freiheit zu spüren, wenn man draußen war. Fast jeden Tag trieb ich Gymnastik in meiner Einzelzelle oder machte Yoga-Übungen. In meiner Freizeit von 16.00 bis 20.15 Uhr las ich Bücher oder Briefe, schrieb Briefe und Tagebuch, klebte selbstgestaltete Karten mit Zeitschriftenbildern oder saß mit den anderen gefangenen Frauen zusammen zum Reden oder Spielen, manchmal Fernsehen. Um 20.15 Uhr wurden wir eingeschlossen.

Jedes zweite Wochenende bekam ich Besuch von der Familie oder von Menschen, zu denen sich eine Freundschaft über den Briefwechsel ergeben hatte. Nach jedem Besuch gab es allerdings Körperkontrollen, die für mich sehr demütigend waren, aber zur Haftroutine gehörten. Die Besucher hätten uns Gefangenen ja etwas zustecken können.

Es gab Menschen, die ich nur über Briefe kennengelernt hatte, sie schrieben mir seit meiner Inhaftierung, andere erst seit der Verurteilung. Als ich mich einigermaßen in der Haftanstalt zurechtgefunden hatte und an jedem zweiten Wochenende zwei Stunden lang Besuch beantragen durfte, kamen auch einige dieser Brieffreunde, meistens Frauen, mich besuchen. Sie wirkten zuerst sehr unsicher, und ich selbst war auch sehr aufgeregt vor einem solchen Treffen im großen Besucherraum. Erst fühlte man sich gehemmt, aber nach einer Stunde ging es schon besser, und die nächsten Besuche von denen, die ich wiedersehen wollte, verliefen dann schon normaler. Aber richtig entspannt habe ich mich in dem Besucherraum nur sehr selten unterhalten können.

Inzwischen wußte ich über die Verbote in der Haftanstalt Bescheid. Umgehen konnte ich deshalb trotzdem nicht besser mit ihnen. Für mich war nicht nachvollziehbar, warum zum Beispiel Kerzen nur in der Weihnachtszeit erlaubt waren. Es gab Lebensmittel und Kosmetika, die angeblich die Sicherheit der Anstalt gefährdeten. Ich begriff nie, daß man uns nicht einmal nach langen Haftjahren in der Gruppe, die einen offeneren Vollzug im Neubau hatte, die Chance gab zu beweisen, daß wir auch mit den sogenannten »gefährlichen« Einkaufsgütern wie Fön, Trockenrasierer und Pfeffer verantwortungsvoll umgehen konnten. 1991 waren wir in das neue Haus, die sogenannte Förderstation, umgezogen. Hier wurden wir nur abends eingeschlossen. Aber auch dort bekamen wir nur nach einem enormen bürokratischen Genehmigungsweg zum Beispiel Blumenstöcke für unsere Station genehmigt. Ich hatte so schreckliche Sorgen, mich quälte so viel, als ich meine eigentliche Strafhaft 1989 antrat. Und dann kamen noch all die Verbote und einengenden Regeln im Alltag hinzu, als ob das Eingeschlossensein auf unendlich lange Zeit nicht schon reichte.

Das Schlimmste aber kam 1991: Das Justizministerium wollte meine Haftzeit auf neunzehn Jahre heraufsetzen. »Lebenslänglich« bedeutet normalerweise fünfzehn Jahre. Die Schwere der Schuld, das psychiatrische Gutachten und das Persönlichkeitsbild der Gefangenen werden aber individuell bewertet. Daß jetzt auf einmal meine Haftzeit um vier Jahre verlängert werden sollte, konnte ich überhaupt nicht fassen. Das machte mir natürlich noch mehr Angst vor der Zukunft. Ich hatte das Gefühl, daß ich auf eine besonders harte Probe im Vergleich zu anderen Gefangenen gestellt würde. Eigentlich verstand ich jetzt die Welt überhaupt nicht mehr. Ich schickte die Unterlagen des Justizministeriums an Herrn Strate, der sofort gegen die neue Festsetzung Beschwerde einreichte. Es ging viel Papier hin und her, und zum Schluß entschied die Strafvollzugskammer, daß Vollzugspläne nicht ohne Begründung geändert werden könnten. Und es waren zuvor fünfzehn Jahre festgesetzt worden. Ich war so froh, wenigstens das erreicht zu haben!

Am 4. Oktober 1991 erlebte ich meine erste »Ausführung«. Ich freute mich schon Tage vorher darauf und war völlig aufgeregt, wie wohl der erste Tag in Freiheit nach fünf Jahren Haft für mich sein würde: Was ich empfinden würde, wie es sein würde, meine Familie in einer anderen Umgebung als dem Gefängnis zu treffen, ob Menschen auf der Straße nach mir schauen würden. Die Nacht zuvor konnte ich kaum schlafen, ich konnte es nicht erwarten, endlich aufzustehen. Am Morgen kamen mir die Minuten wie Stunden vor, ehe es endlich soweit war, daß ich mich in der Kleiderkammer für die Ausführung umziehen durfte. Ich war bis zum Umziehen ganz allein auf meiner Station, die anderen Frauen arbeiteten woanders. Nachdem ich die Kleiderkammer aufgesucht hatte, holten mich ein Mann und eine Frau vom Anstaltspersonal dort ab und begleiteten mich zum kleinen Eisentor, der Außenpforte des Nebenausgangs. Ich ging mit meiner Begleitung durch die Pforte und sah sofort meine Mutter und meine jüngere Schwester Brigitte. Ich war so glücklich! Erleichtert fielen wir uns in die Arme und hielten uns alle drei eine Zeitlang umarmt.

Tagebuch, 5. 10. 1991:
*Als ich durch das Eisentor gegangen war und in Freiheit stand, konnte ich plötzlich viel tiefer durchatmen. Ich merkte, wie sich meine Verspannung löste. Ich fühlte mich wie ein anderer Mensch, lockerer, gelöst, so als wäre ich nie eingesperrt gewesen. Es war für mich sofort so normal. Ein wenig Angst hatte ich zwar auch, aber nur deshalb, weil ich unsicher war, ob mich noch jemand wiedererkennen würde. Aber immerhin sind seit dem Urteil, als meine Bilder überall zu sehen gewesen sind, drei Jahre vergangen. In diesen Jahren habe ich mich äußerlich verändert. Ich bin blonder geworden, und mein Gesicht sieht etwas weicher aus, dünner bin ich auch. (...)*

Als wir mit der Straßenbahn in die Stadt fuhren und mich keiner der Fahrgäste erkannte, lehnte ich mich innerlich zurück. Und nach dem Aussteigen konnte ich ganz unbesorgt durch die Innenstadt gehen. Ich wußte zwar, daß die sechs Stunden Freiheit – in sehr dezenter Begleitung durch die beiden Beamten in Zivil – sehr schnell vergehen würden, aber darauf konzentrierte ich mich jetzt nicht. Ich fühlte mich wunderbar, auch meiner Mutter ging es sehr gut. Meine Schwester und ich nahmen sie in unsere Mitte. Erst einmal durchstreiften wir einige Kaufhäuser. Ich wollte mir nach fünf Jahren endlich einmal wieder ein Paar Jeans selbst kaufen, die mir gefielen und auch wirklich paßten. Zum Mittagessen kehrten wir in ein griechisches

Lokal ein, was ich auch sehr genoß, obwohl ich kaum etwas hinunterbekam vor Aufregung. Wir gingen danach noch ein bißchen spazieren und verbrachten den Nachmittag in einem Café. Dann wurde es langsam Zeit, daß wir zurück zur Straßenbahnstation kamen. Ich konnte es nicht glauben, daß die sechs Stunden schon fast vergangen waren! Schon in der Bahn überkam mich eine tiefe Traurigkeit. Ich konnte mich nicht dagegen wehren, denn ich mußte daran denken, daß ich wieder Monate auf die nächste »Ausführung« würde warten müssen. Doch weil ich meiner Mutter nicht zeigen wollte, wie traurig ich war, dachte ich an die schönen Stunden, die wir gerade gemeinsam hatten genießen dürfen. Mutter und Schwester begleiteten mich bis an die Außenpforte in Preungesheim, dort mußten wir uns verabschieden.

Es war grausam, als sich das Eisentor automatisch öffnete. Ich ging mit den Beamten hindurch, und es kam mir so vor, als ob es mich verschlingen würde. Ich fühlte sofort die Beklemmung, die in mir aufstieg. An die Stunden, die ich gerade mit meiner Familie erlebt hatte, konnte ich überhaupt nicht mehr denken. Auf dem Weg zur Kleiderkammer liefen mir die Tränen übers Gesicht, und ich fragte mich wie ein hilfloses Kind: Warum muß ich zurück, was rechtfertigt es, mich einzusperren, was habe ich getan?

Als ich auf meiner Station angelangt war, zog ich mich sofort in meine Einzelzelle zurück. Alle ließen mich in Ruhe. Ich setzte mich auf mein Bett, holte die Erinnerung und das Gefühl der letzten sechs Stunden in mich zurück. Ich wollte versuchen, diese Stunden so lange wie möglich in mir lebendig zu halten, damit ich daran meine Kraft aufbauen könnte. Ich war entschlossen, die Tage bis zum nächsten Freiheitstag zu überstehen.

Nach meiner Verurteilung bin ich 1988 in Gedanken die vielen Jahre durchgegangen, die mir bevorstanden, falls sich an diesem Urteil nichts ändern würde. Ich sah damals die fünfzehn Jahre in einem großen Block. Dabei überkam mich das heulende Elend. Denn zu dieser Zeit wußte ich noch nicht, wie ich die Jahre überstehen würde, ob ich es überhaupt schaffen könnte, weiterzuleben. Nach dieser »Ausführung« 1991 legte ich diese Denkweise ab und konzentrierte mich immer nur auf die nächsten Monate in jedem Jahr.

Die erlaubten Begegnungen in Freiheit in den nächsten Jahren, in denen ich mit meiner Mutter und abwechselnd meinen beiden Schwestern einkaufen, spazieren und essen ging, in Frankfurt, Wiesbaden und auch einmal in Bad Homburg, waren jedesmal wieder aufregend, mein Körper kribbelte, so aufgedreht war ich, weil die Zeit davor einfach nicht vergehen wollte. Durch das anschließende Glücksgefühl, wenn wir uns in Freiheit begegneten, fühlte ich mich schwebend leicht. Das Zurückkehren in die Anstalt war danach nicht mehr ganz so extrem wie das erste Mal, aber es tat jedesmal sehr weh.

Es versetzte mich zurück in die Hilflosigkeit der ersten Tage in Haft. Ich sagte mir dann aber selbst: Wenn alles bei den »Ausführungen« weiter so »ordnungsgemäß« verläuft, wird es immer wieder ein nächstes Hinausgehen geben. An Flucht dachte ich bei keinem Mal, denn ich wußte, sobald ich es auch nur versuchen würde, würde man mir alle Erleichterungen in der Haft streichen.

Ende 1992 reichte Gerhard Strate den Antrag auf Wiederaufnahme meines Verfahrens beim Gießener Landgericht ein. Gerhard Strate hatte neue Zeugen aufzuweisen, die Reinhard Weimar belasteten. Gleichzeitig hatte er ein Fasergutachten anfertigen lassen, das zu anderen Ergebnissen kam – was meine angebliche Tatkleidung betraf – als das vom Landeskriminalamt, das das Fuldaer Gericht in Auftrag gegeben hatte. Nun fing die Zeit des Wartens von neuem an. Es war jetzt die letzte Chance auf Gerechtigkeit, die ich hatte. Meine innere

Unruhe, die Verkrampfung durch das tägliche Warten, meine Angst vor einer Ablehnung, all das kehrte wieder zurück. Drei Monate später, im März 1993, kam vom Gericht in Gießen die Entscheidung, daß der Antrag angenommen sei. Das war aber noch keine endgültige Entscheidung, die Schritte zu einem Wiederaufnahmeverfahren – das in Deutschland nur sehr selten durchzusetzen ist – sind langwierig. Gegen die Entscheidung des Landgerichts legte die Staatsanwaltschaft in Gießen erst einmal Beschwerde ein. Dieser Antrag und meine Akten gingen dann an das Oberlandesgericht in Frankfurt zur Entscheidung. Das Zittern, die Ungewißheit, das Warten setzten nun erneut ein. Ich war weder imstande zu lesen, noch konnte ich in Ruhe Briefe schreiben, noch mich tiefergehend unterhalten, denn immer waren meine Gedanken bei der Entscheidung. In diesem Zustand wollte ich mich nicht dazu zwingen, Briefe zu beantworten. Dadurch stapelte sich bei mir die Post, die ich von vielen Menschen fast regelmäßig bekam, seit sie nach meinem ersten Prozeß mit mir in Kontakt getreten waren. Jedes Jahr kamen neue hinzu. Ich wollte allen antworten. Meist legte ich am Wochenende richtige Schreibtage ein. Wenn es mir gut ging, beantwortete ich gleich alle auf einmal. Manchmal nahm ich die Schreibmaschine dafür, die ich geschenkt bekommen hatte, denn mit dem Füller ging es zu langsam. Wenn ich Briefe länger liegen ließ, meldete sich das schlechte Gewissen in mir. Mir waren die Menschen sehr wichtig, aber ich war durch diese Drucksituation oft ziemlich überfordert.

Das Oberlandesgericht in Frankfurt hatte zum Glück die Beschwerde der Staatsanwaltschaft Gießen gegen mein Wiederaufnahmegesuch am 8. Oktober 1993 abgelehnt; und so konnten im Juni 94 die Anhörungen für ein Wiederaufnahmeverfahren beginnen.

Die Wartezeit hatte ich mit schwankenden Gefühlen verbracht, manchmal hoffend und positiv eingestellt, dann wieder ängstlich oder auch deprimiert. An solchen Tagen fühlte ich mich einsam und verlassen, auch wenn ich mit meinem Anwalt in ständigem Kontakt stand.

Am 22. Juni 1994 wurde ich von zwei Begleitpersonen aus der Anstalt zur Gerichtsverhandlung nach Gießen gefahren. Ich durfte bei den für mich so wichtigen Terminen als Zuhörerin dabeisein. Textilgutachter und Zeugen waren geladen. Es ging noch einmal um die Fasern meiner Kleidung an den Oberteilen der Kinder zur Tatzeit, und ob sie dazu als Beweis für die Tat in Frage kamen. Und es ging um neue Zeugen, denen Reinhard Weimar in den vergangenen Jahren die Tat angeblich gestanden hatte und die sich bei meinem Hamburger Anwalt gemeldet hatten.

Auf der Fahrt nach Gießen war ich sehr unruhig, alles erinnerte mich an meinen Prozeß in Fulda, ich spürte meinen Herzschlag deutlich, und mein Magen rebellierte. Ich fragte mich, wie es wohl sein würde, wieder einen Gerichtssaal zu betreten – ich hatte dies in der allerschlechtesten Erinnerung.

Diesmal waren keine Journalisten, keine Zuschauer anwesend. Der Raum im alten Gießener Landgericht war noch leer, als ich die Tür öffnete. Trotzdem wirkte er sofort beklemmend auf mich. Ich mußte einige Male tief durchatmen und machte mir klar, daß mir hier nichts passieren konnte. Mein Anwälte Schultze und Strate kamen kurze Zeit nach mir, ich konnte bis zu Beginn der Verhandlung mit ihnen sprechen. Dann setzte ich mich auf die vorderste der Zuschauerbänke. Die Gutachter, Richter und der Staatsanwalt hatten sich mittlerweile auch auf ihre Plätze begeben. Diesmal trugen sie alle keine Roben, die Tische standen alle auf einer Ebene, die Richter saßen nicht erhöht.

Am ersten Verhandlungstag wurden Textilgutachter befragt. Der von meinen Rechtsanwälten beauftragte Hamburger Textilfachmann Professor Tensfeld erläuterte sein Gutachten, das mich entlastete. Das Gießener Gericht hatte einen

Chemiker vom Bundeskriminalamt beauftragt, der zu anderen Schlüssen als sein Kollege vom LKA im Jahr 1987 kam. Er folgerte ganz anderes aus den gefundenen Faserspuren an Melanies T-Shirt und bemängelte darüber hinaus die Spurensicherung der Kripo. Allerdings widerlegte er die Ausführungen des von Rechtsanwalt Strate beauftragten Gegengutachters. Ich wußte nicht, wie dieser Expertenstreit ausgehen würde, und konnte nur hoffen, daß sich das Gericht dem BKA-Fachmann anschloß, der erklärte, daß die Faserteilchen nicht von einem Mord herrühren, sondern vom häuslichen Kontakt stammen müssen. Ich war sehr froh, daß dieses herausgefunden worden war, noch dazu von einem unabhängigen Gutachter, der nicht von uns beauftragt worden war. Endlich gab es mögliche Beweise, die doch für meine Unschuld sprachen!

Die nächsten beiden Termine im August und im Dezember durfte ich auch verfolgen. Nach dem zweiten Termin, im August, habe ich angefangen, gründlich mein Urteil von 1988 zu lesen. Denn im ersten Termin war einiges daraus zur Sprache gekommen, was ich nicht begriff. Mein erster Anwalt hatte mir damals nur Teile der Urteilsbegründung vorgelesen, die für ihn nicht stimmig waren. Selbst lesen wollte ich sie ja damals nicht. Ich konnte auch diesmal das Urteil nur in Etappen erfassen, denn was darin stand, war für mich immer noch unfaßbar. Ich empfand die Handlungen und Motive, die mir dort zugeschrieben wurden, so, als sei von einer Fremden die Rede. Es hatte absolut nichts mit meinem Erleben der Tage im August 1986 zu tun.

Der zweite Termin war den neuen Zeugenbefragungen gewidmet. Zuerst kam eine Frau, die Reinhard Weimar nach dem Urteil zu sich nach Hause eingeladen hatte, um ihn kennenzulernen. Sie hatte den Prozeß in den Medien verfolgt und war von seiner Unschuld überzeugt gewesen. Nach ihrer Aussage hat er ihr gestanden, daß er die Kinder »totgemacht«

habe, ein Wort, das er auch in den Vernehmungen benutzt hatte und das vorher nicht in der Presse zu lesen gewesen war, wie mein Anwalt betonte. Ihre Antworten auf Befragungen des Staatsanwaltes Bauer, der ihr nicht glauben mochte, kamen sehr emotional, das merkte ich, sie rechtfertigte sich fast aggressiv. Ich wußte nicht, ob man ihr trauen konnte. Sie gab den Besuch, sein Verhalten dabei sehr nachvollziehbar an, verwickelte sich aber ansonsten in Widersprüche. Auf mich wirkte sie etwas unsicher und leicht angreifbar.

Zwei weitere Zeuginnen wurden zum Anhörungstermin gar nicht erst geladen. Eine hatte in der Psychiatrischen Klinik eine Art Geständnis von Reinhard Weimar und anschließend einen seiner Selbstmordversuche erlebt. Die andere war eine Prostituierte, bei der Reinhard augenscheinlich häufiger war und die ihn unmittelbar nach dem Tod der Kinder, als er sie wieder aufsuchen wollte, nicht mehr zu sich lassen wollte. Beide hielt das Gericht von Anfang an für unglaubwürdig. Ich wurde das Gefühl nicht los, daß sie als Menschen zweiter Klasse behandelt wurden.

Ich hatte damals wieder sehr gehofft, das nächste Weihnachtsfest schon in Freiheit mit meiner Familie zu verbringen. Aber die Entscheidungsfindung in Gießen zog sich noch Monate hin. Ständig war ich in meinen Gefühlen jetzt hin- und hergerissen. Es kam vor, daß ich aus heiterem Himmel weinen mußte, daß ich aggressiv wurde oder mich völlig zurückzog. Ich konnte das Leben in Haft plötzlich kaum noch ertragen. Ich bekam auch wieder Magenbeschwerden, konnte nichts essen, nahm ab. Manche Nacht konnte ich es nur drei bis vier Stunden im Bett aushalten. Ich stand oft am Fenster, schaute zum Himmel, auf die Mauer und den Hinterhof und fragte mich, wie lange ich wohl diese Bilder noch vor mir haben würde. Ich war oft verzweifelt und hoffte dennoch, daß diese Richter mir eine neue Chance geben würden, meine Unschuld zu beweisen. Als der für November geplante Termin auf den Dezember verschoben wurde, schrieb ich einen Brief an die Richter in Gießen, in dem ich ihnen meine angespannte Warte-Situation beschrieb. Ich hatte einfach das Gefühl, ich müßte den Richtern klarmachen, daß ein Mensch hinter den Schriftsätzen steht, über die sie verhandeln.

Zum letzten Termin im Dezember 1994 erschien ein Zeuge, der Reinhard Weimar nach meiner Verurteilung besucht hatte, im Dorf bei seiner Mutter. Er hatte wohl für eine kurze Zeit Reinhards Vertrauen gewonnen und ihm nach dem Treffen geschrieben, wie seiner Meinung nach die Tat begangen worden war, nämlich durch ihn, Reinhard Weimar. In einem anschließenden Telefonat soll Reinhard ihm gestanden haben, daß er es war, aber ich hätte beim Wegbringen der Leichen geholfen, und solange seine Mutter noch lebe, sage er auf keinen Fall etwas vor der Polizei. Der Zeuge hatte ein detektivisches Interesse an meinem Fall, ich weiß nicht, warum. Er schrieb mir mehrere Male ins Gefängnis, wollte Kontakt mit mir aufnehmen, nannte mich »Liebe Monika«. Er war mir suspekt, und ich habe ihm auch nicht geantwortet, um nicht in den Verdacht zu geraten, ich beeinflusse Zeugen, die für mich aussagen könnten, indem sie Reinhard Weimars vertrauliche Äußerungen dem Gericht vortrugen.

Ich war schon sehr gespannt, bei den Verhandlungen in Gießen zu erleben, was diese Zeugen wohl für Menschen waren. Was für ein Interesse hatten sie, zuerst mit Reinhard Weimar aus unterschiedlichen Gründen Kontakt aufzunehmen und dann gegen ihn auszusagen? Als ich sie dann im Gerichtssaal erlebte und beobachten konnte, ohne von ihnen erkannt zu werden, merkte ich, daß ich bei ihrem Anblick ganz kühl blieb, sie erweckten keine Gefühle in mir. Aber was sie berichteten und was ich von der Prostituierten in den Unterlagen meines Anwalts las, erschütterte mich schon. Es steigerte meine Wut auf Reinhard Weimar.

In der Zeit seit dem letzten Anhörungstermin wartete ich jeden Tag auf eine Entscheidung. Ich konnte mich drei Monate lang auf nichts anderes mehr konzentrieren. Es war eine schlimme Zeit.

Am 1. April 1995 rief Gerhard Strate dann in Preungesheim an und mußte mir am Telefon sagen, daß unser Antrag auf Wiederaufnahme vom Gericht in Gießen abgelehnt worden sei. Da brach für mich endgültig die Welt zusammen. Nach dieser Nachricht, ein paar Worten der Fassungslosigkeit und seinem Versprechen, daß er Beschwerde gegen diesen Beschluß einlegen würde, beendeten wir das Telefonat. Ich ging zurück in meinen Raum, setzte mich auf den Stuhl und brauchte einige Minuten, um zu begreifen, daß die Richter in Gießen all die Zeugen und das neue Textilgutachten abgelehnt hatten. Eine schreckliche Starre befiel mich. Erst geraume Zeit später konnte ich weinen. Ich saß so niedergeschlagen auf meinem Stuhl, daß mein Psychologe benachrichtigt wurde. Er kam kurz darauf und brachte schon die schriftliche Ablehnung aus Gießen mit. Sie war per Eilpost zugeschickt worden. Ich empfand es als zynisch, daß sie mich monatelang hatten warten lassen, aber die Ablehnung an einem Wochenende per Eilpost schickten, zu einem Zeitpunkt, an dem man normalerweise keinen Psychologen und keinen Rechtsanwalt sehen darf. Bei den Terminen in Gießen hatte ich noch den Eindruck, diese Richter sind anders als die in Fulda, sie sind wirklich an gründlicher Wahrheitssuche interessiert. Aber ich hatte mich getäuscht.

Ich bekam an diesem Tag zum Glück Besuch von meiner Mutter; sie wurde ins Zimmer meines Psychologen geführt. Es war einerseits schön, nicht allein mit dieser Entscheidung zu sein, aber andererseits mußte ich nun meiner Mutter diese für uns alle große Enttäuschung übermitteln und sie auch ein bißchen trösten, ihr versichern, daß ich stark bleiben würde. Nach der Verabschiedung von ihr fühlte ich mich sehr elend. Alle Hoffnungen waren zerschlagen. Wieder einmal erlebte ich, daß ich nicht wußte, wie es weitergehen sollte. Ich bekam einen Weinkrampf, der mir die Luft nahm, ich konnte nicht mehr richtig atmen, mein ganzer Körper fing an zu zittern. Wie lange ich in dem Büro gesessen habe, weiß ich nicht mehr.

Ich wurde auf unsere Station gebracht, die Gefängnisschwester kam, mein Blutdruck und Puls wurden gemessen. Danach bekam ich von ihr eine Beruhigungstablette. Alles drehte sich in meinem Kopf, als ich auf meinem Bett lag. Ich konnte nichts anderes denken als: Warum haben sie den Antrag abgelehnt, warum glaubt mir keiner? Warum schützen alle Reinhard Weimar? Einige Mitgefangene kamen und boten mir ihre Hilfe an. Sie waren dabei genauso hilflos wie ich, denn in solch einer Situation weiß niemand, was er sagen soll. Tage später bedankte ich mich trotzdem bei ihnen, denn es tat schon so gut zu wissen: Ich bin nicht allein. Ich konnte gut nachvollziehen, wie es ist, wenn man jemandem, der hilflos ist, gegenübersteht und nicht helfen kann.

In den sechs Wochen bis Mitte Mai entschloß ich mich endlich, meinen zweiten – diesmal einen Protestbrief – an das Gießener Gericht zu schreiben, der am Anfang des Buches abgedruckt ist. Bis dahin befand ich mich in einem völlig vernebelten Zustand. Ich tat kaum etwas für mich, ließ die Tage passiv vergehen, wie sie kamen. Mein Rechtsanwalt, der in der Woche nach dem Entscheid gekommen war, verstand die Begründung ebensowenig wie ich. Es gab doch Zeugen, die von Quasi-Geständissen Reinhard Weimars zu berichten hatten, und das Gericht hatte sie gar nicht erst geladen. Das Zweitgutachten über die Fasern an meinem gelben T-Shirt, das im Auftrag dieses Gerichtes vom BKA erstellt worden war, sagte, daß die Faserspuren auf dem Oberteil Melanies zwar von einem

Kontakt mit mir, aber nicht von einem »Todeskontakt« herrühren könnten.

Mein Anwalt hatte den Antrag gestellt, daß Reinhard Weimar von einem neutralen Psychiater begutachtet werden solle. Noch nicht einmal dem war nachgegangen worden. Die Ärzte in der Klinik Hersfeld, die ihn dort immer wieder psychiatrisch behandelten, wenn er freiwillig sich einweisen ließ, schrieben in das Gutachten, daß er nicht befragt werden dürfe, aus therapeutischen Gründen. Aber ich verstand einfach nicht, daß er weiterhin Autofahren, Kegeln und Biertrinken gehen konnte, aber nicht aussagen vor Gericht. Er ist doch dann auch als Autofahrer eine Gefährdung für die Mitmenschen, wenn er so gestört ist, wie es die Gutachter ausdrücken! Ich kann bis heute ganz einfach nicht begreifen, daß mein Ex-Ehemann privat ein Quasi-Geständnis nach dem anderen ablegen kann, und nichts geschieht offiziell.

Nachdem ich meinen Protestbrief an die Gießener Richter geschrieben hatte, ging es mir besser. Ich hatte wieder so viele Briefe seit dem 3. April bekommen, seit die Nachricht von der Ablehnung durch die Presse gegangen war. Ich schrieb, nachdem viele fragten, was sie denn für mich tun könnten, den Briefschreibern die Adresse des Landgerichts Gießen in die Antwortbriefe. Jeder könne seine Meinung auch direkt gegenüber der Stelle äußern, die für den Entscheid zuständig war. Denn ich konnte die vielen Fragen, warum die Richter so entschieden hätten, auch nicht beantworten.

Langsam kam ich durch diese Aktivitäten aus dem zerschlagenen, niederschmetternden Zustand wieder heraus. Ich wollte einfach nicht aufgeben, denn in den letzten Jahren hatte sich immer, wenn ich gekämpft hatte, etwas bewegt.

Allerdings ist der Kampf nicht spurlos an mir vorübergegangen. Ich habe viele Krankheiten in der Haft gehabt, die jetzt in Freiheit schon nach einigen Monaten völlig ausgeheilt sind: Allergien, Schilddrüsenfehlfunktion, Magenbeschwerden, Unterleibs- und Hautkrankheiten. Vor meiner Inhaftierung hatte ich keine dieser Krankheiten, höchstens mal Magendrücken und ab und an Kreislaufprobleme.

Nachdem ich mich wieder daran erinnerte, daß ich mich für einen Kampf entschieden hatte und nicht meine vermeintliche Schuld durch Einverständnis mit der Haft zugeben wollte, sorgte ich selbst dafür, daß ich wieder zu Kräften kam. Ich aß wieder, nahm meinen Tagesrhythmus mit Aktivitäten wie Englischlernen und Gymnastik erneut auf und setzte für mich erst einmal den Zeitpunkt auf Herbst 1995 fest, wo ich mit einer Entscheidung des Oberlandesgerichts Frankfurt rechnen konnte. Dieses Gericht hatte über eine Beschwerde zu entscheiden, die mein Anwalt gegen den Gießener Entscheid eingelegt hatte. Es lag jetzt also in der Hand von Frankfurter Richtern, ob es noch einmal einen neuen Prozeß geben würde. Ich wollte mir diesen Termin im Herbst setzen, um nicht wieder Tag für Tag und Woche für Woche auf einen Anruf oder Brief warten zu müssen und blockiert für alles andere zu sein.

Am 30. Mai 1995 fand meine letzte »Vollzugsplanung« statt, die ich erleben sollte. Es dauerte diesmal nicht lange, ehe ich dazugerufen wurde. Vielleicht lag es daran, daß ich inzwischen ein Gespräch mit unserem Anstaltsleiter unter vier Augen geführt hatte, in dem ich ihm mein Verhalten am Bett meiner toten Kinder zu erklären versucht hatte, das er, wie so viele Menschen, nicht begreifen konnte.

An diesem Konferenztag ging es um ein psychiatrisches Gutachten für die Lockerung meiner Haftbedingungen. »Lebenslängliche« können nach etwa neun Jahren Haft Erleichterungen zugestanden bekommen, wie Ausgang allein für acht Stunden alle zwei Wochen und danach zwei Tage im Monat Hafturlaub. Zu diesen Lockerungen müssen mehrere Stellen ihre Zustimmung geben: Staatsanwaltschaft des verurteilenden

Gerichts, psychologische Gutachter und das Justizministerium des Landes. Ich freute mich darüber, daß es nun zwei Wege für mich gab: einmal die Beschwerde gegen das Wiederaufnahmeverbot und zum anderen das Gutachten über meine »Führung«. Dadurch war ich wieder hoffnungsvoller und ohne Angst. Ich achtete sofort wieder mehr auf mein seelisches und geistiges Gleichgewicht, konnte wieder Briefe schreiben und mich auf das Lesen konzentrieren: Ich holte mir mehrere Bücher aus der Anstaltsbücherei.

Für den 13. Juni war wieder eine »Ausführung« geplant, meine Mutter wollte sich mit mir treffen. Ich freute mich riesig darauf. Doch gleichzeitig hatte ich ein seltsames Gefühl in mir. Was es war, konnte ich gar nicht sagen. Vielleicht kam es durch die negative Entscheidung aus Gießen; ich war das erste Mal seitdem wieder einen Tag in Freiheit.

Tagebuch, 14. 6. 95:
*... Als ich schließlich draußen vor der Anstalt stand, hatte ich kein komisches Gefühl mehr. In mir war nur eine große Freude. Ich wollte diesen Tag genießen, soviel Kraft und Energie tanken wie nur möglich, um die nächsten Wochen einigermaßen heil zu überstehen. Ich weiß, daß ich stark genug dazu sein werde. Ich habe schon so viele Enttäuschungen hinter mir, aber jetzt bin ich mir sicher, daß ich die Kraft dazu habe, sogar neue Enttäuschungen zu überstehen. Aber ich fühle, daß es nun aufwärts geht. Ich kann wieder auf eigenen Füßen stehen und weiß, was ich anstrebe und erreichen will. Ich glaube, ich habe mich ganz schön verändert.*

Der Tag mit meiner Mutter war außergewöhnlich schön. Wir fuhren nach Wiesbaden in Begleitung meines Psychologen. Ich sprach viel mit ihr über den Stand meines Verfahrens, sie berichtete über die Entwicklungen in meiner Familie und über meine kranke Großmutter. Ich bereitete sie vorsichtig darauf vor, was sein würde, wenn auch die Frankfurter Richter mein Gesuch um Wiederaufnahme ablehnten. Daß ich dann wenigstens sicher bald mehr draußen sein könnte, wenn ich auch wahrscheinlich dann niemals freigesprochen werden würde. Wir sahen uns Wiesbaden an, das wir beide nicht kannten, und aßen zusammen dort zu Mittag.

Die Anstalt nach einem solch entspannten Tag wieder betreten zu müssen, tat weh. Die Freiheit in den jetzt erlaubten acht Stunden erleben zu können, war ein Geschenk. Und trotzdem hatte ich anschließend ein Gefühlschaos zu verarbeiten. Ich fand mich immer sofort in Freiheit zurecht, auch in fremden Städten, das war das Verrückte. Dann plötzlich mußte ich mich sofort wieder auf das Leben hinter den Anstaltsmauern einstellen. Auf dieses ganz andere, für Außenstehende unvorstellbare Leben ...

Als ich Ende Juni 1995 wußte, die Papiere für das Justizministerium wegen der Lockerung meiner Haftbedingungen sind unterwegs, erst an den Staatsanwalt in Fulda , dann mit einem psychiatrischen Gutachten nach Frankfurt, war ich noch mal bis zur Antwort aus Fulda sehr angespannt. Die Zeit der schrecklichen Gerichtsverhandlung kam noch einmal in mir hoch. Sehr große Erleichterung machte sich breit, als der Fuldaer Staatsanwalt Mitte August zustimmte. In der Zeit des erneuten Wartens, in der ich mich auf die Probe gestellt fühlte, merkte ich, daß es mir körperlich seit der Ablehnung aus Gießen immer noch sehr schlecht ging. Sofort hatte ich wieder Herz- und Atembeklemmungen, Schweißausbrüche, Zittern und Angstzustände. Ich versuchte, mich selbst zu beruhigen, mich nicht hineinzusteigern, aber es gelang mir nicht. Die Schwester vom Anstaltskrankenhaus kam und gab mir eine Tablette. Diese Anfälle wiederholten sich, und ich bekam jedesmal Beta-Blocker, bis mein Zustand nach einigen Wochen wieder normal war. Ich hatte damals das Gefühl, als ob ich Tag und Nacht Schwerstarbeit verrichtete.

Eigentlich blickte ich in dieser Zeit eher zuversichtlich in die Zukunft, aber mein Körper sprach eine andere Sprache, er erinnerte mich an die vielen Enttäuschungen, die mich schon niedergeschmettert hatten. Ich kann nicht sagen, woher es kam, aber ab Anfang August hatte ich eine positive Vorahnung, was die Entscheidung aus Frankfurt anbelangte. Ich habe manchmal solche Ahnungen, wenn etwas Wichtiges bevorsteht. Ich fühle es in mir, egal was passiert – ob positiv oder negativ.

Als am 26. August 1995 Anwalt Strate dann zu mir kam und sagte, jetzt habe schon mal der Generalstaatsanwalt in Frankfurt positiv für uns entschieden, wußte ich erst nicht, was ich sagen sollte. In mir wurde alles ganz warm. Ich war so glücklich und erleichtert, daß ich völlig aufgewühlt gewirkt haben muß. Diese Hürde war also genommen. Nun war ich mir ziemlich sicher, daß auch die Richter aus Frankfurt für uns entscheiden würden. Durch die Entscheidung des Frankfurter Generalstaatsanwaltes wurde allerdings erst einmal das Gutachten für meine Haftveränderungen zurückgestellt. Immer kam Gutes und Schlechtes im schnellen Wechsel. Jetzt sollte erst einmal die Gerichtsentscheidung über eine Wiederaufnahme abgewartet werden.

Für den 26. September 1995 hatte ich eine »Ausführung« nach Röhrigshof beantragt, denn niemand wußte, wie lange meine kranke Großmutter noch zu leben hatte. Ich mußte damit rechnen, daß es ein Abschiedsbesuch werden könnte. Meine erste Fahrt mit dem ICE, bei der mich mein Psychologe begleitete, war trotz meiner traurigen Gedanken sehr angenehm, so schnell war ich früher nie von Frankfurt nach Bad Hersfeld gekommen. Als ich unser Zuhause betrat und meine Großmutter sah, tat es mir sehr weh. Die Jahre waren vergangen, ohne daß ich sie hatte wiedersehen können. Es war ein anstrengender, trauriger, doch zugleich auch schöner Tag.

Tagebuch, 27. Oktober 1995:
*Die Tage vergehen so langsam, und meine Nervenanspannung wird immer stärker. Ich komme gar nicht zur Ruhe, weil innerlich alles auf Hochtouren läuft. Noch nicht einmal nachts kann mein Körper abschalten, so daß ich wie gerädert morgens aufwache. Als heute mein zehntes Jahr in Haft begann, war ich ganz nah am Wasser gebaut. An manchen der letzten Tage dachte ich, ich stehe kurz vor einem Nervenzusammenbruch. Ich warte von Tag zu Tag, wann wird die Entscheidung sein? So fest war ich noch nie von einer positiven Entscheidung überzeugt wie momentan.*

*Deshalb werde ich immer ungeduldiger. Allmählich mache ich mir auch Gedanken und Vorstellungen darüber, wie ich der Freiheit gegenüberstehen werde. Wohin ich wohl erst einmal gehen werde? Das sind Fragen, die ich noch nicht beantworten kann, denn ich möchte noch nichts planen. Ich muß alles auf mich zukommen lassen.*

Der November des alten Jahres brachte auch noch keine neuen Ereignisse. Meine Unruhe plagte mich weiter. Ich stand oft am Fenster und blickte hinaus. Die Freiheit war so nah, doch die Mauer demonstrierte die Unerreichbarkeit. Ich konnte mich jetzt kaum noch auf etwas konzentrieren. Am 20. November fing ich plötzlich an, Plätzchen zu backen. Ich mußte einfach etwas tun, obwohl meine Stimmung überhaupt nicht adventlich eingestellt war. Ich saß jetzt oft mit den anderen Frauen zusammen, wir unterhielten uns bei Kaffee und Kuchen. Ich hörte ihnen zwar zu, konnte mich aber wieder einmal gar nicht richtig konzentrieren. Meine einzige innere Frage war ständig: Wann wird es soweit sein?

## 10  Abschied von Melanie und Karola

Tagebuch, April 1988:
*Es ist der 29. April 1988. Wir wurden gerade in die Zellen eingeschlossen. Ich liege auf dem Bett, die Bilder meiner Töchter stehen vor mir auf dem Tisch. Die Fotos sind im Juni 1986 aufgenommen – zwei Monate vor ihrem Tod. Beim Betrachten laufen mir die Tränen übers Gesicht. Es tut so weh, daß ich beide nie mehr in meinen Armen halten, sie fühlen und streicheln kann. Ich werde niemals erleben, wie sie größer werden, wie sie sich verändern. Nie wieder werde ich ihre Wärme spüren, ich kann ihnen nie wieder Geborgenheit geben und meine Liebe zeigen. Bei diesen Empfindungen zieht sich alles in mir zusammen. Ich bin nur noch ein halber Mensch, ein Teil von mir ist mitgestorben im August vor zwei Jahren.*

Ich bekam damals, wie so oft, wenn ich in meiner Zelle allein war, einen Weinkrampf. Irgendwann nach Mitternacht schlief ich vor Erschöpfung ein. An manchen Tagen nach der abgeschmetterten Revision im März 1989 war ich nicht nur traurig, sondern, wie ich heute weiß, depressiv. Ich war körperlich am Ende meiner Reserven angekommen, und meine Seele hatte überhaupt keine Nahrung mehr. Ich wußte nicht, wie ich weiter durchhalten sollte. Wenn ich dann an Reinhard Weimar dachte, konnte es passieren, daß sich meine Stimmung veränderte. Ein gewaltiger Zorn stieg in mir auf, und – ich gebe es zu – auch richtige Haßgefühle. Ich wünschte ihm in Gedanken nur Schlechtes: Er sollte nicht ohne schwere Sorgen sein Leben weiterführen können. Er hat immer gewußt, wie sehr ich meine Kinder geliebt habe und daß sie für mich das Wichtigste auf der Welt waren. Er hat gewußt, daß ich sie nicht umgebracht habe. Und trotzdem hat er meine Verurteilung zugelassen. Er hat sich sogar als Nebenkläger aufgespielt, nur

Schlechtes über mich vor Gericht verbreitet, sogar daß ich ihn hätte vergiften wollen. Und das alles, obwohl er wußte, daß er der Täter war. Solch eine Tat kann er – trotz aller Absencen, die er schon erlebt hat – meiner Meinung nach einfach nicht vergessen haben. Doch ich konnte schon vor dem Tod unserer Kinder nicht mehr mit ihm reden, auch danach nicht; und jetzt will ich es schon lange nicht mehr. Ich konnte den Prozeß und die Haftzeit nur ertragen, weil ich fest davon überzeugt war, daß seine Strafe ihn noch ereilen würde. Ob durch ein Gericht oder durch das Leben, war mir egal.

Durch die Besuche meines ersten Verteidigers Schultze hörte ich 1989 von Reinhard Weimars schlechtem Gesundheitszustand. Es ging mir jedesmal besser, wenn ich wußte, daß sich mein Ex-Mann wieder einmal in einer psychiatrischen Klinik befand. Er lebte zwar im Gegensatz zu mir in Freiheit, aber er konnte sie doch nicht genießen.

Über meine Töchter Melanie und Karola konnte ich jahrelang nicht reden. Jedesmal, wenn mich jemand auf sie ansprach oder ich auch nur an sie dachte, kamen mir die Tränen, und meine Stimme kippte um. Die schlimmsten Tage waren für mich ihre Geburtstage und die Weihnachtszeit. Dann liefen vor meinem inneren Auge die schönsten Momente mit ihnen ab: die Geburtstagsfeiern mit den kleinen Überraschungen, ihre Freude, wenn wir etwas versteckt hatten. Die Aufregung in den Gesichtern meiner Kinder, wenn sie vor ihren Geschenken standen, war für uns Erwachsene immer das Schönste. Das Glitzern in ihren Augen und die rotglühenden Wangen: Melanie dabei mit ihren roten Locken und Karola mit ihrem weichen blonden Haar. Sie waren so verschieden, und ich liebte sie beide. Das Temperament von Karola, das offene Lachen, und die Verträumtheit und Ernsthaftigkeit von Melanie. In beiden erkannte ich mich wieder, wir gehörten eng zusammen. Niemals hätte ich mich von ihnen getrennt.

Erst 1991, fünf Jahre nach ihrem Tod, fing ich an, mit dem Gefängnispsychologen über Melanie und Karola zu sprechen. Manchmal bekam meine Stimme diesen Belag, den ich schon von der Gerichtsverhandlung her kannte, manchmal versagte sie ganz, wenn ich weinen mußte. Erst jetzt konnte ich anderen meine Tränen zeigen, war es mir nicht mehr peinlich, weil man denken könnte, daß ich Mitleid erregen wollte. Vorher hatte ich es nur in der Abgeschiedenheit meiner Einzelzelle gekonnt. Deshalb war ich immer froh gewesen, allein untergebracht worden zu sein. Durch die Gespräche mit dem Psychologen, den ich immer mehr akzeptierte, wurde mir überhaupt erst klar, daß ich gar keine Abschieds- und Trauerzeit gehabt hatte. »Sie müssen sich den Raum nehmen und darauf konzentrieren, von ihren Töchtern Abschied zu nehmen«, sagte er. »Es kann nichts mehr rückgängig gemacht werden. Sie sind tot. Sie werden sie nie wieder sehen.« Das tat weh. Aber es war ja so!

Immer waren vorher irgendwelche Termine wichtiger gewesen, auf die ich mich hatte vorbereiten, bei denen ich hatte bestehen müssen. Oder da waren Wartezeiten, die Anspannung vor Entscheidungen, die mich nicht zur Ruhe kommen ließ. Jetzt erst, in den Jahren weit nach ihrem Tod, als ich wußte, ich würde lange in Haft bleiben müssen, konnte ich beginnen, die schrecklichen Ereignisse wirklich anzuschauen und langsam, ansatzweise zu verarbeiten.

Im Januar 1993 wurde ich wegen meiner chronisch kranken Stimmbänder in die Therapie zu einer Logopädin in Frankfurt überwiesen. Einmal in der Woche wurde ich mit dem grünen Gefängnisbus zu ihrer Praxis gefahren. Sie war eine kleine, energievolle Frau, die für mich gleichzeitig etwas Beruhigendes ausstrahlte. Die ersten Behandlungen waren reine Stimmübungen, ich mußte Töne und verschiedene Vokale nachbilden, die sie mir vorsprach. Zuerst war ich ziemlich gehemmt, aber sie schaffte es mit Geduld, mich freier werden zu lassen.

Ich probierte Entspannungstechniken aus, lernte Atem- und Yogaübungen kennen. Die Erfahrung, daß seit 1985 zeitweise meine Stimme beim Reden plötzlich wegblieb, daß ich zumindest häufig einen »Frosch« im Hals hatte, ängstigte mich. Ich sagte es der Logopädin. Wir sprachen darüber, und sie sagte mir, daß diese Probleme nicht zuletzt durch meine psychische Anspannung kämen. Wir redeten endlich auch hier über meine Töchter. Ich hatte Vertrauen zu der Frau, die nur wenig jünger war als ich selbst. »Versuchen Sie, Ihre Kinder loszulassen«, sagte auch sie. Doch so einfach war das für mich nicht. Ich hatte immer die Vorstellung, daß ich dann nicht mehr mit ihnen verbunden sein könnte.

Erst im Laufe des nächsten Jahres, 1994 – ein Jahr vor meiner Freilassung –, konnte ich Abschied von beiden nehmen. An einem Tag etwa Mitte April nahm ich mir, als ich allein in meiner Zelle war, Zeit, um mit meinen Töchtern zu sprechen.

Ich konzentrierte mich ganz auf sie und mußte anfangs auch nicht weinen. Sie waren fast fühlbar da. Ich sagte ihnen, daß wir in dieser Welt nicht mehr zusammensein könnten. Aber solange ich hier lebte, würde ich sie beide in meinem Herzen haben und niemals vergessen. Ich sagte ihnen auch, daß es mir noch heute unendlich leid täte, daß ich nicht bei ihnen gewesen sei, als sie mich so dringend gebraucht hätten.

Mir war, als hätten sie mich wirklich gehört. Jetzt mußte ich weinen. Ich wünschte mir, daß sie mir an diesem Abend hätten erzählen können, was in der Nacht vom 3. August 1986, als ich zu spät zu ihnen kam, wirklich geschehen ist und was sie durchgemacht haben. Durch meinen Gedankenfluß schickte ich meinen beiden Mädchen all meine Liebe, die jetzt fast nur noch für sie da war. Ich versprach ihnen, daß ich immer bei ihnen sein und versuchen würde, mein Leben, meine guten und schlechten Erlebnisse mit ihnen zu teilen. Es ist auch heute noch so: Melanie und Karola leben wirklich in mir weiter. In meiner Vorstellung sind sie immer noch sieben und fünf Jahre alt: kleine Mädchen, die aber so viel durchgemacht haben, daß sie jetzt alles verstehen.

Damals fing meine krampfhafte Anspannung endlich an, sich aufzulösen. Ich weinte meinen ganzen Schmerz hinaus, der sich all die Jahre in mir aufgestaut hatte. Ich wußte gar nicht, wieviel man weinen kann, wenn erst einmal ein Knoten gelöst ist. Bis dahin hatte ich wohl auch in der Haft versucht, mich immer zusammenzureißen. Ich hatte das schon in meiner Ehe gelernt. Es dauerte Jahre, bis ich mit der Hilfe meines Psychologen und der Therapeutin herausfand aus diesem Panzer.

Nach dem Gespräch mit meinen Kindern lief ich unruhig in meiner Zelle hin und her, denn ich wußte nicht, was sich nach dieser Nacht, nach dem Abschiednehmen, nun für mich verändern würde. Wieder einmal, nur aus anderen Gründen als sonst, konnte ich keinen richtigen Schlaf finden. Immer wieder wachte ich auf, ich horchte in mich, auf das, was sich in meinen Gefühlen abspielte. Nichts fand ich da. Ich fühlte eine große Leere und Erschöpfung.

Erst in den Tagen danach merkte ich erleichtert, daß ich mit Karola und Melanie weiterhin verbunden war. Nur der stechende Schmerz und die Verkrampfung, die vorher alltäglich gewesen waren, überkamen mich nicht mehr so stark. Allmählich konnte ich jetzt auch mit anderen Gefangenen über meine Kinder sprechen, ohne daß ich jedesmal anfing zu schluchzen. Aber es ging auch nicht immer. Es gab Tage, an denen ich über mein gemeinsames Leben mit meinen Töchtern und über meine zerbrochene Ehe reden konnte, und andere, an denen ich so unglücklich war, daß ich auf kein Gespräch, das jemand mit mir führen wollte, einging. Ich hatte nicht nur gelernt, offener zu werden, sondern auch, mich zu schützen.« »Das wird in der Zukunft sehr wichtig für Sie sein«, hatte mein Psychologe gesagt.

Ich fing an, selbst herausfinden zu wollen, wie es wohl sein würde, wenn ich fremde Kinder sähe. Irgendwann, dachte ich mir, wird es Situationen geben, in denen ich ein Zusammentreffen mit Kindern nicht vermeiden kann. In der Vollzugsanstalt Preungesheim gibt es einen separaten Bau, das Mutter-Kind-Haus, in dem Frauen mit ihren Kleinkindern untergebracht werden. Ich hatte Kontakt zu einer Frau, die schon schwanger ins Gefängnis gekommen war. Sie war noch nicht einmal zwanzig Jahre alt und hatte schon sehr traurige Zeiten hinter sich. Inzwischen ist sie auch entlassen. Ich bemerkte damals, daß sie durch ihre Schwangerschaft reifer und plötzlich verantwortungsbewußter geworden war. Sie war bis kurz vor ihrer Entbindung auf einer normalen Frauenstation untergebracht. Etwa vier Wochen vor ihrer Niederkunft wurde sie in das Mutter-Kind-Haus verlegt. Wir sahen uns nur noch zufällig, entweder im Flur bei der Ärztin oder auf dem Weg zum Gefängnisladen. Als sie mit ihrem Baby aus einem Frankfurter Krankenhaus zurückgekommen war, spürte ich in mir den Wunsch, sie mit dem Neugeborenen zu sehen. Aber zugleich hatte ich Angst. Auf der einen Seite wollte ich sie besuchen, auf der anderen fragte ich mich, wie es sein würde, das Baby von nahem zu sehen. Konnte ich es ertragen, den glücklichen Zustand der Mutter mitzuerleben?

Etwa sechs Wochen brauchte ich dann doch, bis ich mich entschlossen hatte. An einem Sonntag ging ich mit einer Beamtin, die auf unserem Flur Dienst hatte, von unserer Station in die Mütterabteilung. Ich war sehr aufgeregt; ich wußte nicht, wie ich reagieren und wie es mir danach gehen würde. Als wir in das Zimmer traten, in dem die Mutter allein mit ihrem Baby wohnte, ging ich erst einmal auf die Frau zu und sagte ihr: »Herzlichen Glückwunsch: viel Glück für dich und dein Kind! Du weißt, daß es nicht leicht für mich ist. Aber ich wollte euch sehen.« »Das finde ich lieb von dir«, strahlte sie. »Und mutig!« »Ja, ich habe gedacht, ich muß einmal einen Anfang machen.« Wir gingen an das Bettchen des kleinen Jungen. Er schlief noch, die Frau nahm ihn trotzdem für mich hoch und auf ihren Arm. Beim Anblick des Babys stieg eine warme Welle in mir hoch. Es war ein gutes Gefühl. Eine sehr lebendige Erinnerung an meine Kinder als Babys wurde in mir wach. Als sie mir das Kleine in den Arm legte, konnte ich sofort nachempfinden, wie glücklich diese sehr junge Mutter war. Fast eine halbe Stunde behielt ich das schlafende Kind im Arm. Ich konnte die Freude, trotz der Gefangenschaft Mutter geworden zu sein, mit der Frau teilen. Meine innere Anspannung ließ beim Tragen des Babys nach, und ich erlebte nur dieses Kind und diesen Moment.

Auf dem Rückweg zu meiner Gefangenenstation war ich froh, daß ich diesen Schritt gewagt hatte, denn nun wußte ich, daß ich auch später, wenn ich wieder in das normale Leben entlassen würde, damit umgehen könnte. Die ersten Jahre nach dem Tod von Melanie und Karola hatte ich mir das überhaupt nicht vorstellen können. Ich war sehr oft auf Mütter neidisch gewesen, die ihre Kinder in den Arm nehmen konnten. Ich bin solchen Situationen immer aus dem Weg gegangen, oder ich schaute nicht hin, wenn plötzlich Mütter mit Kindern meinen Weg kreuzten. Gerade bei meinen wenigen »Ausführungen« in Frankfurt wurde ich unvorbereitet damit konfrontiert. Dann wurde ich immer sehr verunsichert und war lange Zeit hinterher noch traurig.

Seit ich wirklich Abschied von meinen Töchtern genommen habe, habe ich das Gefühl, daß ich es besser ertragen kann, Mütter oder Familien mit Kindern zu sehen. Als ich damals wieder auf meiner Gefängnis-Station ankam, bin ich, obwohl noch »Aufschluß« war, erst einmal in meine Zelle gegangen. Ich wollte allein sein. So viele Gefühle waren auf mich eingestürmt: die glückliche Mutter, die von der Geburt erzählte und wußte, ich kann es nachempfinden. Sie wollte ihre Gefühle teilen, was man nicht mit vielen Gefangenen wirklich kann. Der Moment, als ich den Kleinen auf den Arm nehmen durfte: meine Freude, daß ich damit umgehen konnte, war groß. Aber ich spürte jetzt noch deutlicher, daß ich allein war und einsam. Ich war schrecklich hin- und hergerissen. Trotzdem konnte ich das Erlebte nicht nur ertragen, es machte mich auch froh. Ich weiß, daß ich nie wieder Mutter sein werde. Denn es gibt keinen Ersatz für Melanie und Karola. Ich möchte sie immer ganz stark in Erinnerung behalten, wachhalten, wie sie waren. Heute kann ich endlich offen darüber sprechen. Aber ich fühle mich oft traurig. Es tut noch immer sehr weh.

## 11  Die ersten Monate in Freiheit

Am 4. Dezember 1995 wurde ich zum Gefängnisdirektor gerufen. Seit diesem Moment bin ich wieder ein freier Mensch.
Mein erstes Sylvesterfest in Freiheit war ein besonderer Freudentag für mich – dabei ruhig und besinnlich. Ich feierte den Abend in Röhrigshof bei meiner Mutter. Meine jüngere Schwester mit ihrem Mann war auch aus Frankfurt gekommen. Wir sprachen intensiv über meine Freilassung, und dabei wurden auch immer wieder starke Gefühle wach. Journalisten gegenüber verhielt meine Familie sich sehr zurückhaltend. Aber jetzt waren wir unter uns.

Langsam kamen aber auch Fragen auf, wie es nun weitergehen solle, wo ich wohnen und wovon ich leben wolle – und wie lange ich auf den nächsten Prozeß würde warten müssen. Ich wollte alles, was von meiner Aktivität abhing, gleich im neuen Jahr angehen. Denn ich hatte inzwischen gelernt, daß man auf Behördenvertreter zugehen muß, daß ich keine Hilfe bekäme, wenn ich sie mir nicht holte. Ich wußte eins schon sicher, ich würde in oder bei Frankfurt leben wollen, in einer Großstadt, wo mich nicht jeder kennt. Arbeit würde ich vor dem Ende des neuen Prozesses nicht bekommen, denn ich würde ja zwei Tage in der Woche mindestens immer ausfallen lassen müssen. Dadurch sei ich nicht vermittelbar, sagte mir die Frau auf dem Amt. Also mußte ich erst einmal von Sozialhilfe leben, was ich noch nie getan hatte. Wann der Prozeß in Gießen anfangen würde, war allerdings nicht abzusehen.

Als die Minuten zum neuen Jahr immer näher rückten, formulierte ich für mich selbst meine Wünsche für 1996 und verband sie fest mit meiner Energie, mit meinem Glauben daran, daß das Positive in meinem Leben sich wieder durchsetzen wird.

Ganz besonders stark dachte ich an diesem Abend und in der drauffolgenden Nacht an Melanie und Karola. Meine Kinder fehlen mir jeden Tag, ich habe schreckliche Sehnsucht nach ihnen. Ich spüre sie immer fast körperlich bei mir. Meine Wünsche für die nächste Zeit behielt ich für mich. Ich bin darin abergläubisch: Wenn man sie äußert, verflüchtigen sie sich, dann kommt die Energie nicht dort an, wo sie sich ausbreiten soll.

Ich selbst habe mir vorgenommen, mit meinen Anwälten so gut vorbereitet wie nur möglich in meinen Wiederaufnahme-Prozeß zu gehen. Nichts sollte unversucht bleiben, die Wahrheit um den Tod meiner Kinder, um die einseitige Ermittlung der Polizei und meine Rolle dabei ans Licht zu bringen.

Am 2. Januar 1996 fing der Alltag für mich an – ein neuer Alltag nach neun Jahren Reglement in Preungesheim. Ich pendelte zwischen Röhrigshof und Frankfurt hin und her, weil ich noch keine Wohnung hatte, aber in Frankfurt verschiedene Ämter aufsuchen mußte. Das erste war eine Beratungsstelle für Haftentlassene, von der ich durch eine ehrenamtliche Betreuerin erfahren hatte. Dann mußte ich zum Sozialamt. Es wurde ausgerechnet, welcher Satz mir zustand und ab wann ich mit Unterstützung zu rechnen habe. Rund 500 Mark sollte ich monatlich bekommen, zusätzlich übernahm das Amt die Miete. Es fiel mir schwer, mein Geld nicht selbst verdienen zu können. Aber die Frau auf dem Amt erleichterte es mir, indem sie mich darüber aufklärte, daß ich ja keine andere Wahl hätte und daß es sich nicht um Almosen handele, sondern daß mir das Geld zustehe. Diese Betreuung hatte ich nicht erwartet, sie tat mir sehr gut.

Wenn ich in Frankfurt war, konnte ich bei einer Freundin schlafen, die ich erst durch Haftbesuche kennengelernt hatte. Sie half mir auch, mich in der fremden, für mich ungewohnt großen Stadt zurechtzufinden. Nachdem sie mir oft ihr Auto geborgt hatte und mich eines Tages nach einem telefonischen Hilferuf in der Nähe von Preungesheim abholen mußte, weil ich nicht mehr wußte, wie ich vom Wohnungsamt nach Hause kommen sollte, kaufte ich mir einen Stadtplan und ging meine Fahrten in die Stadt ab jetzt strategisch an. Das sollte nicht noch einmal vorkommen. Sie war schon so gastfreundlich, lernte mich auch noch einen Monat später an ihrem Computer an.

Ich habe unerwartet viel Hilfe und Unterstützung für meinen Neuanfang bekommen, wofür ich sehr dankbar bin. Auch das Liegenschaftsamt hat mir mit unbürokratischen Beamten sehr schnell bei der Beschaffung einer kleinen Wohnung geholfen. Freunde und Verwandte borgten mir ihre Autos, damit ich häufig am Wochenende nach Philippsthal fahren konnte. Die Zeit nach dem Gefängnis kam mir oft wie ein neuer Lebensbeginn vor: Ich lernte in Windeseile, viele Menschen reichten mir die Hand dabei.

Zum Schreiben dieses Buches hatte ich mich im Gefängnis entschlossen. In der letzten Zeit vor meiner Entlassung hatte eine Journalistin mit mir Kontakt aufgenommen. Sie kannte meinen Fall genau. Ich erzählte ihr von meinem Vorhaben, sie bot spontan ihre Hilfe an. Daraus ergab sich eine sehr gute, besondere Zusammenarbeit: Ich schrieb, sie stellte hartnäckig Fragen, auch zu Dingen, von denen ich annahm, daß sie ohnehin bekannt waren oder nicht der Erwähnung wert. Immer wieder zwang sie mich, an meine Gefühle heranzugehen – und auch die Perspektive der Leserinnen und Leser vor Augen zu haben. Und sie war meine erste, strenge Leserin. Dazu gehörte auch, daß ich mich in rasantem Tempo mit den neuen Techniken wie Faxgerät und Computer vertraut machte, damit die Kommunikation zwischen zwei Städten und mit dem Verlag klappte. Zuerst machte mir das alles Angst, aber dann bereitete es mir ein Hochgefühl, wie schnell ich mit allem zurechtkam. Das galt auch für das Autofahren auf den weit belebteren Straßen als 1986 noch.

Was nicht immer leicht war, war die Sprache, die ich mir in neun Jahren Gefängnis angewöhnt hatte, die bürokratischen Ausdrücke, die Kürzel, die Überschaubarkeit der Zusammenhänge hinter Gittern wieder aufzubrechen und zu erweitern. Das braucht noch Zeit, das Schreiben hilft dabei sehr. Auch die Gespräche mit dem Psychologen hatten schon dazu beigetragen, so genau wie möglich über Gefühle und Erfahrungen zu sprechen.

Eins habe ich im Gefängnis gelernt: Ich gehe auf Menschen, von denen ich etwas will, offen zu – und es kommt zurück.

Ende Januar hatte ich schon alle Behördengänge hinter mir, im März sollte ich meine Wohnung renovieren können. Im Februar fanden die Verlagsverhandlungen statt. Zwischendurch erholte ich mich immer wieder für ein paar Tage bei meiner Mutter. Ich schlief dann bei ihr im Schlafzimmer. Wir führten viele Gespräche. Sie erinnert vieles aus dem Jahr 1986 noch genauer als ich. Das war wichtig für mich und weckte auch meine eigene verschüttete Erinnerung. Täglich ging ich stundenlang spazieren mit dem Hund meiner älteren Schwester. Uns beiden machte es Spaß, herumzutoben und die Zeit zu vergessen. Ich sortierte auf dem Dachboden meines Elternhauses meine Papiere, suchte Haushaltsgegenstände heraus, die ich für meinen Neuanfang gebrauchen konnte. Als unsere damalige Wohnung aufgelöst wurde, konnte ich ja nicht dabeisein, denn ich war in U-Haft. Ich fand auch Fotos, Briefe, gebastelte Geschenke meiner Kinder: Ich nahm alles in die Hand, ließ mir Zeit, allein meine Gefühle zu durchleben. Ich wurde noch einmal sehr traurig. Hilflos stellte ich mir immer wieder die Frage: Wie konnte das alles geschehen? Wie werde ich damit weiterleben und warum habe ich diese Ehe nicht vorher beenden können?

Ich begegnete natürlich unseren alten Nachbarn in diesen ersten Wochen; sie grüßten, manche freundlich, manche neutral. Das ist bis heute so. Angesprochen wurde ich nicht, auch nicht beim Einkaufen. Frau Nordheim, die Nachbarin, deren Aussage mich schwer belastet hat, verschwand immer sofort, wenn sie mich sah. In Fernsehberichten sagte sie dann zum Prozeßauftakt im Juni: Ich würde sie nicht grüßen und sähe arrogant über sie hinweg. Es stimmt, ich möchte nichts mit ihr zu tun haben. Aber mit Arroganz hat das nichts zu tun.

Trotz der Freude, mit meiner Familie zusammensein zu können, war ich erleichtert, wenn ich wieder nach Frankfurt fuhr. In meinem Dorf überfielen mich oft beklemmende Gefühle. Ich war froh, meine Freunde und unter ihnen besonders meine Freundin Gitti zu treffen. Bei ihr wohnte ich, bis meine Wohnung fertig war; auch ihre Angehörigen, Mutter, Brüder, Schwägerinnen und die Kinder der Familie hatte ich schnell in mein Herz geschlossen. Hier konnte ich offen reden, bei ihnen konnte ich entspannt und fröhlich sein. Meine Freundinnen waren fast alle aus Frankfurt und der Umgebung und hatten mich nach Briefwechseln im Gefängnis besucht. Jetzt, als wir uns in Kneipen oder Restaurants trafen, war der Kontakt natürlich viel lockerer, und wir lernten einander eigentlich erst richtig kennen. Manchmal war es fast zuviel, was da an Neuem auf mich einströmte: die Gespräche mit den Freunden, die Behördenerfahrungen mit den vielen Formalitäten, meine Wohnungsrenovierung, der Kontakt zu einem großen Verlag, die Arbeit mit der Journalistin und die Vorbereitungen mit meinen Anwälten auf den neuen Prozeß. Deshalb brauchte ich immer wieder Zeit für mich allein.

Ich ging dann meist lange spazieren, am liebsten im Palmengarten, denn dort gab es so viele Pflanzen, daß ich immer wieder neue entdeckte. Jede Woche kaufte ich mir frische Blumen, bunte Sträuße in kräftigen Farben. In der Haftzeit hatte ich meist zum Geburtstag und zur Weihnachtszeit Sträuße geschickt bekommen, manchmal auch zwischendurch von Menschen, die mir eine Freude bereiten wollten.

Musik war auch im Gefängnis immer wichtig für mich gewesen. Jetzt lag ich beim Kassettenhören gern auf meinem weichen Teppich. Je nach Stimmungslage wählte ich unterschiedliche Lieder aus, auch Entspannungsmusik, zum Beispiel von Arnd Stein. Manchmal ging ich in den Winter- und Frühlingsmonaten auf die Sonnenbank, um nicht mehr so blaß wie im Gefängnis zu sein. Am liebsten wäre ich irgendwohin gefahren, wo richtig die Sonne schien, aber dazu war jetzt noch keine Zeit.

Tagebuch, Februar 1996:
*Manchmal stehe ich vor einer Tür, die ich öffnen könnte – und warte, daß jemand kommt und sie mir aufschließt.*

*Das Gefängnis ist noch sehr nah. In den ersten Wochen habe ich auch immer wieder an die Frauen im Gefängnis gedacht, wir haben uns geschrieben, ich sprach viel über sie. Aber langsam werden die neuen Eindrücke wichtiger für mein Leben als die unmittelbare Vergangenheit. Und mit dem Prozeß, von dem ich jetzt weiß, daß er im Juni beginnen wird, kommt die frühere Vergangenheit, die Zeit um 1986, wieder viel deutlicher hoch.*

Ein sehr unangenehmes Erlebnis hatte ich am 5. Februar in Philippsthal. An diesem Tag fuhr ich nach einem Familienwochenende bei meiner Mutter weg. Schon als ich zu meinem geliehenen Auto ging, sah ich, daß mich ein Journalist beobachtete. Ich ignorierte ihn. Er sprach mich an: »Kennen Sie Monika Böttcher?« Ich zuckte die Achseln, froh, daß er mich augenscheinlich nicht erkannt hatte. Ich schloß mein Auto auf und sah dabei, daß er mit Frau Nordheim redete, die aus dem Haus gekommen war. Als ich abfuhr, zeigte sie gerade auf mich. An der nächsten

Tankstelle mußte ich den Tank auffüllen. Ich stieg aus und merkte, daß er mir gefolgt war. Sofort, ohne mich anzusprechen, fing er an, Fotos zu schießen. Ich war wütend und schrie: »Lassen Sie mich in Ruhe!« Er antwortete nur: »Wenn Sie sich nur einmal in Pose stellen würden, brauche ich nicht so viele Fotos zu machen!« Dabei fotografierte er aber schon weiter. Ich war verletzt und empört, tankte schnell zu Ende und fuhr ab.

Am nächsten Tag kam schon im Radio die Werbung für die nächste Ausgabe von »BILD« mit neuen Informationen über mich. Am übernächsten Tag kaufte ich mir mit Überwindung in Frankfurt ein Exemplar: »*Unheimlich! Mutter Weimar wohnt wieder im Todeshaus. Dort wartet sie auf ihren Prozeß*«, las ich. Mir wurde eher bei der Berichterstattung unheimlich zumute. Denn in diesem Stil ging es weiter: »*Als das Gefängnistor hinter ihr ins Schloß fiel, entfloh sie der Vergangenheit. Sie wollte ihre Freiheit genießen. Sie bummelte durch London, machte Shopping. Für ein paar Tage in der Leichtigkeit des Lebens. Jetzt ist sie zurückgekehrt in den nüchternen Alltag, eingeholt von Tod, Verdacht, Einsamkeit. – Die Stirn in Falten, der Blick gehetzt. Wo nur ist ihr befreites Lächeln geblieben?*«

Sofort telefonierte ich mit meinem Hamburger Anwalt Strate und sagte ihm, daß ich mir diese Erfindungen und Verleumdungen nicht gefallen lassen wolle, und fragte ihn, was man dagegen tun könne. Gut zwei Wochen später erreichten wir einen Widerruf in »BILD« auf der Titelseite. Kernsatz war, daß ich nicht im »Todeshaus lebe«. Ich wohnte ja nicht bei meiner Mutter in Röhrigshof-Nippe, ich besuchte sie nur.

Wenn ich mich daran erinnere, welcher Schmutz von einem Teil der Presse bei dem ersten Prozeß über mich ergossen worden ist, ohne daß ich mich dagegen wehren konnte, so verschaffte mir dieser Sieg große Genugtuung. Jetzt hatte meine Familie erst einmal wieder Ruhe vor der Presse.

Tagebuch, 7. Februar 1996:
*Das Schreiben am Buch ist mir deshalb so wichtig, weil es mir zum ersten Mal die Möglichkeit gibt, mich selbst verständlich zu machen – mit meinen Schwächen und Stärken zugleich. Endlich bin ich nicht mehr Objekt von Veröffentlichungen anderer, die jeweils das Bild von mir zeichnen, das ihnen oder dem Medium, für das sie arbeiten, paßt – ohne Rücksicht auf Wirklichkeit und Wahrheit.*

Als ich zwei Tage nach dem Fotografen-Erlebnis in Philippsthal in Köln beim Verlag war, merkte ich, wie es mir durch die Gespräche dort sofort wieder besser ging. Die Nacht zuvor konnte ich allerdings schlecht einschlafen. Ständig ging mir durch den Kopf: Welche Ansprüche würden an mich gestellt werden, welche Verpflichtungen ging ich ein, würde ich sie einlösen können? Als ich dann von den Verlagsmitarbeitern sehr freundlich empfangen wurde, faßte ich schnell Vertrauen – auch in mich, das war das Wichtigste. Ich betrat ja völliges Neuland, aber ich wollte es so.

Die Nachricht, daß ich den Schlüssel für meine neue Wohnung abholen und dort renovieren könne, gab mir neben der neuen Arbeit sofort Auftrieb. Das Tapetenablösen machte ich allein, beim Teppichauslegen und Streichen halfen mir Freunde. Ich suchte mir in aller Ruhe neue Möbel aus und richtete mir zum ersten Mal im Leben eine Wohnung nur für mich allein ein. Vor dem Alleinleben hatte ich keine Angst, denn nach den einsamen Zeiten im Gefängnis konnte mich das nicht schrecken. Außerdem mußte ich nicht einsam sein, denn ich hatte inzwischen mehr Freunde, als ich je vorher besessen hatte.

Tagebuch, März 1996:
*Inzwischen ist es fast Mitte März. Die Tage vergehen im Flug, ich bin völlig ausgelastet. Trotzdem lasse ich mich vom Streß*

*und der Hektik meiner neuen Umwelt nicht auffressen. Ich genieße meine Spaziergänge, es tut gut, die erste Wärme zu spüren. Der Frühling kehrt langsam ein, und ich freue mich auf das Vogelgezwitscher und die vielen Blüten, die aufgehen werden. In der Haft gab es immer denselben Ablauf, zwar auch die Jahreszeiten, aber auf dem Hof oder durchs Zellenfenster konnte ich sie nicht so wahrnehmen. Jetzt in Freiheit ereignet sich so viel, daß der Tag für mich 24 Stunden haben könnte.*

Bis Mitte April stand der größte Teil meiner neuen Möbel in meiner Wohnung. Die Einrichtung hat einen ganz anderen Stil als die meiner früheren Wohnung. Sie ist luftiger, klarer und einheitlicher, ich mag gern Farben um mich haben. Und ich bin stolz, daß es in einem Zimmer einen richtigen Computer-Arbeitsplatz gibt. Auch meine Kleidung hat sich in den letzten Jahren verändert, das fing schon langsam im Gefängnis an. Früher trug ich Kleider vom Typ sportlich-unauffällig oder ordentliche Hausfrau. Heute trage ich auch auffällige Farben, allerdings mag ich noch immer keine Muster. Meine Haare sind kürzer und natürlicher gefärbt als im Gefängnis, meine Haut ist brauner, und ich sehe, glaube ich, jetzt jünger aus als bei meiner Haftentlassung. Pflanzen und Blumen sind für mich sehr wichtig. Sie sind wie Lebewesen. Als ich eine Azaleen- und Tulpenausstellung im Frankfurter Palmengarten besucht hatte, kaufte ich mir dort anschließend einen violettfarbenen Azaleenstock voller Knospen. Ich mußte daran denken, wie oft ich im Gefängnis Sehnsucht nach blühenden Pflanzen gehabt hatte.

Tagebuch, März 1996:
*An manchen Tagen kann ich nur zwei Stunden lang schreiben. Ich sitze am Computer und versinke in Gedanken. Das geschieht immer bei den traurigen Erlebnissen meines Lebens.*

*Um meine Gedanken an Karola und Melanie aufzuschreiben, benötige ich mehrere Pausen. Ich kann nicht einfach in einem Fluß schreiben, was ich empfinde. Es zieht mich völlig in eine andere Zeit. Oft habe ich bei schwierigen Passagen Kopfschmerzen und muß die Arbeit durch einen Spaziergang unterbrechen.*

Als ich drei Monate etwa aus dem Gefängnis heraus war, ging ich eines Tages auf die Post, um eine Manuskriptsendung an den Verlag zu schicken. Als ich das Postamt verlassen wollte, sprach mich eine Frau an der Tür an. »Sind Sie Frau Böttcher?« Für einen kurzen Moment war ich zwar erstaunt, beantwortete ihre Frage aber direkt mit: »Ja.« Sie erzählte mir dann, daß sie nicht sicher gewesen sei, mich aber doch an den Gesichtszügen erkannt hätte. Sie war mir zur Post gefolgt und hatte dort an der Tür gewartet, um mich anzusprechen. Ich war sehr mißtrauisch. Sie erzählte mir, daß sie Krankenschwester sei und gerade dabei, ihren Mann nach dreißigjähriger Ehe zu verlassen, weil er Trinker sei. »Ja und bitte, warum erzählen Sie mir das?« Im Krankenhaus habe sie mit den Kollegen schon öfter über mich gesprochen. »Ich wollte Ihnen einfach sagen, daß wir Sie alle für unschuldig halten!« Jetzt wußte ich, daß es ihr so wie vielen Briefschreibern ging, die mit mir Kontakt wollten, weil sie an ein Fehlurteil glaubten, und mir gleichzeitig von sich berichten wollten. Mich hat das natürlich im Gefängnis immer gefreut. Ich sagte auch ihr: »Dankeschön, das kann ich gebrauchen!« Sie wollte mich zum Kaffee einladen, aber ich hatte keine Zeit. So sagte sie mir noch schnell zum Schluß, ehe sie mir alles Gute für die Zukunft wünschte: »Was hat das Fremdgehen mit der Tötung der Kinder zu tun? Das habe ich mich immer gefragt, als Sie verurteilt wurden. Wenn alle Frauen ihre Kinder umbringen würden, nur weil sie fremdgehen, gäbe es kaum noch Kinder in unserem Land. Es gibt nämlich viele Frauen, die fremdgehen, von denen es aber niemand erfährt.« Wir verabschiedeten uns, ich war fröhlich und seltsam berührt zugleich von diesem Gespräch. Ich fragte mich: Würde ich einer Frau – mit einem solchen Schicksal wie meinem – Briefe schreiben oder sie auf der Straße ansprechen? Die Frau war um die 50, ihr Aussehen erinnerte mich an meine Mutter. »Es gibt viele Frauen, die fremdgehen, von denen es nur niemand erfährt.« Dieser Satz aus dem Mund der brav und unscheinbar aussehenden Frau ging mir noch lange durch den Kopf.

Ich glaube manchmal, daß mich Leute auf der Straße erkennen – sobald sie mich länger ansehen, denke ich das. Es kann aber auch sein, daß dies nur ein Gefühl von mir ist, weil ich um meine Geschichte weiß, die mittlerweile eine öffentliche ist. Es fällt eben auf, wenn jemand länger zu einem hinsieht, weil die meisten Menschen in Hetze und Eile sind. So will ich nie werden, dachte ich mir in den ersten Wochen nach der Entlassung, ich will mir Zeit für Begegnungen, aber auch für Kleinigkeiten nehmen, die ich sehe und aufnehme.

Seit das Wiederaufnahme-Verfahren begonnen hat, ist das auch bei mir schon wieder anders geworden. Ich fühle mich oft gehetzt, bin in Sorge, ob ich alles schaffe, was ich mir vorgenommen habe. Auch mit den Behörden ist es nicht so einfach geblieben, wie es am Anfang schien. Bis ich krankenversichert war, hat es Monate gedauert, so daß ich einen wichtigen Arztbesuch verschleppt habe. Erst im September war definitiv klar, daß das Arbeitsamt für meinen Unterhalt zuständig war.

Als ich Ende April die Einladung in ein Haus an der italienischen Riviera erhielt, sagte ich sofort zu. Ich war noch nie in Italien gewesen und nahm alles begeistert auf: Die Mimosen blühten noch und besonders nachts war der Duft des Jasmins neben meinem Fenster stark. Ich sah zum ersten Mal in meinem Leben Zitronen an den Bäumen hängen. Der Blick von der Terrasse über Olivenhaine aufs Mittelmeer ließ mich in Träume versinken, wenn ich eigentlich schreiben wollte.

Nachts, wenn ich nach einem Essen am Meer mit meinen Gastgebern wieder auf der Terrasse am runden Steintisch saß und ein Glas Wein zum Abschluß trank, hörten wir die Frösche in den Zisternen quaken und die Grillen zirpen. Diese Woche in Italien lud meine Energie wieder auf, ich bekam neuen Ansporn, weiterzuschreiben, Freunde hatten mir ihren Laptop geliehen, und so konnte ich auch dort arbeiten.

Zurück in Frankfurt überkam mich langsam die Bedrükkung vor dem neuen Prozeß. Nur noch ein Monat bis zu seinem Beginn.

Für das bevorstehende Wiederaufnahmeverfahren hatte Rechtsanwalt Strate einen erfahrenen Hamburger Anwalt als Zweitverteidiger hinzugezogen, Uwe Maeffert. Ich bekam auch zu ihm schnell Vertrauen, er hatte eine ruhige, einfühlsame, fast väterliche Art. In Italien war ich stark damit beschäftigt, wie es sein würde, vor einem Gericht zu stehen, das die Wiederaufnahme im März 1995 abgeschmettert hatte. Es waren die Richter, denen ich einen Protestbrief geschrieben hatte, im Mai 1995. Wie würde ich das durchstehen?

## Nachwort

Am 19. März 1997, kurz nachdem der Zeuge Kevin Pratt das Gießener Landgericht verlassen hatte, gab der Rechtsanwalt Reinhard Weimars dem Gericht die Anregung, den Verlag Kiepenheuer & Witsch zur Herausgabe des Buches von Monika Böttcher aufzufordern, es gegebenfalls zu beschlagnahmen. Begründung: »Fest steht, daß sich die Angeklagte bis zum heutigen Zeitpunkt vor dem Landgericht Gießen auf ihr Schweigerecht beruft und keinerlei Aussagen macht. Um so wichtiger sind die Ausführungen der Angeklagten, die sie in ihrem Buch gemacht hat. Dies gilt insbesondere dann, wenn sie umfangreich den Geschehensablauf aus ihrer Sicht um den Mord ihrer beiden Kinder selbst beschrieben hat.«

Was veranlaßte den Anwalt, der Nebenkläger in diesem Prozeß ist, die Aufzeichnungen der Angeklagten noch während dieses Verfahrens einsehen zu wollen, möglicherweise sogar im Gerichtssaal verlesen zu lassen? Er mußte doch wissen, daß die Autorin, die acht Jahre lang für ein neues Verfahren gekämpft hatte, nicht eine andere Wahrheit vertreten würde als in ihrem ersten Prozeß, daß nämlich ihr Ex-Ehemann die beiden gemeinsamen Töchter getötet hatte.

Was wollte der Rechtsanwalt Reinhard Weimars denn lesen und lesen lassen, worin hätte das seinem Mandanten nützen können? Denn einen anderen Grund sieht ein Anwalt in einem Gerichtsverfahren, der dort eindeutige Interessen zu vertreten hat, nicht. Vielleicht suchte er Lücken, Widersprüche in ihren Aussagen oder eventuelle Verleumdungen seines Schutzbefohlenen: Vielleicht, um der Angeklagten juristisch zu schaden, denn seine gesamte Prozeßstrategie war darauf abgestellt, den Vater der getöteten Kinder aus dem Verfahren gänzlich herauszuhalten, dafür aber Monika Böttchers Entlastungszeugen, ihre Anwählte, teilweise auch sie selbst anzugreifen.

Ich dachte, kurz nach der Anregung des Nebenklägers, noch im Gerichtssaal: Er würde in diesem Buch nichts finden, was sich in dieser Weise nutzen ließe. Im Gegenteil, es würde ihn verwundern müssen, wie ehrlich, gleichermaßen selbstkritisch und melancholisch, aber nicht jammernd Monika Böttcher, die er nur als Schweigende im Saal erlebte, ihre Ehe und den unfaßbaren Tod ihrer Kinder beschreibt. Und wenn das gesamte Gericht – die beiden Staatsanwälte, die drei Richter, die beiden Schöffinnen, die psychologischen Gutachter und das Team der drei Nebenklage-Anwälte das Manuskript denn lesen sollten, es würde ihnen eventuell so gehen wie mir bei der Betreuung dieses Buches. Und dies konnte der Anwalt Reinhard Weimars nicht bezweckt haben. Wenn jetzt das Gericht dieses Buch tatsächlich lesen sollte, dachten einige, die das Manuskript kannten, wird es merken, daß die Angeklagte darin nicht versucht, sich in ein günstiges Licht zu setzen – weder, was ihren Lebensstil seit der Beziehung zu ihrem Geliebten Kevin Pratt, noch den Tod ihrer Kinder und die Wochen danach betrifft. Es wird deutlich: Sie wird bis heute nicht damit fertig, daß sie sich nicht klarer für ihre Töchter und damit gegen ihre zerstörte Ehe entschieden hat. Darin liegt die von ihr selbst so empfundene moralische Schuld. Und die ist ihr auch in den neun Jahren Haft, die sie für einen anderen verbüßt hat, nicht genommen. Die kann ihr auch ein Freispruch und das Veröffentlichen dieses Buches nicht abnehmen; das wollte sie mit beidem auch nicht erreichen. Wer das Buch liest, wird wissen, worum es ihr mit ihrem Kampf geht. Viele Menschen haben sie gefragt, warum sie kein Gnadengesuch gestellt habe. Mir hat sie darauf geantwortet: »Weil ich meine Kinder nicht umgebracht habe ... Diesen Prozeß durchzustehen, bin ich ihnen schuldig.«

Dies alles würde das Gericht dann lesen, dachte ich nach den Ausführungen des Nebenklage-Anwalts, und das kann nicht im Sinne eines Juristen sein, der Reinhard Weimar schützen will. Vielleicht wird dann noch einmal – am Ende des Prozesses – das passieren, was aus der nachdrücklichen Beantragung, den Amerikaner Pratt zu hören, vor Gericht folgte. Veranlaßt hatte dies der Rechtsanwalt Reinhard Weimars. Und auch der SPIEGEL appellierte in diesem Sinne im Januar '97 an das Gericht »Ein Zeuge, der gehört werden sollte: Er sprach mit Spiegel-TV«.

Der Zeuge Kevin Douglas Pratt, im ersten Prozeß gegen Monika Weimar vom Fuldaer Landgericht und den meisten Journalisten immer nur als »der amerikanische Soldat« benannt (Im Urteil von 1988 steht: »Der amerikanische Soldat und die junge deutsche Frau ...«), erschien nach dem ersten, gescheiterten Anlauf Mitte März '97 zu seiner Ladung im Wiederaufnahmeverfahren. Er wußte nicht, so wurde in seinen Befragungen deutlich, daß es ein Wiederaufnahmeverfahren war, und daß Monika Böttcher selbst es angestrengt hatte. Er nahm an, daß sie neun Jahre in Haft gewesen sei, ohne daß der Fall geklärt worden war! Auch die Journalisten von »Spiegel-TV«, die ihn im Sommer 1996 vier Stunden lang an seinem Wohnort in den Südstaaten interviewt hatten, schienen ihn darüber nicht aufgeklärt zu haben. Das verwundert nicht sehr, sagte doch der betreffende Reporter im Zeugenstand über das Prozedere des Gespräches vor der Kamera: »Einiges war Bluff, Herr Anwalt!«

Kevin Pratt reiste mit Krankenschwester und Rollstuhl aus Alabama an. Seit einem Armeeunfall mit anschließender Fehloperation ist der heute 34jährige von einem schmerzhaften chronischen Nervenleiden gezeichnet. Die Justizwachtmeister kümmerten sich, ebenso wie von Anfang an um Monika Böttcher, rührend, ihr Englisch aktivierend, auch um Pratt und seine Betreuerin. Die Beamten in grüner Uniform schirmten gegen allzu heftiges Blitz- und Filmlicht ab, gegen gar zu stark bedrängende Reporter, sie brachten Kaffee und Wasser für die zahlreichen einzunehmenden Tabletten des Zeugen. Mental und intellektuell, so stellte sich in den drei Befragungstagen heraus, war der an Schmerzen leidende und an einer Krücke gehende Ex-Soldat völlig präsent und beweglich.

Höflich wurde er von Richtern und Staatsanwälten nach seinem Gesundheitszustand gefragt und dann nach seinen Erlebnissen mit der Angeklagten vor und nach dem Tod der beiden Weimar-Mädchen. Höflich zu ihm war auch der Anwalt der Nebenklage. Auf sein Betreiben hin war, nach anfänglicher Ablehnung durch das Gericht, Kevin Pratt als Zeuge geladen worden: Wie sich herausstellen sollte, als wirklich wichtiger Zeuge – allerdings nicht im Sinne des Nebenklägers. Dessen Höflichkeit gerierte im Laufe der Befragung zu einer nur noch sehr förmlichen, da der ehemalige Geliebte Monika Böttchers ihm und seinem Mandanten in keiner Weise dienlich war. Er war insofern ein guter und glaubhafter Zeuge, weil er keiner Partei diente. Kevin Pratt beteuerte ruhig und doch emotional spontan immer wieder, daß Melanie und Karola seiner angestrebten Eheverbindung mit Monika Weimar in keiner Weise und zu keinem Zeitpunkt im Wege gestanden haben. Im Gegenteil: Daß er sie schon wie seine eigenen Töchter betrachtet und geliebt habe.

Damit vernebelte sich das unterstellte Motiv, auf Grund dessen die Fuldaer Richter Monika Weimar 1988 zu lebenslanger Haft verurteilt hatten, wenn es sich nicht sogar auflöste. Außerdem sagte Kevin Pratt vor den Richtern wie vor den Staatsanwälten, dann auch noch einmal vor dem Nebenkläger auf Befragen aus, daß er die Tat schon damals nicht und auch bis heute nicht rückblickend seiner Ex-Geliebten Monika zugetraut habe. Er habe sie spontan damals Reinhard Weimar zugeschrieben, weil er ihn für eifersüchtig, verzweifelt und gewalttätig hielt.

Allerdings sei ihm bis heute völlig unklar, und das bedrücke ihn sehr, wie die Mädchen nun wirklich umgekommen seien.

Monika Weimar habe ihm damals dazu nie Zusammenhängendes, nie »the whole story, how it happened exactly«, erzählen können.

Das allein blieb übrig, um den Nebenkläger optimistisch zu stimmen; darauf, so sagte er mir als Prozeßberichterstatterin, werde er in seinem Plädoyer eingehen, »denn auch Kevin Pratt glaubt der Angeklagten ihre Nachtversion ja offensichtlich nicht«. Aber die sogenannte »Nachtversion«, und damit den Ablauf der Tat aus Monika Böttchers Erinnerung, hat niemand im Gericht dem Zeugen Kevin Pratt noch einmal vorgehalten und gefragt, ob er es so erinnere. Niemand hat aus seinem Mund gehört, ob er den von Monika Böttcher geschilderten Ablauf, wie ihn das jetzige und das damalige Gericht kennt, für realistisch hält oder nicht. Das Verhalten seiner Geliebten in der Zeit nach dem Tod der Kinder schilderte Kevin Pratt als ungewöhnlich apathisch. Aber es selbst wußte nicht, ob sie Tabletten einnahm oder nicht. (In der Tat hatte sie Diazepam vom Hausarzt verschrieben bekommen und in größeren Mengen eingenommen.) Er hat nur eines jetzt im Zeugenstand ausgesagt: Daß er seiner Freundin Monika später vorgehalten habe, warum sie nicht in der Nacht um Hilfe gerufen oder die Polizei benachrichtigt habe, warum sie Reinhard Weimar so lange »gedeckt« und statt dessen die Kinder verraten habe (denn sie wußte ja, daß sie tot unter offenem Himmel lagen). Er habe damals gedacht und auch gesagt, wenn seinen Kindern so etwas Fürchterliches geschehen wäre, hätte er »den Mörder hinter Gitter oder sogar umgebracht«. Heute würde er sich ihr Verhalten mit der Angst vor dem Ehemann erklären, mit der Angst, auch umgebracht zu werden.

Seit er durch die Polizei vernommen worden war und von ihr wußte, daß der Ehemann die Töchter umgebracht habe, sie jedoch zunächst falsche Angaben gemacht, fiktive Bezichtigungsbriefe geschrieben und die Suchaktion ausgelöst habe, sei Monika – so sagte er in Gießen aus – für ihn als seine zukünftige Ehefrau nicht mehr in Frage gekommen. Da sei etwas unwiederbringlich zerstört gewesen.

Auf die Frage des Staatsanwaltes, warum er sie – so belegten es die damals abgehörten Telefonate zwischen dem Liebespaar – dennoch immer wieder getroffen habe, sagte Kevin Pratt sehr überzeugend: »Ich konnte sie doch nicht allein lassen, in der Situation! Sie hatte ja eigentlich niemanden mehr. Und ich brauchte selbst Trost, so fertig, wie ich nach dem Tod der beiden Mädchen war.« Es stimmt, sie haben sich immer wieder bis zu seiner Abreise aus Deutschland, teils auf heftiges Drängen Monika Weimars, getroffen – so hörte man es vor Gericht aus Passagen der sogenannte TÜ (Telefonüberwachungsprotokolle). Und – man wird den Eindruck nicht los – die Beziehung wurde in diesem Stadium, in dem es nur noch um Leid, Angst und Gefahr (der Verhaftung, mindestens für Monika Weimar) ging, für beide fast überlebensnotwendig.

Denn Monika Weimar, so wird an Monika Böttchers Buch deutlich, offenbarte sich in ihren Ängsten nicht einmal ihren Familienangehörigen und hat ihre Gefühle höchstens Kevin Pratt gegenüber noch zeigen können. Um so enttäuschter war sie, so schreibt sie in ihrem Buch, als der GI, nachdem er nach Amerika abgezogen worden war, zeitgleich fast zu ihrer Verhaftung, sich nie wieder bei ihrer Familie, ihrem Anwalt oder ihr selbst im Gefängnis gemeldet und nach ihr erkundigt hat. So wie er ihr den »Verrat« – wie er es sieht – an den Kindern nicht verzeihen konnte, so sie ihm nicht dieses »Fallenlassen« in höchster Not und Einsamkeit.

Dennoch: der Zeuge Kevin Pratt, als Zeuge der Nebenklage gedacht und mit einem Exklusivhonorar von 10.000 Dollar vor die »Spiegel-TV«-Kameras gelockt, war kein Belastungszeuge gegen Monika Böttcher. Das merkten ihre Rechtsanwälte aber erst nach seiner Aussage vor Gericht. Ihre

Mandantin hatte ihnen gesagt, daß es im Interview viele Ungereimtheiten, Unwahrheiten und Verschiebungen in den Erinnerungen Kevin Pratts gäbe, und sie befürchteten daraufhin, daß er sich für Geld vielleicht Geschichten auch vor den Richtern ausdenken könnte. Pratt war für mich der intelligenteste und gleichzeitig wirklich betroffenste, integerste Zeuge aus dem Umfeld Monika Böttchers, den das Gericht geladen hatte, unabhängig von den Gedächtnisverschiebungen, die es natürlich nach zehn Jahren auch bei ihm gab. Er zeichnete in einer sehr eigenen emotionalen Sprache ein Bild von der Verbindung mit der Angeklagten, die dem vom ersten Schwurgericht unterstellten, einer leichtfertigen, überwiegend sexuellen, außerehelichen Liaison widersprach. Auch wenn die Naivität, die Naivität beider handelnden Personen, dabei erschütternd zutage trat, berührte es einen sehr zwiespältig: »Wir waren eigentlich so etwas wie eine kleine Familie«, sagte Pratt, was absolut den Schilderungen Monika Böttchers in diesem Buch entspricht.

Beiden war nicht bewußt, daß dieses Familie-Spielen ohne Scheidungspapiere – quasi unter den Augen des gedemütigten Ehemannes – für irgend jemanden tödlich enden konnte. »Was Reinhard Weimar dachte und fühlte, das war nicht mein Problem. Ob Monika die Scheidung wollte und anstrebte, das wollte ich wissen.« So sagte es Kevin Pratt mit seinen 34 Jahren vor dem Gericht mit entwaffnender Deutlichkeit – trotz allen Einfühlungsvermögens und aller Intelligenz an anderer Stelle. Was Reinhard Weimar betraf, waren seine Gedanken, auch zu dessen Sexualität, fast seelisch brutal. Er ging davon aus, daß der Mann »seine Monika« schlug, und das reichte ihm. Er hätte ihn zusammengeschlagen, wenn er ihn dabei erwischt hätte, sagte er in Gießen auf die Frage, ob er mitbekommen habe, daß Reinhard Weimar gewalttätig geworden sei. Nicht direkt, aber er habe zumindest einmal an Monika Weimar die blauen Flecken gesehen und von weiteren habe er gehört. Bei den Befragungen zum Ehemann Weimar machte sich beim Zeugen fast karikaturhaft ein männliches Überlegenheitsgefühl breit, von einem körperlich jetzt Behinderten rückblickend produziert, der in den Sommermonaten von 1986 seine höchste Virilitätsphase verklärte und dabei, nicht nur von mir als peinlich empfunden, noch im Nachhinein den von ihm abgelösten Ehemann öffentlich demütigen mußte. Wie er sich an die Seite Monika Weimars schon vor der Scheidung als eigentlicher Partner phantasierte, zeigte seine völlig verzerrte Erinnerung an einen dramatischen Höhepunkt der Tragödie, an die Beerdigung der Kinder. Ein »affektives Erinnern« nennen das die Psychologen: Er habe an der einen Seite der weinenden Monika Weimar am offenen Grab gestanden und sie gestützt, der Ehemann an der anderen habe sich an sie geklammert. Fotos der Beerdigung zeigen aber, daß ein Schwager Monika Weimars sie liebevoll stützte, während sich Reinhard Weimar tatsächlich an ihrem Unterarm festhielt. Kevin Pratt steht auf diesen Bildern ganz offensichtlich im Hintergrund.

Daß es keine »einfache Wahrheit« gab, hielt mich, wie andere Gerichtsreporter, die sich jahrelang mit dem Fall beschäftigten, in Atem.

Zu dem Thema »Inwieweit ist Monika Böttcher unschuldig, ist sie es überhaupt, gibt es vielleicht eine ganz andere Tat-Wirklichkeit?« hoffte ich, würde es in einem neuen Prozeß kommen. Doch dazu kam es in den vielen Monaten in Gießen nicht. Es konnte nicht aufgedeckt werden, ob es eine dritte Wahrheit gibt, weil Monika Böttcher schwieg und das Gericht sich zusätzlich durch Reinhard Weimars Fehlen im Zeugenstand keinen Eindruck von der Verarbeitung des ganzen Geschehens durch die Protagonisten verschaffen konnte. Mit dem Buch kann man es jetzt wenigstens, was Monika Böttchers Erleben betrifft. Daß sie in ihrem zweiten Prozeß geschwiegen hat, wird seine Gründe in den Erfahrungen mit dem ersten Gerichtsverfahren haben. Vielleicht auch in einem vagen Mißtrauen gegen das neue Gericht, das ihr Wiederaufnahmeverfahren zunächst abgelehnt hatte und auf Weisung der nächsthöheren Instanz dann doch verhandeln mußte. Es kann sein, daß sie nicht von einem Staatsanwalt befragt werden wollte, der mit aller Energie dagegen angegangen war, daß sie als rechtskräftig Verurteilte einen neuen Prozeß bekam. Und: daß sie sich vor den Fragen des Nebenklägers schützen wollte, der vom SPIEGEL 20.000 Mark erhalten hatte und all seine Intelligenz und seinen Ehrgeiz daran setzte, Reinhard Weimar aus diesem Verfahren herauszuhalten und vor jedem neuen zu bewahren.

Es ist für alle Wahrheitssuchenden schade, aber das gute Recht eines jeden Angeklagten, vor Gericht zu schweigen. Daß aber Reinhard Weimar als Mit-Ankläger gegen Monika Böttcher nicht vor Gericht erschien, nicht zuhörte und schon gar nicht aussagte, nicht einmal seinen Ärzten erlaubte, vorzutragen, was genau seine Halluzinationen und Angstzustände denn aussagen, dieser Tatbestand verschuf dem ganzen Verfahren einen merkwürdigen, nicht nur unbefriegigenden Beigeschmack. Seine Ärzte attestierten ihm für das Gerichtsverfahren eine psychische Gefährdung, wenn er im Saal erscheinen müsse: Er sei sogar psychosegefährdet, wenn es um die Themen ginge, die mit dem Tod seiner Töchter zusammenhingen. Warum aber hätte er in Gießen zusammenbrechen oder einen psychotischen Schub bekommen sollen, wenn er unschuldig ist und die Zeugen, die ihn belasten sollten, der Lüge oder des Irrtums hätten überführt werden können? Er erfuhr ja auch von seinem Anwalt, was verhandelt wurde, die Zeugenaussagen kennt er seit Jahren. Hat er durch sie eventuell neue psychotische Zustände oder Selbstmordgedanken bekommen?

Es kam einem in Gießen so vor, als sollte durch eine Art

»verteidigende Nebenklage« Reinhard Weimar in Abwesenheit vor Anwürfen geschützt werden, die vielleicht zu Vorhalten und im schlimmsten Fall in einem gegen ihn angestrengten Verfahren zu belastenden Zeugenaussagen werden könnten. Mit dem Kapitel »Reinhard Weimar« wurde sich also in dieser Gerichtsverhandlung, in der es nach wie vor um den Tod der Kinder Weimar ging, darum, wie sie umgekommen sind, nur zu einem einzigen Zeitpunkt beschäftigt. Und zwar im Sommer '96, als die Zeugen aussagten und beschworen, daß sie von Reinhard Weimar geständnisähnliche Aussagen zu hören bekommen hätten. Ein Ingenieur, eine Ex-Prostituierte und eine ehemalige Mitpatientin berichteten von Begegnungen mit ihm. Ansonsten wurde nur eine einzige seiner Polizeivernehmungen eingeführt, keiner seiner Psychiater vor Gericht gehört, schon gar kein unabhängiger Gutachter (beides beantragten die Anwälte Monika Böttchers immer wieder), aus abgehörten Telefongesprächen von 1986 wurde von ihm nichts verlesen, es gab von ihm keine schriftlichen Erklärungen oder Äußerungen parallel zum Prozeß.

Es war eben ein Verfahren allein gegen Monika Böttcher und nicht eines, in dem es um die Opfer ging – wie immer bei Strafverfahren, hier aber in extremer Weise.

*Ruth-Esther Geiger*

*Am 2. Juni 1996 begann vor dem Landgericht Gießen das Wiederaufnahmeverfahren im Fall Weimar.*

*Es endete am 24. April 1997.*

*In ihrem Schlußwort sagte die Angeklagte:*
*Ich schließe mich dem Plädoyer meiner Anwälte an.*
*Zu der mir vorgeworfenen Tat möchte ich sagen:*
*Ich hatte keinen einzigen Grund, meine Kinder zu töten.*
*Wenn ich meine Kinder umgebracht hätte, so würde ich heute nicht mehr leben.*
*Es wäre mir unmöglich gewesen, neun Jahre Haft zu ertragen, wenn ich mir die Tat hätte vorwerfen müssen.*

*Wer kann solch eine extreme Situation nachvollziehen, ohne es erlebt zu haben? Ich habe für mein Verhalten einen hohen Preis bezahlt.*
*Ich habe meine Kinder verloren, die den wichtigsten Platz in meinem Leben einnahmen. Dieser Schmerz und diese Leere werden mich mein Leben lang begleiten.*
*Ich habe meine Kinder nicht getötet und bitte das Gericht, mir zu glauben.*

*Das Gericht urteilte: »Freispruch.«*